KB089044

초등학교 진로교육의 실제

한국생애개발상담학회
진로진학상담총서 07

초등학교 진로교육의 실제

2018년 3월 2일 초판 1쇄 발행
2020년 7월 15일 초판 3쇄 발행

지은이 황매향 · 조붕환 · 인효연 · 여태철 · 공윤정 · 임경희 · 배기연 · 정애경 · 박진영 지음
펴낸이 윤철호 · 고하영

책임편집 임현규
편집 최세정 · 정세민 · 김혜림 · 김채린 · 김은규
디자인 김진운
마케팅 최민규

펴낸곳 ㈜사회평론아카데미
등록번호 2013-000247(2013년 8월 23일)
전화 02-326-1545
팩스 02-326-1626
주소 03993 서울특별시 마포구 월드컵북로6길 56
이메일 academy@sapyoung.com
홈페이지 www.sapyoung.com

ISBN 979-11-88108-53-4

초등학교 진로교육의 실제

황매향 · 조봉환 · 인효연 · 여태철 · 공윤정 · 임경희 · 배기연 · 정애경 · 박진영 지음

사회평론아카데미

차례

서문

직업을 갖는다는 의미로 사용되던 진로는 그 개념이 확대되어 '요람에서 무덤까지'의 전 생애를 아우르고 있다. 이에 따라 초등학교 시기의 진로발달과 그 발달을 촉진하는 진로교육의 중요성이 커졌다. 최근 진로교육법이 제정되고 이를 반영한 교육과정의 개정이 이루어지면서 학교교육을 통해 실현되어야 할 진로교육의 목표와 내용이 분명하게 자리잡게 되었다. 현재 적용되고 있는 2015 개정 교육과정에서 정하고 있는 초등학교 진로교육의 목표는 '자신과 일에 대한 이해와 긍정적 가치를 형성하고 다양한 진로 탐색과 체험을 바탕으로 자신의 꿈을 찾고 진로를 설계할 수 있는 진로개발역량의 기초를 배양하는 데 있다'이다. 그리고 이를 성취하기 위해 창의적 체험활동, 교과 통합 및 연계, 기타 프로그램을 운영한다. 단 초등학교에서는 진로와 직업 교과가 따로 개설되지 않아 이 과목을 전담할 진로진학상담교사가 배치되지 않았다는 점이 중학교나 고등학교와는 다른 상황이다. 진로전담교사를 양성하고 배치한다는 계획을 가지고 추진 중에 있으나 현실은 아직 대부분의 경우 담임교사나 진로관련 업무를 담당한 교사가 진로교육을 수행하고 있는 실정이다. 이 책은 이러한 현장의 상황을 고려해 초등학교 교사들이 진로교육을 수행할 기초역량을 키울 수 있는 내용을 담기 위해 노력했다.

이 책을 초등학교 진로교육에 관한 일반적인 내용을 소개하는 1부 '초등학교 진로교육 이해'와 초등학교 진로교육 운영을 위한 지침을 다루는 2부 '초등학교 진로교육과정'으로 구성하였다. 1부에서는 초등학교 진로교육의 실태와 과제, 초등학교 시기 진로발달, 초등학교 진로관련 심리검사, 초등학교 진로교육의 맥락을 다루고 있다. '초등시기 진로발달' 장에서는 진로발달 이론을 중심으로 아동기 진로발달의 특성을 주로 다루고, '초등학교 진로교육의 맥락' 장에서는 최근 진로이론을 중심으로 가족, 성별, 빈곤, 다문화 등 다양한 맥락과 진로발달의 관계를 다루어 전통적인 이론부터 최신 이론이나 접근까지 포괄하고 있다. 2부에서는 학교 진로교육 목표 및 성취기준의 대영역(자아이해와 사회적 역량 개발, 일과 직업세계 이해, 진로탐색, 진로 디자인과 준비)을 중점적으로 서술한다. 각 대영역을 2개의 장에 걸쳐 다루고, 각 장에서 초등학교 시기에 발달시켜야 할 역량을 소개한다. 2부의 모든 장에서는 한 가지 역량을 주제로 설정하고, 그 역량의 의미와 발달을 제시한 다음, 실제 진로교육 수업을 어떻게 진행할 것인지에 대해 구체적으로 안내하고 있다. 각 장은 해당 주제와 관련된 성취기준을 제시하고, 저학년, 중학년, 고학년에서 각각 어떤 성취기준을 적용하고 어떻게 발달을 순차적으로 이끌 것인지에 대해 설명한 다음, 그에 따른 교수-학습과정안과 수업에 필요한 활동지 및 참고자료를 제공한다. 이 부분의 현장성을 높이기 위하여 초등학교 교사들이 직접 집필진으로 참여했다는 점이 이 책의 장점 중 하나이다.

초등학교 진로교육의 현장에 꼭 필요한 이 책이 나오기까지 집필진을 비롯한 많은 분들의 노고가 있었다. 한 분도 빠짐없이 마감일을 지켜 초등교사들에게 꼭 필요한 정보를 알차게 담아 주신 집필진 여러분께 지면을 빌어 깊은 감사의 마음을 전한다. 이 책은 한국상담학회 산하 생애개발상담학회의 진로진학상담총서의 한 권으로, 이 책이 탄생할 수 있게 해 주신 생애개발상담학회에 감사드린다. 그리고 진로진학상담총서라는 귀한 시리즈를 기획하고 지원하며 이 책이 출간될 때까지 많은 노력을 기울여주신 사회평론아카데미에도 감사드린다.

2018년 2월

집필진 대표 황매향

1부

초등학교 진로교육 이해

1장

초등학교 진로교육

조봉환

초등학교는 자아나 일과 직업에 대한 기본적인 개념이 형성되고 진로의사결정 능력이 형성되는 등 진로발달의 싹이 트는 시기이다(서우석, 2002). 더불어 직업세계가 급변하여 예측이 어려운 현대사회의 특성으로 인해 창의적인 진로준비와 개발이 요청됨에 따라 초등학교에서의 진로교육은 그 중요성이 더욱 강조되고 있다. 초등학생이 미래에 선택하게 될 직업에 대해 인식을 확장시키고 확신을 갖는 것은 개인의 잠재력 실현의 밑바탕이 되며, 이를 위해 학생들을 조력하는 것은 초등학교 진로교육의 중요한 역할이라고 할 수 있다(임경희, 2004). 초등학교의 진로교육은 재능이 특출한 학생만을 대상으로 하는 것이 아니라 모든 학생을 대상으로 이루어져야 한다. 따라서 초등학교의 진로교육은 학년 발달에 적합한 진로교육의 내용을 교육과정에 포함시킴으로써 학교 교육과정 이수를 통해 자연스럽게 진로를 탐색할 수 있도록 하는 것이 바람직하다. 이 장에서는 2015 개정 교육과정에 나타난 초등학교 진로교육의 변화된 내용을 살펴보는 데 중점을 두고, 2015 학교 진로교육 목표와 성취기준 및 2015 초등학교 진로교육 목표와 성취기준에 대해 각각 살펴볼 것이다.

1 2015 개정 교육과정과 초등학교 진로교육

여기서는 2015 개정 교육과정과 초등학교 진로교육의 변화된 내용에 대해 살펴본다. 이를 위해 2015 개정 교육과정 구성의 방향과 교육과정 개정에 따른 진로교육의 반영 추이 및 창의적 체험활동의 진로활동에 대해 알아본다.

1) 2015 개정 교육과정 구성의 방향

2015 개정 교육과정이 추구하는 인간상과 교육과정 구성의 중점 내용을 중심으로

2015 개정 교육과정 구성의 방향에 대해 살펴본다.

(1) 추구하는 인간상

2015 개정 교육과정은 2009 개정 교육과정이 추구하는 인간상을 기초로 창조경제 사회가 요구하는 핵심 역량을 갖춘 창의융합형 인재상을 제시하였다. 창의융합형 인재는 인문학적 상상력, 과학기술 창조력을 갖추고 바른 인성을 겸비하여 새로운 지식을 창조하고 다양한 지식을 융합하여 새로운 가치를 창출할 수 있는 사람이다. 이를 구체적으로 구현하기 위해 추구하는 인간상과 창의융합형 인재가 갖추어야 할 핵심 역량으로 자기관리 역량, 지식정보처리 역량, 창의적 사고 역량, 심미적 감성 역량, 의사소통 역량, 공동체 역량을 제시하였다(교육부 보도자료, 2015. 9. 23.).

우리나라의 교육은 홍익인간의 이념 아래 모든 국민으로 하여금 인격을 도야하고, 자주적 생활 능력과 민주 시민으로서 필요한 자질을 갖추게 함으로써 인간다운 삶을 영위하게 하고, 민주 국가의 발전과 인류 공영의 이상을 실현하는 데에 이바지하게 함을 목적으로 하고 있다. 이러한 교육 이념과 교육 목적을 바탕으로, 2015 개정 교육과정이 추구하는 인간상과 학교급별 교육목표를 살펴보면 표 1-1과 같다(국가교육과정 정보센터, 2015).

(2) 교육과정 구성의 중점

2015 개정 교육과정은 우리나라 교육과정이 추구해 온 교육 이념과 인간상을 바탕으로 미래 사회가 요구하는 핵심 역량을 함양하여 바른 인성을 갖춘 창의융합형 인재를 양성하는 데에 중점을 두고 있다. 이를 위한 교육과정 구성의 중점은 다음과 같다(국가교육과정 정보센터, 2015).

첫째, 인문·사회·과학기술 기초 소양을 균형 있게 함양하고, 학생의 적성과 진로에 따른 선택 학습을 강화한다.

둘째, 교과의 핵심 개념을 중심으로 학습 내용을 구조화하고 학습량을 적정화하여 학습의 질을 개선한다.

셋째, 교과 특성에 맞는 다양한 학생 참여형 수업을 활성화하여 자기주도적 학습

표 1-1 추구하는 인간상과 학교급별 교육목표

추구하는 인간상	학교급별 교육내용		
	초등학교	중학교	고등학교
전인적 성장을 바탕으로 자아정체성을 확립하고 자신의 진로와 삶을 개척하는 자주적인 사람	자신의 소중함을 알고 건강한 생활 습관을 기르며, 풍부한 학습 경험을 통해 자신의 꿈을 키운다.	심신의 조화로운 발달을 바탕으로 자아존중감을 기르고, 다양한 지식과 경험을 통해 적극적으로 삶의 방향과 진로를 탐색한다.	성숙한 자아의식과 바른 품성을 갖추고, 자신의 진로에 맞는 지식과 기능을 익히며 평생학습의 기본 능력을 기른다.
기초 능력의 바탕 위에 다양한 발상과 도전으로 새로운 것을 창출하는 창의적인 사람	학습과 생활에서 문제를 발견하고 해결하는 기초 능력을 기르고, 이를 새롭게 경험할 수 있는 상상력을 키운다.	학습과 생활에 필요한 기본 능력 및 문제해결력을 바탕으로 도전정신과 창의적 사고력을 기른다.	다양한 분야의 지식과 경험을 융합하여 창의적으로 문제를 해결하고 새로운 상황에 능동적으로 대처하는 능력을 기른다.
문화적 소양과 다원적 가치에 대한 이해를 바탕으로 인류 문화를 향유하고 발전시키는 교양 있는 사람	다양한 문화 활동을 즐기고 자연과 생활 속에서 아름다움과 행복을 느낄 수 있는 심성을 기른다.	자신을 둘러싼 세계에서 경험한 내용을 토대로 우리나라와 세계의 다양한 문화를 이해하고 공감하는 태도를 기른다.	인문·사회·과학기술 소양과 다양한 문화에 대한 이해를 바탕으로 새로운 문화 창출에 기여할 수 있는 자질과 태도를 기른다.
공동체 의식을 가지고 세계와 소통하는 민주 시민으로서 배려와 나눔을 실천하는 더불어 사는 사람	규칙과 질서를 지키고 협동정신을 바탕으로 서로 돕고 배려하는 태도를 기른다.	공동체 의식을 바탕으로 타인을 존중하고 서로 소통하는 민주 시민의 자질과 태도를 기른다.	국가 공동체에 대한 책임감을 바탕으로 배려와 나눔을 실천하며 세계와 소통하는 민주 시민으로서의 자질과 태도를 기른다.

능력을 기르고 학습의 즐거움을 경험하도록 한다.

넷째, 학습의 과정을 중시하는 평가를 강화하여 학생이 자신의 학습을 성찰하도록 하고, 평가 결과를 활용하여 교수·학습의 질을 개선한다.

다섯째, 교과의 교육 목표, 교육 내용, 교수·학습 및 평가의 일관성을 강화한다.

여섯째, 특성화 고등학교와 산업 수요 맞춤형 고등학교에서는 국가직무능력표준을 활용하여 산업사회가 필요로 하는 기초 역량과 직무 능력을 함양한다.

2) 교육과정 개정과 진로교육 반영

진로교육은 교육과정이 개정될 때마다 비중 있게 다루어져 왔다. 2015 개정 교육과정은 제7차 교육과정, 제7차 개정 교육과정과 2009 개정 교육과정과 같이 추구하는 인간상과 학교급별 교육목표에서 진로교육을 중요하게 다루고 있다. 2015 개정 교육과정에서 추구하는 인간상 중 진로교육과 관련된 인간상은 '전인적 성장을 바탕으로 자아정체성을 확립하고 자신의 진로와 삶을 개척하는 자주적인 사람'으로 인성과 개인의 창의성을 중시하는 내용이 포함되었다. 이에 따른 초등학교의 교육목표는 자신의 소중함을 알고 건강한 생활 습관을 기르며, 풍부한 학습 경험을 통해 자신의 꿈을 키우는 데 있다.

제7차 교육과정부터 2015 개정 교육과정까지 교육과정 개정에 따른 진로교육과 관련된 추구하는 인간상, 교육과정 구성의 중점과 초·중·고등학교의 교육목표는 표 1-2와 같다(국가교육과정 정보센터, 2015).

3) '창의적 체험활동'의 진로활동

여기에서는 먼저 창의적 체험활동의 목표와 영역 및 교육과정의 편성·운영의 주체에 대해 살펴보고, 다음으로 창의적 체험활동 중 진로활동의 목표와 영역별 활동, 진로활동의 지침, 진로활동의 교수·학습 방법에 대해 알아본다(교육부, 2015).

(1) 창의적 체험활동

창의적 체험활동은 교과와 상호 보완적 관계 속에서 앎을 적극적으로 실천하고 심신을 조화롭게 발달시키기 위하여 실시하는 교과 이외의 활동으로, 창의적 체험활동의 목표는 초·중등학교 학생들이 건전하고 다양한 집단 활동에 자발적으로 참여하여 나눔과 배려를 실천함으로써 공동체 의식을 함양하고 개인의 소질과 잠재력을 계발·신장하여 창의적인 삶의 태도를 기르는 데 있다. 초등학교의 창의적 체험활동은 공동체

표 1-2 교육과정 개정과 진로교육 반영 추이

	제7차 교육과정	제7차 개정 교육과정	2009 개정 교육과정	2015 개정 교육과정
교육과정이 추구하는 인간상	폭넓은 교양을 바탕으로 진로를 개척하는 사람	폭넓은 교양을 바탕으로 진로를 개척하는 사람	전인적 성장의 기반 위에 개성의 발달과 진로를 개척하는 사람	전인적 성장을 바탕으로 자아정체성을 확립하고 자신의 진로와 삶을 개척하는 자주적인 사람
교육과정 구성의 중점	학생의 능력, 적성, 진로를 고려하여 교육 내용과 방법을 다양화한다.	학생의 능력, 적성, 진로를 고려하여 교육 내용과 방법을 다양화한다.	창의적 체험활동은 자율활동, 동아리활동, 봉사활동, 진로활동으로 한다.	인문·사회·과학기술 기초 소양을 균형 있게 함양하고, 학생의 적성과 진로에 따른 선택 학습을 강화한다. 특성화 고등학교와 산업수요 맞춤형 고등학교에서는 국가직무능력표준을 활용하여 산업사회가 필요로 하는 기초 역량과 직무 능력을 함양한다.
초등학교 교육목표	다양한 일의 세계를 이해할 수 있는 폭넓은 학습 경험을 가진다.	다양한 일의 세계를 이해할 수 있는 폭넓은 학습 경험을 가진다.	풍부한 학습 경험을 통해 몸과 마음이 건강하고 균형 있게 자랄 수 있도록 하며, 다양한 일의 세계에 대한 기초적인 이해를 한다.	자신의 소중함을 알고 건강한 생활 습관을 기르며, 풍부한 학습 경험을 통해 자신의 꿈을 키운다.
중학교 교육목표	다양한 분야의 지식과 기능을 익혀 적극적으로 진로를 탐색하는 경험을 가진다.	다양한 분야의 지식과 기능을 익혀 적극적으로 진로를 탐색하는 경험을 가진다.	심신의 건강하고 조화로운 발달을 추구하며, 다양한 분야의 경험과 지식을 익혀 적극적으로 진로를 탐색한다.	심신의 조화로운 발달을 바탕으로 자아존중감을 기르고, 다양한 지식과 경험을 통해 적극적으로 삶의 방향과 진로를 탐색한다.
고등학교 교육목표	다양한 분야의 지식과 기능을 익혀, 적성과 소질에 맞게 진로를 개척하는 능력을 기른다.	다양한 분야의 지식과 기능을 익혀, 적성과 소질에 맞게 진로를 개척하는 능력을 기른다.	성숙한 자아의식을 토대로 다양한 분야의 지식과 기능을 익혀 진로를 개척하며 평생학습의 기본 역량과 태도를 갖춘다.	성숙한 자아의식과 바른 품성을 갖추고, 자신의 진로에 맞는 지식과 기능을 익히며 평생학습의 기본 능력을 기른다.

생활에 필요한 기본 생활 습관을 형성하고 개성과 소질을 탐색하고 발견하는 데 중점을 둔다.

창의적 체험활동의 영역은 자율활동, 동아리활동, 봉사활동, 진로활동의 4개 영역으로 구성하되, 학생의 발달 단계와 교육적 요구 등을 고려하여 학교급별, 학년(군)별, 학기별로 영역 및 활동을 선택하여 집중적으로 운영할 수 있다. 창의적 체험활동 교육과정의 편성 · 운영의 주체는 학교이며, 국가 및 지역수준에서는 학교와 지역의 특성을 고려하여 전문성을 갖춘 인적 · 물적 자원을 충분히 제공할 수 있는 기반을 마련해야 한다.

(2) 진로활동의 목표와 영역별 활동

창의적 체험활동 중 진로활동의 목표는 흥미, 소질, 적성을 파악하여 자아정체성을 확립하고, 자신의 진로를 개발하여 지속적으로 발전시키는 데에 있으며, 진로활동의 영역은 자기이해활동, 진로탐색활동, 진로설계활동 등으로 구성되어 있다. 학교는 학교급과 학년군의 특성에 따른 교육적 요구를 고려하여 표 1-3에 제시된 활동 내용 이외의 다양한 활동을 편성 · 운영할 수 있다(교육부, 2015).

표 1-3 진로활동 영역의 활동별 목표와 내용

활동	활동 목표	활동 내용(예시)
자기이해활동	긍정적 자아 개념을 형성하고 자신의 소질과 적성에 대하여 이해한다.	• 강점증진 활동 · 자아정체성 탐구, 자아존중감 증진 등 • 자기특성 이해 활동–직업흥미 탐색, 직업적성 탐색 등
진로탐색활동	일과 직업의 가치, 직업세계의 특성을 이해하여 건강한 직업의식을 함양하고, 자신의 진로와 관련된 교육 및 직업정보를 탐색하고 체험한다.	• 일과 직업이해 활동–일과 직업의 역할과 중요성 및 다양성 이해, 직업세계의 변화 탐구, 직업 가치관 확립 등 • 진로정보 탐색 활동–교육 정보 탐색, 진학정보 탐색, 학교 정보 탐색, 직업정보 탐색, 자격 및 면허제도 탐색 등 • 진로체험활동–직업인 인터뷰, 직업인 초청 강연, 산업체 방문, 직업체험관 방문, 인턴, 직업체험 등
진로설계활동	자신의 진로를 창의적으로 계획하고 실천한다.	• 계획 활동–진로상담, 진로의사결정, 학업에 대한 진로 설계, 직업에 대한 진로 설계 등 • 준비 활동–일상생활관리, 진로목표 설정, 진로실천 계획 수립, 학업관리, 구직 활동 등

(3) 진로활동 지침

학교는 다음의 지침에 의거하여 창의적 체험활동 중 진로활동 영역을 편성 및 운영하도록 되어 있다(교육부, 2015).

첫째, 학년별 진로활동이 학생들의 발달 단계에 적합하게 이루어질 수 있도록 해당 학교급의 종합 계획과 이에 근거한 학년별 연간 계획을 수립하여 운영할 것을 권장한다.

둘째, 학교급과 학생의 발달 정도에 따라 학생이 자신에 대한 이해, 다양한 일과 직업세계의 이해 및 가치관의 형성, 진로의 정보 탐색과 체험, 자신의 진로에 대한 계획 및 준비 등을 할 수 있도록 지도한다.

셋째, 진로 관련 상담 활동은 담임교사, 교과담당교사, 동아리담당교사, 진로진학상담교사, 상담교사 등 관련 교원이 협업하여 수행하는 것을 원칙으로 하되, 전문적 소양을 갖춘 학부모 또는 지역사회 인사 등의 협조를 받을 수 있다.

넷째, 중학교에서는 '진로와 직업' 과목, 자유학기제 등과 연계하여 심화된 체험활동을 편성 · 운영한다. 이 경우 진로활동을 '진로와 직업' 과목으로 대체하거나 해당 교과서를 활용한 수업으로 운영하지 않도록 유의한다.

다섯째, 특성화 고등학교 및 산업 수요 맞춤형 고등학교에서는 학생의 전공에 따른 전문성 신장, 인성 계발, 취업 역량 강화 등을 목적으로 특색 있는 프로그램을 운영할 수 있다.

(4) 진로활동의 교수 · 학습 방향

창의적 체험활동 중 진로활동의 교수 · 학습 방향은 다음과 같다(교육부, 2015).

첫째, 학생들이 자신에 대해 이해할 수 있는 기회와 자신에게 맞는 진로를 찾아가는 과정을 제공하는 데 중점을 두어 지도한다.

둘째, 초등학교에서는 학생들이 개성과 소질을 인식하고, 일과 직업에 대해 편견 없는 마음과 태도를 갖도록 지도한다.

셋째, 초등학교에서는 학교 및 지역사회의 시설과 인적 자원 등을 활용하여 직업세계의 이해와 탐색 및 체험의 기회를 제공한다.

넷째, 중 · 고등학교에서는 학생의 진로와 연계된 교과담당교사와 진로진학상담교사 등 관련 교원 간의 협업으로 학생 개인별 혹은 집단별 진로상담을 수행한다.

다섯째, 중·고등학교에서는 학업 및 직업 진로에 대한 활동 계획을 수립하여 학생의 흥미, 소질, 능력에 따른 적절한 진로선택의 기회를 제공한다.

여섯째, 중학교에서는 고등학교 진학과 연계하여 학업 및 직업 진로를 탐색할 수 있도록 지도한다.

일곱째, 고등학교에서는 상급 학교 진학 및 취업에 따른 학업 진로 또는 직업 진로를 탐색·설계하도록 지도한다.

여덟째, 특성화 고등학교 및 산업 수요 맞춤형 고등학교에서는 전공과 관련된 다양한 일과 직업세계의 체험을 통하여 진로를 결정할 수 있는 안목을 형성하도록 지도한다.

2 2015 학교 진로교육 목표와 성취기준

2015 학교 진로교육 목표 및 성취기준은 진로교육 정책의 변화 및 학교 교육과정에서 진로교육이 차지하는 역할과 위상의 변화, 진로교육의 미래지향성 등을 주요 기준으로 고려하여 개정되었다. 여기서는 2015 학교 진로교육 목표와 성취기준의 주요 개정 내용, 학교 진로교육 목표 및 성취기준 체계에 대해 살펴본다(교육부, 2015).

1) 주요 개정 내용

학교 진로교육 목표 및 성취기준 2015 개정안의 주요 내용은 첫째, 진로교육 목표 및 성취기준의 역할과 위상의 변화를 고려하였고 둘째, 미래지향적 진로교육 목표 및 성취기준을 마련하였으며 셋째, 학교급별 진로교육 목표 및 성취기준을 정교화하였다. 주요 개정 내용을 살펴보면 다음과 같다.

(1) 진로교육 목표 및 성취기준의 역할과 위상 변화 고려

그동안 학교 교육과정 내에서 진로교육의 위상은 실과와 기술·가정 등 특정 교과의 지위에서 크게 벗어나지 못하는 한계가 있었다. 그러나 최근 창의적 체험활동의 진로활동, 자유학기제 운영, 진로교육법 제정 등을 거치면서 진로교육의 위상은 특정 교과의 하나로 국한되는 것이 아니라 학교 교육과정의 전반을 아우르는 중요한 교육으로 자리매김하게 되었다. 따라서 2015 개정안에서는 이러한 변화를 토대로 진로교육의 위상과 새롭게 정비된 진로교육법의 방향성 및 내용을 연계하여 다음과 같이 반영하였다.

첫째, 진로교육 목표와 성취기준이 교과와 비교과 수업을 포함하여 교육과정에서 전체적이고 거시적인 틀로서의 역할을 수행할 수 있도록 하였다. 진로교육법에서는 학생에게 다양한 진로교육 기회를 제공함으로써 변화하는 직업세계에 능동적으로 대처하고 개개인이 주체적인 삶의 방향성을 설정하여 진로탐색을 해야 한다는 내용을 담고 있다. 따라서 진로교육 목표 및 성취기준의 각 요소는 진로와 직업 교과 수업 및 창의적 체험활동, 타 교과와의 통합 및 연계 등 다양한 방식을 통해 교육될 수 있다는 점을 강조하였다.

둘째, 학생들의 진로탐색을 촉진하기 위한 진로체험 관련 요소를 반영하였다. 2016년부터 자유학기제가 전국의 중학교에서 전면적으로 실시되고 있다. 자유학기제는 참여형 수업, 진로탐색 활동을 비롯한 다양한 체험활동을 실시할 수 있도록 교육과정을 유연하게 운영하도록 추진되고 있으며, 이러한 교육내용 및 요소는 진로교육과 밀접하게 연관되어 있다. 따라서 진로교육 목표 및 성취기준은 이러한 내용을 반영하여 진로탐색 단계에서 체험활동의 필요성을 강조하였으며, 구체적인 사항은 세부목표 및 성취기준을 통해 제시하였다.

(2) 미래 지향적 진로교육 목표 및 성취기준 마련

현대사회는 기술의 급속한 발달과 정보통신 활용의 확산으로 산업구조 및 관련 인력 수요가 변화하고 있다. 이러한 변화에 따라 직업의 직무와 역할이 조정되고 전에는 보지 못했던 직업이 새롭게 생겨나기도 한다. 따라서 진로교육 목표 및 성취기준에서는 창업과 창직 등의 다양한 형태로 이루어지는 직업세계의 변화 양상을 이해하고 이에 따라 필요한 내용들을 다음과 같이 반영하였다.

첫째, 미래 인재로서 갖추어야 할 진로개발 역량을 제시하였다. 학생 개개인이 자신의 진로를 개척하고 직업을 탐색하기 위해 필요한 창의성, 협업 능력, 창업가 정신, 리더십 등의 다양한 진취적 역량을 갖추도록 하는 세부목표와 성취기준을 반영하였다.

둘째, 진로·직업의 의미와 개인의 삶과의 연계성을 성찰할 수 있도록 하였다. 학생 개개인이 삶의 방향성의 주체가 되어 자아를 탐색하고 실현하는 진로교육이 이루어지려면 단순한 직업정보의 전달과 기계적인 체험에 치중하기보다는 자신의 삶 속에서 진로의 중요성과 의미를 이해하는 교육이 선행되어야 한다. 따라서 '자기이해와 사회적 역량 개발' 및 '일과 직업세계의 이해' 영역 등에서 행복한 삶의 추구 및 진로가 지니는 의의 등과 관련한 목표를 반영하였다.

셋째, 직업세계에 대응하는 주도적이고 실천적인 태도를 강조하였다. 기존의 진로교육 목표 및 성취기준에서는 과거-현재-미래의 흐름 속에서 직업세계가 변화해 가는 모습을 학생들로 하여금 '상상'해 보는 활동을 하였다. 그러나 미래 지향적 진로교육에서는 더 나아가 학생들이 진취적으로 새로운 직업을 직접 '만들고 계획을 세워 보는' 구체적인 활동을 반영하였다.

넷째, 창업과 창직을 포함한 다양한 형태의 직업세계를 탐색하는 기준을 추가하였다. 일과 직업의 의미를 이미 갖추어진 회사에 취직을 하는 구직 활동의 일환으로 이해하기보다는 자신의 아이디어로 회사를 개척하는 창업, 변화하는 사회 속에서 자신이 원하고 사회가 필요로 하는 일을 하기 위해 새로운 일의 종류를 창조하는 창직이라는 방식도 있음을 이해하고 이에 대한 다양한 사례를 탐색하는 기준을 반영하였다.

다섯째, ICT 기술 및 스마트기기를 활용한 직업과 산업구조 이해의 필요성을 강조하였다.

학교 현장에서는 ICT를 활용한 교수법이 도입되어 확산되고 있으며, 이에 학생들도 교과서 및 서적 등의 오프라인 매체뿐만 아니라 인터넷, PC 등을 활용한 온라인 정보탐색 능력이 향상되고 있다. 이러한 교육 환경의 모습을 세부목표 및 성취기준을 통해 제시하였다.

여섯째, 평생교육 및 선취업-후진학 개념을 도입하였다. 평생교육의 중요성 제고 및 선취업-후진학 방식의 대두 등과 같은 교육 환경의 변화를 반영하여 단순히 초-중-고-대의 선형적 교육 방식에 국한되기보다는 다양한 생애주기 관점을 반영하였다.

(3) 학교급별 진로교육 목표 및 성취기준의 정교화

현재 우리나라의 진로교육은 초등학교부터 고등학교에 이르기까지 전 학교급에 걸쳐 활발히 실시하고 있다. 이에 2015 개정안에서는 학교급별 진로교육 세부목표와 성취기준을 유기적으로 연계하고 차별화하였다.

첫째, '진로와 직업' 과목과의 연계를 시도하였다. 기존에 개발된 성취기준이 '진로와 직업' 과목과 연계되어 있지 않았으나 2015 개정안에서는 진로교육 목표와 성취기준을 학교 현장에서 적용 가능하도록 '진로와 직업' 교육과정과의 연계를 추진하였다.

둘째, 학교급별 진로교육 목표 및 성취기준이 교육과정 내에서 자연스럽게 달성되는 것을 주요 목표로 두고 초·중·고로 이어지는 진로교육의 내용이 각 학교급별로 자연스럽게 연계되는 데 중점을 두었다. 각 대영역 내에서의 학교급별 연계뿐만 아니라 대영역 간의 영역을 고려함으로써 진로교육 목표와 성취기준이 각 학교급에 따라 종적·횡적으로 연계되도록 고려하였다.

셋째, 학교급별 진로교육 목표와 성취기준의 위계 및 수준을 조정하였다. 진로교육 목표와 성취기준의 타당성 및 현장적용성에 대한 의견 수렴 결과, 진로교육 목표와 성취기준이 각 학교급별로 차별화되지 않고 각 학교급별 학생들의 발달 차이가 세심하게 고려되지 않았다는 문제점이 제기되어 진로교육 목표와 성취기준이 각 학교급별로 자연스럽게 상승할 수 있도록 위계와 수준을 조정하였다.

넷째, 학교급과 학년(군)별에 적합한 교육방안을 제시하였다. 이전의 진로교육 목표와 성취기준은 학교급 간에는 차별화된 목표와 기준이 제시되어 있지만 학년별 구분은 제시되어 있지 않아 학년별로 중점적으로 교육할 내용이 모호하고 학년 간의 교육 내용이 중복된다는 문제점이 제기되어 왔다. 따라서 2015 개정안에서는 진로교육 목표와 성취기준이 해당 학교급에 적합한 수준인지를 검토하고, 각 성취기준별로 적합 학년(군)을 제시하였다. 이뿐만 아니라 각 학교급별로 세부목표 및 성취기준에 따른 적합한 교수학습 방법, 진로교육 운영시간, 진로교육 평가 방법 등을 제시하였다.

다섯째, 학교 진로상담과 연계된 성취기준을 제시하였다. 학교 진로상담이 학교급별로 진로교육 목표에 따라 체계적으로 이루어질 수 있도록 성취기준을 제시하고 학교 진로상담에 반영하였다. 특히 진로상담이 중시되는 진로선택기 학생들(중3, 고1, 고3)에 대해 학교진로상담제 운영이 효율적으로 될 수 있도록 하였다.

2) 학교 진로교육 목표 및 성취기준 체계

학교 진로교육 목표 및 성취기준 체계는 학교 진로교육 목표 및 성취기준의 구성 차원, 학교 진로교육과 핵심 역량과의 관계, 학교급별 진로교육 목표와 성취기준의 수, 학교 진로교육의 전체 목표의 측면으로 나누어 살펴본다.

(1) 학교 진로교육 목표 및 성취기준의 구성 차원

학교 진로교육 목표와 성취기준 개정안은 2012년과 동일하게 진로교육 영역과 학교급의 두 가지 차원을 토대로 구성하였다. 진로교육 영역은 자아이해와 사회적 역량 개발, 일과 직업세계 이해, 진로탐색, 진로 디자인과 준비의 4가지 대영역으로 유지하였고, 4가지 대영역을 각각 2가지로 나누어 총 8가지의 중영역으로 세분화하였다. 단 현장에서의 적용을 보다 용이하게 하기 위하여 대영역과 중영역의 명칭을 일부 수정하였다. 대영역과 중영역의 변화된 명칭은 표 1-4와 같다.

(2) 학교 진로교육과 교육과정의 핵심 역량과의 관계

학교 진로교육 목표와 성취기준의 대영역과 중영역은 진로개발 역량으로서 핵심 역량을 지향하며, 초·중등 교육과정에서 추구하는 인간상과 창의융합형 인재가 갖추어야 할 6가지 핵심 역량과 직·간접적으로 관련되어 있다.

초·중등 교육과정에서 제시한 6가지 역량인 자기관리 역량, 지식정보처리 역량, 창의적 사고 역량, 심미적 감성 역량, 의사소통 역량, 공동체 역량을 학교 진로교육을 통해서도 구현하기 위하여 진로교육의 대영역을 자기이해와 사회적 역량, 일과 직업세

표 1-4 학교 진로교육 목표 및 성취기준의 대영역과 중영역의 신구 명칭 비교

2012년 학교 진로교육 목표 및 성취기준		2015년 학교 진로교육 목표 및 성취기준	
대영역	중영역	대영역	중영역
자아이해와 사회적 역량개발	자아이해 및 긍정적 자아개념 형성	자아이해와 사회적 역량개발	자아이해 및 긍정적 자아개념 형성
	대인관계 및 의사소통 역량 개발		대인관계 및 의사소통 역량 개발
일과 직업세계의 이해	일과 직업세계의 이해	**일과 직업세계 이해**	**변화하는 직업세계 이해**
	건강한 직업의식 형성		건강한 직업의식 형성
진로탐색	교육 기회의 탐색	진로탐색	교육 기회의 탐색
	직업정보의 탐색		직업정보의 탐색
진로 디자인과 준비	진로의사결정 능력 개발	진로 디자인과 준비	진로의사결정 능력 개발
	진로계획과 준비		진로계획과 준비

계 이해 역량, 진로탐색 역량, 진로 디자인과 준비 역량의 4가지로 설정하였다. 이는 자기이해, 직업세계의 이해, 진로탐색 및 합리적인 연결이라는 전통적인 진로교육의 이론적 근거를 토대로 진로개발 역량을 구성하되, 현대사회의 다양한 변화에 적응하고 효과적으로 대응하기 위하여 자신의 진로를 적극적으로 설계하고 구성한다는 의미로서의 진로 디자인과 준비 역량을 포함하였다는 데 의의가 있다.

(3) 학교급별 진로교육 목표와 성취기준의 수

2015 학교 진로교육 목표와 성취기준은 2012 학교 진로교육 목표와 성취기준의 구성 체계를 토대로 개정되었다. 2015년 학교급별 진로교육 세부목표 및 성취기준의 수는 표 1-5와 같다.

(4) 학교 진로교육의 전체 목표

2015 학교 진로교육의 전체 목표는 '학생 자신의 진로를 창의적으로 개발하고 지속적으로 발전시켜 성숙한 민주 시민으로서 행복한 삶을 살아갈 수 있는 역량을 기른다'이며, 4가지 대영역별 목표는 다음과 같다(교육부, 2015).

표 1-5 2015 개정안의 세부목표 및 성취기준 수

대영역	중영역	초등학교		중학교		일반고		특성화고	
		세부목표	성취기준	세부목표	성취기준	세부목표	성취기준	세부목표	성취기준
자아이해와 사회적 역량개발	자아이해 및 긍정적 자아개념 형성	2	5	2	7	2	4	2	4
	대인관계 및 의사소통 역량 개발	2	5	2	5	2	5	2	6
일과 직업세계 이해	변화하는 직업세계 이해	2	4	3	8	3	7	3	7
	건강한 직업의식 형성	3	6	3	6	2	4	2	4
진로탐색	교육 기회의 탐색	2	5	2	4	3	7	3	7
	직업정보의 탐색	2	4	2	5	2	6	2	6
진로 디자인과 준비	진로의사결정 능력 개발	2	4	2	4	2	4	2	4
	진로계획과 준비	2	5	2	9	3	10	3	11
합계		17	38	18	48	19	47	19	49

첫째, 긍정적 자아개념을 형성하고 소질과 적성에 대하여 정확하고 객관적으로 이해하며, 타인과 적절하게 관계를 맺고 소통할 수 있는 역량을 기른다.

둘째, 일과 직업의 중요성과 가치, 직업세계의 다양성과 변화를 이해하고 건강한 직업의식을 배양한다.

셋째, 자신의 진로와 관련된 교육 기회 및 직업정보를 적극적이고 체계적으로 탐색하고 체험하며 활용하는 역량을 기른다.

넷째, 자기이해와 다양한 진로탐색을 바탕으로 자신의 진로를 창의적으로 설계하고 적절한 계획을 수립하여 준비하는 역량을 기른다.

3 2015 초등학교 진로교육 목표와 성취기준

여기에서는 먼저 2012년 초등학교 진로교육 목표와 2015년 초등학교 진로교육 목표를 비교해서 살펴보고, 초등학교 진로교육의 목표와 성취기준의 주요 내용을 대영역과 중영역으로 구분하여 알아본다. 끝으로 초등학교 진로교육의 세부목표와 성취기준을 제시한다(교육부, 2015).

1) 초등학교 진로교육의 목표

2015 학교 진로교육 목표와 성취기준 개정안의 초등학교 진로교육의 목표는 자신과 일에 대한 이해와 긍정적 가치를 형성하고 다양한 진로탐색과 체험을 바탕으로 자신의 꿈을 찾고 진로를 설계할 수 있는 진로개발 역량의 기초를 배양하는 데 있다. 이를 위한 하위 목표는 다음과 같다.

첫째, 긍정적 자아개념을 형성하고 자신의 흥미와 적성을 탐색하며 타인을 배려하고 의사소통하는 역량의 기초를 기른다.

둘째, 일과 직업의 의미와 역할, 직업세계의 다양성과 변화를 이해하고 일에 대한 긍정적이고 개방적인 태도를 형성한다.

셋째, 진로에서 학습의 중요성을 이해하고 바른 학습 태도를 가지며 다양한 방법과 체험을 통해 직업정보를 탐색하는 능력을 키운다.

넷째, 자기이해와 다양한 진로탐색을 바탕으로 자신의 진로를 설계하고 계획할 수 있는 기초적인 의사결정과 계획 수립 역량을 기른다.

2012년 초등학교 진로교육 목표와 2015년 초등학교 진로교육 목표를 비교한 내용은 표 1-6과 같다. 2015년 초등학교 진로교육 목표의 개정안은 자신과 일에 대한 이해

표 1-6 2012년 초등학교 진로교육 목표와 2015년 초등학교 진로교육 목표

2012년 초등학교 진로교육 목표	2015년 초등학교 진로교육 목표
긍정적 자아개념을 형성하고 일의 중요성을 이해하며 진로탐색과 계획 및 준비를 위한 기초 소양을 키움으로써, 진로개발 역량의 기초를 배양한다.	자신과 일에 대한 이해와 긍정적 가치를 형성하고 다양한 진로탐색과 체험을 바탕으로 자신의 꿈을 찾고 진로를 설계할 수 있는 진로개발 역량의 기초를 배양한다.
1) 진로개발 역량의 기초가 되는 긍정적인 자아개념과 대인관계 및 의사소통의 기초를 기른다.	1) 긍정적 자아개념을 형성하고 자신의 흥미와 적성을 탐색하며 타인을 배려하고 의사소통하는 역량의 기초를 기른다.
2) 일과 직업의 기능과 중요성을 알고 최선을 다하는 생활 태도와 건강한 직업의식을 형성한다.	2) 일과 직업의 의미와 역할, 직업세계의 다양성과 변화를 이해하고 일에 대한 긍정적이고 개방적인 태도를 형성한다.
3) 자신의 진로를 위해 학습의 중요성을 이해하고 다양한 방법으로 주위의 직업을 탐색하고 수집하는 능력을 기른다.	3) 진로에서 학습의 중요성을 이해하고 바른 학습 태도를 가지며 다양한 방법과 체험을 통해 직업정보를 탐색하는 능력을 기른다.
4) 자신의 진로를 다양하고 창의적으로 설계할 수 있도록 기초적인 의사결정과 계획 수립 역량을 기른다.	4) 자기이해와 다양한 진로탐색을 바탕으로 자신의 진로를 설계하고 계획할 수 있는 기초적인 의사결정과 계획 수립 역량을 기른다.

및 진로체험을 통해 진로를 개발할 수 있는 진로개발 역량의 기초를 배양하는 데 강조점을 두었음을 알 수 있다.

2) 초등학교 진로교육의 영역

초등학교 진로교육의 목표와 성취기준은 대영역, 중영역, 세부목표와 성취기준으로 구분하였다. 2015 초등학교 진로교육 목표와 성취기준의 대영역은 자아이해와 사회적 역량 개발, 일과 직업세계 이해, 진로탐색, 진로 디자인과 준비의 4가지 영역으로 분류하였으며, 이에 따른 중영역은 자아이해 및 긍정적 자아개념 형성, 대인관계 및 의사소통 역량 개발, 변화하는 직업세계 이해, 건강한 직업의식 형성, 교육 기회의 탐색, 직업정보의 탐색, 진로의사결정 능력 개발, 진로 설계와 준비의 8개 영역이다. 여기서는 대영역과 중영역에 따른 초등학교 진로교육의 주요 내용에 대해 살펴보기로 한다.

(1) 자아이해와 사회적 역량 개발

① 자아이해 및 긍정적 자아개념 형성

초등학교 시기는 학생들이 자아개념을 형성해 가는 시기이며, 자아개념은 진로발달에 영향을 미치는 중요한 요인이다. 따라서 초등학생들이 자신이 소중한 존재라는 인식을 가질 수 있도록 지도하고 자신의 모습과 특성을 긍정적으로 받아들이는 태도와 생각을 가질 수 있도록 지도한다. 또한 저학년에서는 욕구와 환상이 지배적이다가 고학년으로 올라갈수록 학교생활과 사회참여가 활발해지고 현실 인식의 폭이 넓어지면서 흥미와 능력을 중요시하는 경향을 보인다. 따라서 학생들이 자신의 흥미와 적성을 찾아 특성을 알 수 있도록 지도한다.

② 대인관계 및 의사소통 역량 개발

변화하는 직업세계에서는 다른 사람과의 공동 작업이나 협업이 점차 증가하고 이에 따른 대인관계의 중요성이 높아지고 있다. 따라서 초등학생들이 대인관계의 중요성을 이해하고 타인을 배려할 수 있도록 지도한다. 또한 대인관계는 자신이 가지고 있는 생각이나 뜻을 잘 표현하고 상대방의 생각과 뜻을 이해하는 의사소통 능력이 매우 중요하다. 학생들에게 대인관계에서 의사소통의 중요함을 알게 하고, 대화 상대와 상황에 맞게 잘 듣고 적절하게 말할 수 있도록 지도한다.

(2) 일과 직업세계 이해

① 변화하는 직업세계 이해

초등학교 단계에서는 일과 직업이 왜 존재하는지 그리고 이들이 자신에게 어떤 도움을 주는지 이해하는 것이 중요하다. 돈을 벌 수 있고, 보람을 느낄 수 있으며, 무엇인가를 만들어낼 수 있는 등 일과 직업이 지닌 다양한 역할과 기능을 알아보는 과정을 통해 직업이 존재하는 의미와 소중함을 이해할 수 있다. 또한 세상에는 수많은 일과 직업이 있음을 인식함으로써 자신의 진로도 함께 열려 있음을 깨달을 수 있다. 그리고 시간이 흐름에 따라 직업의 형태, 인식, 필요성 등도 점차 변화해 감을 알 수 있도록 지도한다.

② 건강한 직업의식 형성

초등학교 단계에서는 직업에 대한 긍정적인 인식을 형성하는 것이 중요하며, 이러한 직업의식 형성은 향후 중·고등학교 시기의 구체적인 직업관을 형성하는 데에 기초가 된다. 작은 일이라도 최선을 다하는 사람이 중요한 일을 잘 해낼 수 있다는 점을 이해하는 것은 향후 직업인으로서 가져야 할 성실성과 책임감의 기초가 된다. 직업에 대한 편견 및 고정관념은 어린 시절부터 형성되기 때문에 초등학교 시기에 올바른 직업관을 가질 수 있도록 지도한다.

(3) 진로탐색

① 교육 기회의 탐색

초등학생들이 학습에 대한 긍정적이고 적극적인 사고와 바른 학습 태도를 지니고 자신에게 적합한 학습법을 찾아봄으로써 자기주도적 학습 태도의 초석을 다지도록 한다. 또한 학교의 유형은 다양하며 자신의 소질과 적성에 맞는 학교에 진학하는 것이 보다 바람직하다는 것을 인식하여 진학 및 향후 진로설계에 참고가 되도록 지도한다.

② 직업정보의 탐색

직업정보는 여러 가지 방법으로 탐색 및 수집하며 다른 사람들과 직업정보를 공유할 때에는 가급적 탐색한 정보를 토대로 근거를 제시하도록 한다. 또한 체험활동은 다양한 경험을 해 본다는 취지에서 지도 및 지원이 이루어져야 하며 활동을 토대로 가시적인 성과를 이루어내기보다는 체험 본연의 의미를 살려 직접 경험해 보고 느끼고, 그 소감을 표현해 보도록 하는 데에 목적을 두도록 한다.

(4) 진로 디자인과 준비

① 진로의사결정 능력 개발

초등학교 시기에는 일상생활에서 의사결정이 필요한 다양한 상황을 알아봄으로써 인간의 삶은 선택과 결정의 연속임을 인식하는 것이 필요하다. 따라서 초등학생들이 의사결정을 내리는 여러 가지 방식과 특징을 이해함으로써 진로의사결정 능력의 기초를 다지도록 한다. 또한 일상의 사소한 문제에서부터 인생의 중요한 문제에 이르기까지 스스로 의사결정을 하고 인생을 주체적으로 살아갈 수 있는 역량을 함양하도록 지도한다.

② 진로 설계와 준비

진로를 개발하기 위해서는 진로계획을 세우고 실천하는 노력이 선행되어야 한다. 이를 위해 초등학교 시기에는 계획을 세워 일을 진행하는 것의 중요성을 인식하고, 평소에 일상의 사소한 여러 가지 일에 대해서도 계획을 세워 실천하는 태도를 형성할 수 있도록 한다. 그리고 자신의 꿈과 끼에 맞는 진로를 그려 보고 이러한 꿈을 실현하기 위한 진로계획을 세워 봄으로써 진로개발 역량의 기초를 다지도록 지도한다.

3) 초등학교 진로교육의 세부목표와 성취기준

초등학교 진로교육의 목표는 자신의 일에 대한 이해와 긍정적 가치를 형성하고 다양한 진로 탐색과 체험을 바탕으로 자신의 꿈을 찾아 진로를 설계할 수 있는 진로개발 역량의 기초를 배양하는 데 있다. 이러한 목표를 토대로 마련한 초등학교 진로교육 세부목표 및 성취기준은 표 1-7과 같다.

표 1-7 초등학교 진로교육 세부목표 및 성취기준

대영역	중영역	세부목표		성취기준	
I. 자아 이해와 사회적 역량 개발	1. 자아이해 및 긍정적 자아개념 형성	2015-E I 1.1	자신이 소중한 존재임을 안다.	2015-E I 1.1.1	자신을 긍정적으로 받아들이는 태도를 가질 수 있다.
				2015-E I 1.1.2	가정과 학교 등 여러 환경 속에서 나를 소중히 여기는 생활을 실천할 수 있다.
		2015-E I 1.2	자신의 장점 및 특성을 찾아본다.	2015-E I 1.2.1	자신의 흥미와 적성을 찾아 자신의 특성을 알아볼 수 있다.
				2015-E I 1.2.2	자신이 잘하는 것과 좋아하는 것을 계발할 수 있도록 노력할 수 있다.
				2015-E I 1.2.3	자신의 장점을 통해 자신감을 갖고 행동할 수 있다.

대영역	중영역	세부목표		성취기준	
I. 자아 이해와 사회적 역량 개발	2. 대인관계 및 의사소통 역량 개발	2015-E I 2.1	대인관계의 중요성을 이해하고 타인을 배려할 수 있다.	2015-E I 2.1.1	가족, 친구, 이웃 등 주위 사람과 친밀하게 지낼 수 있다.
				2015-E I 2.1.2	나와 같이 다른 사람도 소중함을 알고 행동할 수 있다.
				2015-E I 2.1.3	서로 다른 생각, 감정, 문화 등을 이해할 수 있다.
		2015-E I 2.2	대인관계에서 의사소통의 중요성을 이해하고 의사소통할 수 있다.	2015-E I 2.2.1	대인관계에서 의사소통의 중요성을 알 수 있다.
				2015-E I 2.2.2	대화 상대와 상황에 맞게 잘 듣고 적절하게 말할 수 있다.
II. 일과 직업세계 이해	1. 변화하는 직업세계 이해	2015-E II 1.1	일과 직업의 의미와 역할을 이해한다.	2015-E II 1.1.1	주변의 직업들이 없는 자신의 생활을 상상해 보고 모든 일과 직업의 소중함을 이해할 수 있다.
				2015-E II 1.1.2	일과 직업의 다양한 역할과 기능을 설명할 수 있다.
		2015-E II 1.2	일과 직업의 종류와 변화를 이해한다.	2015-E II 1.2.1	생활 속의 다양한 직업을 찾아보고 각 직업이 하는 일을 설명할 수 있다.
				2015-E II 1.2.2	현재의 직업들이 변화해 온 모습을 이해할 수 있다.
	2. 건강한 직업의식 형성	2015-E II 2.1	직업에 대한 긍정적인 태도를 형성한다.	2015-E II 2.1.1	자신의 일을 즐기는 직업인의 사례를 통해 좋아하는 일을 하는 것의 기쁨과 보람을 이해할 수 있다.
				2015-E II 2.1.2	자신이 직업을 가져야 하는 이유와 이를 통해 얻을 수 있는 긍정적 가치를 말할 수 있다.
		2015-E II 2.2	맡은 일에 최선을 다하는 태도를 기른다.	2015-E II 2.2.1	자신이 맡은 일에 최선을 다한 사람의 사례를 탐색할 수 있다.
				2015-E II 2.2.2	가정과 학교에서의 자신의 역할과 책임을 알아보고 최선을 다하는 태도를 기를 수 있다.
		2015-E II 2.3	직업에 대한 편견과 고정관념을 극복하여 개방적인 인식을 형성한다.	2015-E II 2.3.1	직업에 대해 떠오르는 생각을 통해 자신이 지닌 고정관념이나 편견이 무엇인지 설명할 수 있다.
				2015-E II 2.3.2	직업에 대한 편견과 고정관념을 극복한 사례를 통해 직업에 대한 개방적인 태도를 기를 수 있다.
III. 진로탐색	1. 교육 기회의 탐색	2015-E III 1.1	진로에서 학습이 중요함을 이해하고 바른 학습 태도를 갖는다.	2015-E III 1.1.1	자신의 미래 진로를 위해 공부를 해야 하는 이유에 대해 설명할 수 있다.
				2015-E III 1.1.2	공부에 대해 긍정적이고 적극적인 태도를 기를 수 있다.
				2015-E III 1.1.3	자신에게 효과적인 학습 방법을 알아볼 수 있다.
		2015-E III 1.2	학교의 유형과 특성을 이해하고 탐색한다.	2015-E III 1.2.1	초등학교 이후의 학습 경로를 알 수 있다.
				2015-E III 1.2.2	학교의 유형이 다양하다는 것을 알 수 있다.

대영역	중영역	세부목표		성취기준	
	2. 직업 정보의 탐색	2015-EⅢ2.1	여러 가지 방법으로 직업정보를 탐색하고 수집한다.	2015-EⅢ2.1.1	책, TV, 인터넷 등에서 접한 다양한 직업에 대해 탐색할 수 있다.
				2015-EⅢ2.1.2	존경하거나 닮고 싶은 인물의 직업 경로를 알아본다.
		2015-EⅢ2.2	다양한 체험활동을 통해 직업을 이해한다.	2015-EⅢ2.2.1	체험활동의 의미와 구체적인 방법을 알 수 있다.
				2015-EⅢ2.2.2	다양한 체험활동을 통해 알게 된 직업의 특징과 소감에 대해 말할 수 있다.
Ⅳ. 진로 디자인과 준비	1. 진로 의사결정 능력 개발	2015-EⅣ1.1	다양한 의사결정 방식을 안다.	2015-EⅣ1.1.1	일상생활에서 의사결정이 필요한 상황을 알아본다.
				2015-EⅣ1.1.2	여러 가지 의사결정 방식과 특성을 이해할 수 있다.
		2015-EⅣ1.2	다양한 상황에서 스스로 의사결정을 내릴 수 있다.	2015-EⅣ1.2.1	일상의 여러 문제에 대해서 스스로 의사결정을 내릴 수 있다.
				2015-EⅣ1.2.2	자신의 주요 의사결정 방식을 알고 그에 대한 장단점을 이해할 수 있다.
	2. 진로 설계와 준비	2015-EⅣ2.1	진로계획 수립의 중요성을 이해한다.	2015-EⅣ2.1.1	계획을 세워 진행한 일과 그렇지 않은 일의 차이를 이해할 수 있다.
				2015-EⅣ2.1.2	일상의 여러 가지 일을 계획을 세워 실천해 보고 계획의 중요성을 말할 수 있다.
		2015-EⅣ2.2	자신의 꿈과 끼에 맞는 진로를 그려 본다.	2015-EⅣ2.2.1	자신이 좋아하는 일, 잘하는 일을 찾아볼 수 있다.
				2015-EⅣ2.2.2	자신의 꿈과 관련된 미래의 자신의 모습을 그려 볼 수 있다.
				2015-EⅣ2.2.3	자신의 꿈을 담아 진로계획을 세워 본다.

학습문제

1. 제7차 교육과정부터 2015 개정 교육과정까지 진로교육과 관련된 추구하는 인간상과 교육과정 구성의 중점 및 초·중·고등학교 교육목표의 변화 과정을 알아봅시다. 그리고 교육과정 개정에 따른 진로교육의 반영 추이를 비교하여 논의해 보시오.

2. 2015 학교 진로교육 목표 및 성취기준의 주요 개정 내용과 학교 진로교육 목표 및 성취기준 체계에 대해 알아봅시다. 그리고 2015 학교 진로교육 목표 및 성취기준의 주요 개정 내용이 학교 진로교육에 주는 시사점을 논의해 보시오.

3. 2015 초등학교 진로교육 목표와 성취기준의 대영역과 중영역의 내용을 알아봅시다. 그리고 2012 초등학교 진로교육 목표와 성취기준의 대영역과 중영역의 내용과 비교하여 주요 개정 내용이 초등학교 진로교육에 주는 시사점을 논의해 보시오.

부록: 초등학교 진로교육 세부목표와 성취기준의 수준적합성 및 적합학년군

대영역	중영역	세부목표 / 성취기준	수준 적합성	적합학년군 1-2	3-4	5-6
Ⅰ	Ⅰ-1	자신이 소중한 존재임을 안다.	4.97	●	◎	○
		자신을 긍정적으로 받아들이는 태도를 가질 수 있다.	4.93	●	◎	○
		가정과 학교 등 여러 환경 속에서 나를 소중히 여기는 생활을 실천할 수 있다.	4.90	●	◎	○
		자신의 장점 및 특성을 찾아본다.	4.93	◎	●	○
		자신의 흥미와 적성을 찾아 자신의 특성을 알아볼 수 있다.	4.93	◎	●	○
		자신이 잘하는 것과 좋아하는 것을 계발할 수 있도록 노력할 수 있다.	4.76	○	●	◎
		자신의 장점을 통해 자신감을 갖고 행동할 수 있다.	4.83	●	◎	○
	Ⅰ-2	대인관계의 중요성을 이해하고 타인을 배려할 수 있다.	4.80	◎	●	○
		가족, 친구, 이웃 등 주위 사람과 친밀하게 지낼 수 있다.	4.77	●	◎	○
		나와 같이 다른 사람도 소중함을 알고 행동할 수 있다.	4.73	○	●	◎
		서로 다른 생각, 감정, 문화 등을 이해할 수 있다.	4.73	○	◎	●
		대인관계에서 의사소통의 중요성을 이해하고 의사소통할 수 있다.	4.80	○	●	◎
		대인관계에서 의사소통의 중요성을 알 수 있다.	4.70	○	◎	●
		대화 상대와 상황에 맞게 잘 듣고 적절하게 말할 수 있다.	4.63	◎	●	●
Ⅱ	Ⅱ-1	일과 직업의 의미와 역할을 이해한다.	4.67	○	◎	●
		주변의 직업들이 없는 자신의 생활을 상상해보고 모든 일과 직업의 소중함을 이해할 수 있다.	4.63	○	●	◎
		일과 직업의 다양한 역할과 기능을 설명할 수 있다.	4.33	○	◎	●
		일과 직업의 다양한 종류와 변화를 이해한다.	4.57	○	◎	●
		생활 속의 다양한 직업을 찾아보고 각 직업이 하는 일을 설명할 수 있다.	4.53	○	◎	●
		현재의 직업들이 변화해온 모습을 이해할 수 있다.	4.03	○	◎	●
	Ⅱ-2	직업에 대한 긍정적인 태도를 형성한다.	4.73	○	●	◎
		자신의 일을 즐기는 직업인의 사례를 통해 좋아하는 일을 하는 것의 기쁨과 보람을 이해할 수 있다.	4.70	○	◎	●
		자신이 직업을 가져야 하는 이유와 이를 통해 얻을 수 있는 긍정적 가치를 말할 수 있다.	4.60	○	◎	●
		맡은 일에 최선을 다하는 태도를 기른다.	4.87	◎	●	◎
		자신이 맡은 일에 최선을 다한 사람의 사례를 탐색할 수 있다.	4.67	○	●	◎
		가정과 학교에서의 자신의 역할과 책임을 알아보고 최선을 다하는 태도를 기를 수 있다.	4.83	●	●	◎
		직업에 대한 편견과 고정관념을 극복하여 개방적인 인식을 형성한다.	4.53	◎	○	●
		직업에 대해 떠오르는 생각을 통해 자신이 지닌 고정관념이나 편견이 무엇인지 설명할 수 있다.	4.50	○	◎	●
		직업에 대한 편견과 고정관념을 극복한 사례를 통해 직업에 대한 개방적인 태도를 기를 수 있다.	4.37	○	◎	●

대영역	중영역	세부목표	성취기준	수준 적합성	적합학년군 1-2	적합학년군 3-4	적합학년군 5-6
Ⅲ	Ⅲ-1	진로에서 학습이 중요함을 이해하고 바른 학습 태도를 갖는다.		4.63	○	◎	●
			자신의 미래 진로를 위해 공부를 해야 하는 이유에 대해 설명할 수 있다.	4.53	○	◎	●
			공부에 대해 긍정적이고 적극적인 태도를 기를 수 있다.	4.47	○	●	◎
			자신에게 효과적인 학습방법을 알아볼 수 있다.	4.27	○	◎	●
		학교의 유형과 특성을 이해하고 탐색한다.		4.33	-	-	●
			초등학교 이후의 학습경로를 알 수 있다.	4.27	○	◎	●
			학교의 유형이 다양하다는 것을 알 수 있다.	4.23	○	◎	●
	Ⅲ-2	여러 가지 방법으로 직업정보를 탐색하고 수집한다.		4.73	○	◎	●
			책, TV, 인터넷 등에서 접한 다양한 직업에 대해 탐색할 수 있다.	4.73	○	◎	●
			존경하거나 닮고 싶은 인물의 직업경로를 알아본다.	4.73	○	◎	●
		다양한 체험활동을 통해 직업을 이해한다.		4.73	○	◎	●
			체험활동의 의미와 구체적인 방법을 알 수 있다.	4.20	○	◎	●
			다양한 체험활동을 통해 알게 된 직업의 특징과 소감에 대해 말할 수 있다.	4.70	○	◎	●
Ⅳ	Ⅳ-1	다양한 의사결정 방식을 안다.		4.43	◎	◎	●
			일상생활에서 의사결정이 필요한 상황을 알아본다.	4.50	◎	●	●
			여러 가지 의사결정 방식과 특성을 이해할 수 있다.	4.33	○	◎	●
		다양한 상황에서 스스로 의사결정을 내릴 수 있다.		4.70	○	◎	●
			일상의 여러 문제에 대해서 스스로 의사결정을 내릴 수 있다.	4.63	○	◎	●
			자신의 주요 의사결정 방식을 알고 그에 대한 장단점을 이해할 수 있다.	4.37	○	◎	●
	Ⅳ-2	진로 계획 수립의 중요성을 이해한다.		4.73	○	◎	●
			계획을 세워 진행한 일과 그렇지 않은 일의 차이를 이해할 수 있다.	4.63	○	●	◎
			일상의 여러 가지 일을 계획을 세워 실천해보고 계획의 중요성을 말할 수 있다.	4.80	◎	●	●
		자신의 꿈과 끼에 맞는 진로를 그려본다.		4.83	○	●	◎
			자신이 좋아하는 일, 잘하는 일을 찾아볼 수 있다.	4.87	●	◎	◎
			자신의 꿈과 관련된 미래의 자신의 모습을 그려볼 수 있다.	4.93	●	◎	◎
			자신의 꿈을 담아 진로계획을 세워본다.	4.70	○	◎	●

출처: 2015 학교 진로교육 목표와 성취기준, 교육부·직업능력개발원, 2016, pp. 33-34

참고문헌

교육부(2015). 교육부 보도자료, 2015.9.23.

교육부(2015). 창의적 체험활동 교육과정. 교육부 고시 제2015-74호(별책 42).

교육부(2015). 초·중등학교 교육과정 총론. 교육부 고시 제2015-74호(별책 1).

서우석, 도경순(2002). 초등학교 진로교육의 논리와 실제. 2002년도 한국진로교육학회 추계학술대회 발표자료집, 1-33.

임경희(2004). 초등학생의 진로자아효능감과 가정, 학교 및 개인변인의 관계. 진로교육연구, 17(2), 76-91.

정윤경, 김나라, 방혜진, 이윤진, 김가연(2016). 2015 학교 진로교육 목표와 성취기준. 서울: 교육부.

진미석, 이현경, 서유정, 허정희, 남미숙, 황윤록, 이혜숙, 최은숙(2012). 학교 진로교육 목표와 성취기준. 서울: 교육부.

교육부(2015). http://www.moe.go.kr

국가교육과정 정보센터(2015). http://www.ncic.go.kr

2장

초등 시기 진로발달이론

인효연

초등학교에 다닐 무렵의 아동이 일의 세계에 대해 무엇을 접하고 어떻게 이해하는가는 청소년기 이후의 진로결정을 비롯한 진로발달에 깊은 영향을 미친다(Hartung, Porfeli, & Vondracek, 2005). 나일스와 해리스-보울스비(Niles & Harris-Bowlsbey, 2009)는 "아동기의 진로발달 과정을 무시하는 것은 정원사가 식물을 기를 정원 토양의 질을 도외시하는 것(p.318)"에 비유할 수 있다고 표현하며, 아동기가 생애 진로발달의 근간이 되는 중요한 시기임을 강조하였다. 이 장에서는 초등학교 시기 진로발달 과정을 이해하기 위한 이론적 토대로 수퍼(Super)의 진로발달이론, 갓프레드슨(Gottfredson)의 제한타협이론과 렌트(Lent), 브라운(Brown), 해켓(Hackett)의 사회인지진로이론이 설명하는 아동기의 진로발달을 개괄하고, 아동기 진로발달을 촉진하기 위한 각 이론의 시사점과 관련 경험적 연구 결과들을 살펴볼 것이다.

1 초등학교 시기 진로발달 개관

부모의 눈을 통해 자신과 세상을 바라보던 아동은 초등학교 생활을 시작하면서 가정의 울타리를 넘어서 학교라는 사회적 공간으로 시야를 넓히고, 또래와 교사, 이웃 등과 관계를 맺으며 자기 자신과 세상에 대해 배워 나간다(Savickas, 2002). 가정, 학교, 지역사회, 대중매체 등은 아동에게 어른들의 삶이란 어떠한가를 보여주는 주요 통로이다. 이렇게 접한 세계를 바탕으로 아동은 현재와 미래에 펼쳐질 자신의 삶의 모습을 그린다.(Niles & Harris-Bowlsbey, 2009). 아동의 놀이 활동은 자신의 흥미를 발견하고 직업에 관한 개념을 형성하는 데 있어서 중요한 역할을 한다(Savickas, 2002). 이처럼 초등학교 시기는 다양한 경험과 학습을 통해 자기 자신과 직업의 세계에 대한 이해를 키워나가고, 미래에 대해 관심을 갖고 탐색하고 준비하며, 일에 대한 습관과 태도를 형성하는 기간이라고 할 수 있다(임은미 외, 2017).

에릭슨(Erikson, 1963)은 일생 동안의 심리사회적 발달을 8단계로 나누었는데, 대략 초등학교 시기에 해당하는 4번째 단계는 근면성을 발달시키는 단계이다. 이 시기 아동은 끈기 있게 노력함으로써 작업을 완성하는 기쁨을 맛보고, 학습 기술과 협업 방법 등 앞으로의 진로발달에서 반드시 필요한 기초 기술을 익힌다. 에릭슨은 아동기 근면성의 발달이 자아성장에 매우 중요하며, 이후 청소년기에 들어서 '나는 누구인가', '사회에서의 나의 위치는 어디인가'에 대해 답할 수 있는 자아정체감 정립의 토대가 된다고 하였다. 아동이 이룬 성취에 대한 부모와 교사의 일관성 있는 칭찬 및 강화는 아동의 근면성 개발을 촉진하고 유능감을 키울 것이다. 반면 아동이 애써 달성한 성취가 다른 아동과 비교되고 무시당하거나 아동이 가정과 학교를 통해 사회에서 필요한 기초 기술을 적절히 습득하지 못한다면 열등감을 키우게 된다. 만약 아동이 근면성 개발에 실패하고 높은 열등감을 가지고 청소년기에 접어든다면, 긍정적인 자아정체감 형성에 어려움을 겪는다. 이는 진로와 관련한 자신에 대한 이해인 진로정체감 발달을 방해하고, 세상의 어느 곳에서 어떤 역할을 하며 살아갈 것인지에 대한 혼란을 초래한다.

이 같은 아동기의 중요성에도 불구하고 본격적인 진로계획과 직업 활동에 착수하는 청소년기 및 성인기에 비해, 아동기에 관한 진로발달이론과 연구가 매우 부족하다는 문제의식이 많은 진로발달학자들에 의해 제기되어 왔다(Hartung et al., 2005; Schultheiss, 2008; Super, 1990). 진로발달 과정에서 아동기의 중요성이 조명되기 시작한 것은 발달적 관점에서 진로를 설명한 이론들에 의해서이다. 이전의 많은 진로이론들이 청소년기 이후 행해지는 진로선택 행위에 초점을 맞춰 왔다면, 수퍼(1957)는 진로발달을 전 생애에 걸쳐 지속되는 과정으로 개념화하였다. 수퍼의 전 생애적 관점은 진로발달에 대한 패러다임을 바꾼 이론으로 현재까지 널리 인용되고 있다. 갓프레드슨(1981)은 태어나서 청소년기에 이르기까지의 진로발달 단계를 제시하였으며, 특히 성역할과 사회적 지위를 중심으로 아동이 자라면서 어떻게 자신의 진로 가능성을 제한하고 현실에 맞춰 타협하는 과정을 거치는지 이론화하였다. 또한 비교적 최근 이론으로 활발히 연구·적용되고 있는 렌트 등(1994)의 사회인지진로이론은 다양한 개인 내적 그리고 환경적 요인들이 상호작용하며 진로발달 과정에 작용하는 데 있어서 자기효능감과 결과기대 등 개인의 인지적 요인들이 핵심적인 역할을 한다고 설명하고 있다. 수퍼와 갓프레드슨의 발달적 관점과 렌트 등의 사회인지적 관점을 통해 초등학교 시기 아동의 진로발달을 살펴보고 이들 이론이 어떤 시사점을 던지고 있는지 고찰하고자 한다.

2 초등학교 시기 진로발달이론

1) 수퍼의 전 생애-생애공간(life-span, life-space) 진로발달이론

(1) 주요 개념: 전 생애, 생애공간, 자아개념

단회적인 진로선택에 초점을 두었던 이전의 진로이론들과 달리 수퍼의 이론은 진로발달을 일생에 걸친 지속적인 발달 과정으로 보았으며, 생애발달 단계를 고려한 진로교육과 상담을 실시하는 데 결정적인 역할을 하였다(Helwig, 2008). 수퍼(1990)는 태어나서 노년에 이르기까지 전 생애에 걸친 진로발달을 5단계로 제시하였다. 즉 자신과 일의 세계에 대한 기본적인 이해를 발달시키는 '성장기', 직업에 대한 선호를 명확히 하고 구체적인 진로탐색과 미래 계획을 하는 '탐색기', 직업세계에 입문하여 직업인으로서의 역할과 책임을 확립하는 '확립기', 자신의 직업에서 수행 수준을 유지하거나 발전시키는 '유지기', 직업인 역할의 비중이 줄고 다른 생애역할로 중심이 옮겨가는 '쇠퇴기'의 다섯 단계로 이어진다. 이러한 진로발달 단계는 비가역적인 직선형이 아니라, 직업 전환을 위해 유지기에서 다시 탐색기로 돌아가는 등 재순환될 수 있다. 또한 직업인뿐만 아니라 자녀, 학생, 배우자, 시민, 부모, 여가인 등 개인이 특정 극장(가정, 학교, 일터, 지역사회 등)에서 수행하는 다양한 생애역할들을 포괄하는 것으로 진로발달의 의미를 확장하였다(Super, 1980). 수퍼는 진로발달을 본질적으로 '직업적 자기개념(occupational self-concept)'을 발달시키고 실행하는 것이라고 보았다. 자아개념이란 역할과 상황 안에서 기능하고 관계 맺는 자기 자신에 대한 상(picture)이라 할 수 있는데(Super, 1963), 개인의 타고난 특성, 여러 역할들을 수행하고 관찰할 기회, 타인으로부터의 피드백 등의 역동적 상호작용을 통해 형성되며 끊임없이 변화한다(Super, 1990). 생물학적,

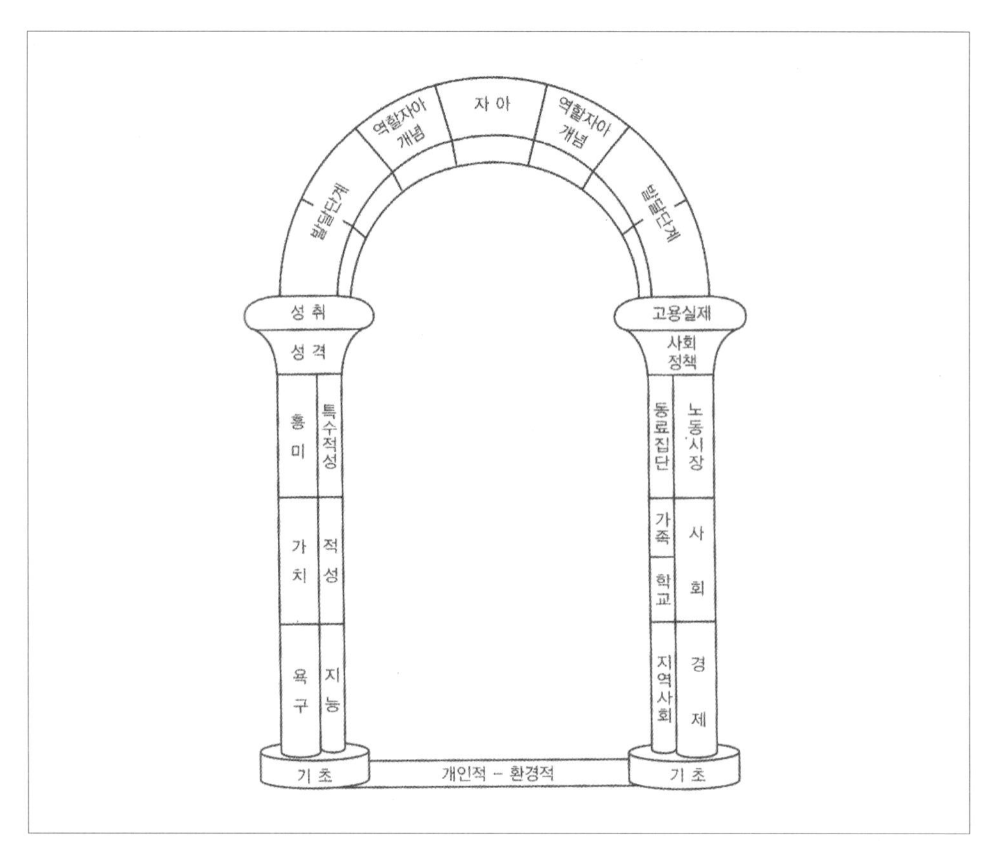

그림 2-1 Super의 진로발달의 아치웨이 모형

출처: Super(1990). p. 200.

지리적 토대 위에서 개인의 다양한 심리적 특성과 사회적 요소들이 상호작용하는 가운데, 발달 단계를 따라 생애역할들을 수행하고 자아개념을 형성하는 복합적인 진로발달의 모습을 수퍼는 아치웨이를 구성하는 여러 조각들로 시각화하였다(그림 2-1). 수퍼의 전 생애, 생애공간, 자아개념 이론을 종합해 본다면, 진로발달이란 전 생애에 걸쳐 직업인을 포함한 다양한 생애역할을 수행하며, 환경과의 상호작용을 통해 자아개념을 지속적으로 형성, 수정, 실행해 나가는 과정이라고 할 수 있을 것이다.

(2) 아동기 진로발달

초등학교 시기는 생애공간상으로는 가정 이외에 처음으로 학교라는 극장에 발을 내딛고 학생이라는 역할을 수행하는 때이고, 발달 단계 중 대체로 성장기(만 4~13세)에 해당하며, 자기 자신과 일의 세계에 대한 기본적인 개념을 발달시키는 시기이다. 성장기는 다시 하위 단계인 환상기, 흥미기, 능력기로 구분되는데, 각 단계별 연령의 구분은 가변적이다. 환상기는 대략 6, 7세경까지 지속되며, 환상기의 아동은 상상력을 발휘하여 직업에 대한 환상을 품고, 환상에 기초한 역할놀이 등을 즐겨 한다. 아동이 흥미기에 이르면 직업적 환상을 좇기보다는 자신의 흥미를 우선적으로 고려하여 직업들을 인식한다. 흥미기에는 가정, 학교, 또래관계와 같은 아동을 둘러싼 환경을 탐색하면서 다양한 활동을 통해 일의 세계를 비롯하여 자신이 무엇을 좋아하고 잘하는지 배워 나간다. 만 11세경 능력기에 접어들면, 아동은 환경에 대해 통제할 수 있다는 숙달 및 유능감을 발달시키며 자신의 능력에 대한 견해를 갖기 시작한다. 또한 일의 세계에 대한 보다 현실적인 이해가 발달하여 자신이 흥미를 느끼는 모든 직업을 가질 수 있는 것이 아니고, 직업을 갖기 위해 필요한 기술과 능력을 갖추어야 한다는 인식이 생긴다(Super, 1955; Sharf, 2014에서 재인용).

수퍼(1990)는 아동기 진로발달에 대한 연구가 부족한 현실을 지적하며, 아동기 진로발달 모형으로 개인-환경 상호작용 모델(person-environment interaction model)을 제시하였다. 이 모형을 통해 수퍼는 아동기의 진로발달을 위해서는 아동의 선천적인 호기심이 꽃피울 수 있도록 적절한 자극과 지지를 제공하는 것이 핵심적이라고 하였다. 아동은 새로운 것에 대한 호기심의 욕구를 바탕으로 자신과 주변 환경에 대해 탐색하는 다양한 활동을 한다. 놀이를 비롯하여 가정과 학교 등에서 행하는 모든 활동을 통해, 아동은 자신과 세상을 호기심 어린 눈으로 탐구한다. 탐색 과정에서 아동은 부모나 선생님과 같은 주변의 주요 인물들 중 닮고 싶은 역할 모델을 발견한다. 자신에게 의미 있는 역할 모델을 관찰하고 따라하는 과정을 통해 아동은 자신의 특성과 미래에 되고 싶은 모습, 사회 구성원의 여러 역할 수행에 대한 이해를 넓혀 간다. 탐색 활동과 역할 모델을 통해 얻은 자신과 세상에 대한 정보는 아동이 점차 발달시킬 자기개념의 기초가 되며, 자신이 다른 사람과 어떤 점이 다른지, 무엇을 할 때 즐거움을 느끼고 어떤 활동을 좋아하지 않는지 등 자신의 흥미를 발견하고, 현재와 미래에 대한 통제감을 얻을 수 있도록 한다. 아동이 점차 과거와 현재가 미래에 미치는 영향력을 이해하면서, 미래를 계획하는 것의 중요성을 인식하고 의사결정 능력을 발달시키는데, 이렇게 아동기에 발달시킨 태도와 역량은 이후 진로에 관한 선택을 내리는 밑거름이 된다. 성장기를 성공적으로 지나온 아동은 청소년기에 접어들면서 자기 자신과 직업에 대한 그간의 이해를 바탕으로 직업적 선호를 구체화하고, 그에 상응하는 직업정보를 찾아보고, 학업과 직업에 관한 구체적인 계획을 세울 것이다.

만약 아동의 탐색 활동이 내적인 만족감이나 외부적인 격려와 지지 등의 형태로 적절히 보상되지 않으면, 아동은 갈등을 겪고 탐색 활동에서 물러난다. 초등학교 고학년이 되면서 학업적 성취가 강조되고, 자유롭게 자신과 환경을 탐색하는 호기심 욕구가 충족되지 못함에 따라, 학교에 대한 흥미 감소, 학업성취 감퇴 등 소위 '4학년 슬럼프'가 나타나기도 한다(Super, 1990). 탐색 활동으로부터 움츠러든 아동은 진로 관련 정보를 습득하고 흥미를 발달시킬 기회를 충분히 갖지 못하고, 결국 이어지는 진로발달과업을 달성하는 데 어려움을 겪을 것이다.

(3) 초등학교 시기 진로발달에 대한 적용

수퍼는 아동의 타고난 호기심을 북돋울 수 있는 환경의 제공을 강조한다. 새로운 것에 대한 호기심은 아동이 주변 환경과 사람들을 관심 있게 살펴보고 발견하고 경험해 보도록 하는 원동력이며, 호기심과 탐색 활동이 흥미, 통제감, 미래 조망 능력, 계획 및 의사결정 능력과 긍정적 자아개념의 발달로 이어지기 때문이다. 아동이 호기심을 갖고 탐색하는 것들이 직접적으로 진로와 관련될 필요는 없다(Sharf, 2014). 사물, 상황, 아이디어, 사람 등 환경과의 상호작용을 통해 자아개념을 형성하고 진로발달을 이룬다는 수퍼의 '상호작용적 학습(interactive learning)' 개념에 따르면 아동은 주변의 크고 작은 사물을 들어 봄으로써 무게와 힘에 대한 감각을 익힐 수 있고, 숲과 강물을 감상하며 아름다움을 음미하는 심미안을 기를 수 있다(Super, 1990). 즉 일상 속 수많은 경험과 탐색이 자신과 세상에 대한 이해로 통합된다는 것이다. 이렇게 획득한 자신과 직업에 대한 정보를 바탕으로 진로와 관련된 보다 의도적이고 목적지향적인 탐색은 청소년기인 탐색기에 활발히 이루어질 것이다. 아동의 탐색 활동 자체가 진로발달의 모든 과업을 해결해 주는 것은 아니지만, 탐색 행동은 또 다른 탐색을 낳으며 폭넓게 일의 세계를 배우고 자신을 시험해 볼 수 있도록 돕는다는 점에서 결국 성공적으로 진로를 계획하는 데 기여한다(Sharf, 2014).

수퍼, 사비카스 및 수퍼(Super, Savickas, & Super, 1996)는 초등학교 시기 아동에게 요구되는 4가지 주요한 진로발달 과제로 자신의 미래에 대해 관심 갖기, 자신의 삶을 통제할 수 있다는 자신감 기르기, 학교와 일터에서의 성취의 중요성을 인식하고 성취동기 높이기, 유능한 일 습관과 태도 함양을 꼽았다. 아동은 일상생활 속의 경험을 통해 이 같은 진로발달 과제를 수행한다(Savickas, 2002). 예를 들어 한 달 뒤에 있는 친구의 생일 선물을 사기 위해 집안일을 도와 용돈을 꾸준히 모으고 스스로 모은 돈으로 마련한 생일 선물을 친구에게 전하는 경험을 통해서, 미래의 목표 달성을 위해 현재의 만족을 지연하고 전략을 세워 실행하는 것에 대한 자신감을 키울 수 있다(Savickas, 2002). 이처럼 가사일, 학교 과제, 놀이, 심부름 등 매일의 경험 속에서 만나는 문제들에 대처하고 계획을 세우고 성공경험을 쌓아감으로써 아동은 자신의 삶에 대한 통제감과 성취동기를 높이고 건강한 일 습관과 태도를 형성할 수 있다. 새로운 놀이와 학습의 기회, 여행, 현장학습, 직업체험과 관찰 등 다양한 자극과 역할 모델들을 제공하는 것이 이러한 아동의 진로발달을 촉진하는 자양분이 될 것이다.

또한 초등학교에서 배우는 지식과 기술이 직업세계에서 어떻게 활용되는지 인식하는 것이 이 시기 아동들에게 중요하다(In, Akos, & Nile, 2015). 예컨대 변호사가 변론을 하기 위해서는 말하기 능력과 함께 사건 문서를 읽고 이해하는 능력, 변론문을 작성하는 쓰기 능력이 필요하며, 수학적 기술은 천문학자가 별의 거리를 계산하고 제빵사가 적정량의 재료를 계량하여 빵을 굽기 위해 필수적이고, 운동 능력은 경찰관이 범죄를 단속하고 항공 승무원이 승객을 돕고 비상사태에 대처하기 위해 갖춰야 한다. 이러한 주제들을 국어, 수학, 체육 등 교과목 내에서 토의할 수 있다. 현재의 학습이 미래의 진로에 어떻게 도움이 되는지 이해함으로써, 아동은 학업성취동기를 높이고, 건강한 학습 습관 및 태도를 함양하며, 내적 통제감과 계획성을 키울 수 있을 것이다. 대인관계, 의사소통, 문제해결 능력 등 모든 직업에 공통적으로 필요한 기초적인 역량을 기르는 것도 초등학교 시기 진로발달에 있어서 중요한 과제이다.

2) 갓프레드슨의 제한타협이론

(1) 주요 개념: 인지적 성장, 자기창조, 제한, 타협

갓프레드슨(1981, 1996, 2002, 2005)은 제한타협이론(theory of circumscription and compromise)을 발전시키면서, 아동과 청소년들이 성장 과정에서 직업세계의 선택지들을 어떻게 인식하고 축소하고 타협해 나가는지 그 과정을 설명하였다. 갓프레드슨은 수퍼와 달리 청소년기까지의 진로발달에 초점을 맞추어 이론을 발전시켰으며, 인지적 성장, 자기창조, 제한, 타협이라는 4가지 발달과정을 제시하였다(Gottfredson, 2005). 갓프레드슨에 따르면 아동이 학습하고 사고하는 능력은 태어나서 청소년기까지 나이가 들어감에 따라 증가하며, 이러한 '인지적 성장'에 따라 자기 자신과 직업세계에 대해 단순한 수준에서 점차 복잡하고 정교한 수준으로 이해할 수 있게 된다. 갓프레드슨은 개인의 인지적 능력 수준을 고려하여 이에 적합한 진로교육과 개입을 제공하는 것이 중요하다고 하였다. 또한 개인은 환경에 의해 규정되는 것이 아니라 '자기창조'의 주체로서 유전적 그리고 사회문화적 환경에 의해 주어진 원재료를 활용하여 자신이 어떤 사람이 될 것인지를 적극적으로 만들어간다고 보았다. 아동은 자라면서 자신의 유전적 성향과 일치하는 방식으로 자신이 처할 환경을 선택하고 조성, 해석하는 주도성을 발휘한다. 따라서 아동이 진로발달 과정에서 타고난 강점을 살리고, 새로운 기회와 사회적 지지체계를 만들고, 환경적 장애물을 극복하는 방안을 강구하는 등 우호적인 환경을 구축할 수 있도록 돕는 것이 필요하다. 그녀의 이론에서 핵심적인 개념인 '제한'이란 유아기부터 청소년기까지 크게 4단계를 거치며 점차적으로 자신이 수용하기 어려운 직업 대안들을 제거해 나가는 과정이며, '타협'이란 가장 선호하는 직업 선택지를 포기하고, 교육 훈련의 기회나 취업 가능성 등 현실적 여건에 맞춰 덜 선호하지만 획득 가능성이 더 높은 대안으로 조정해 나가는 과정이다. 이러한 과정을 거치면서 직업에 대한 포부가 이상적인 것에서 현실적인 것으로 조정된다.

(2) 아동기 진로발달

초등학교 시기 아동은 유아기의 직관적 사고에서 발전하여 구체적인 사고를 할 수 있게 되고, 청소년기에 이르면 추상적이고 다차원적으로 사고하는 인지 능력이 발달한다. 즉 연령이 증가함에 따라 보다 미묘하고 복잡한 정보를 이해하고 분석할 수 있게 된다. 제한타협이론에 따르면 개인이 선호하는 직업의 폭을 좁히고 직업과 관련한 결정을 내리기 시작하는 것은 복잡하고 추상적인 사고를 할 수 있기 훨씬 이전, 자신이 그러한 결정을 내리고 있는지도 모르는 생애 초기부터 시작된다. 그러므로 유아기와 아동기의 인지 능력이 진로발달에 미치는 영향을 이해하는 것이 중요하다(Gottfredson, 2005).

직업적 선택은 자기개념과 갈등관계에 있는 직업적 대안들을 제거하는 제한 과정으로 시작된다. 모든 아동은 4단계의 제한 과정을 거치지만, 아동들의 인지 능력의 개인차에 따라서 단계를 거쳐 가는 시기와 속도는 다르기 때문에 단계별 연령 구분은 유동적이다(Gottfredson, 2005). 1단계(3~5세)는 크기와 힘 지향 단계(orientation to size and power), 2단계(6~8세)는 성역할 지향 단계(orientation to sex role), 3단계(9~13세)는 사회적 가치 지향 단계(orientation to social valuation), 마지막 4단계(14세 이후)는 내적 고유자아 지향 단계(orientation of the internal, unique self)이다. 초등학교 시기 아동들은 먼저 성역할에 따라 직업을 구분하기 시작하고, 고학년이 되면서 성역할에 따라 제한한 직업들 중 사회적 가치에 따라 직업 선택지를 더욱 좁혀 나간다.

1단계에 해당하는 초등학교 이전의 아동은 마술적 사고에서 직관적 사고로 인지 능력이 발전하면서, 크고 힘센 것과 작고 약한 것이라는 매우 단순한 기준을 가지고 사람을 구분하고, 어른들의 세계가 있으며 직업을 가지고 일하는 것은 어른 세계의 일부이고 자신도 결국엔 어른이 될 것이라는 것을 인식한다. 아동이 초등학교에 들어갈 무렵인 2단계에는 구체적인 사고가 가능해 지면서, 이전보다 많은 직업을 알게 되는데, 이 시기 아동들은 자주 접하는 교사나 큰 트럭의 운전자와 같이 시각적인 주의를 끄는 직업들 위주로 인식한다. 성별은 아동들에게 가장 두드러진 시각적 특성이다. 이 시기 대부분의 아동은 인지발달 수준에서 이분법적으로 사고를 하는 단계이기 때문에 특정한 직업들이 남성 또는 여성 중 하나에 배타적으로 속한다고 생각한다. 이에 따라 남자 아동이라면 간호사는 여자의 직업이라고 생각하여 고려하지 않는다거나, 여자 아동의 경우 경찰관은 남자가 갖는 직업이라고 인식하여 배제하는 식으로 아동은 미래 자신이 가질 수 있는 직업을 성별에 의해 제한해 나간다.

대체로 초등학교 고학년에서 중학생 시기라고 할 수 있는 3단계에 접어들면, 추상적 사고가 가능해 지면서, 아동은 구체적으로 보이지 않는 활동들도 개념화할 수 있고 이에 따라 보다 많은 직업들을 인식한다. 아동기 후기에 접어들면서 사회적 지위나 평가에 대해 민감해 지는데, 갓프레드슨에 따르면 4학년 정도의 아동들은 옷이나 소지품, 행동 등을 통해 드러나는 사회계층을 인식하기 시작하고 중학교 2학년 정도까지는 성인과 같은 방식으로 직업을 사회적 지위에 따라 서열화할 수 있다. 따라서 초등학교 저학년 때에는 주로 성별에 따라 자신이 고려하는 직업의 폭을 좁혔다면, 초등학교 고학년 무렵 진로발달 3단계에 이르면 아동은 직업을 성별과 지위라는 두 개의 차원에 따라 구별한다. 즉 직업의 성역할 유형을 따라 설정한 범위 내에서, 사회적 지위가 너무 낮다고 생각되거나 합리적인 노력을 들여도 성취하기 어렵다고 판단되는 직업을 배제해 나가며 직업포부의 천장과 바닥선을 긋는다. 사회적 지위에 의한 직업 배제는 대체로 아동이 판단한 상대적 학업 능력에 기초한다(Gottfredson, 2005). 아동은 또래들과 학업능력을 비교하고 이에 따라 자신이 학업과 직업적으로 얼마나 성취할 수 있을지를 가늠한다. 또한 상대적으로 사회경제적 배경이 낮은 아동의 경우 가정과 주변으로부터 사회적 지위가 높은 직업에 대한 기대나 지원을 적게 받음에 따라 직업포부의 천장을 낮게 설정할 가능성이 있다.

고등학교 시기와 대략 겹치는 4단계에 이르면 청소년들은 인지적으로 성장하면서 흥미, 능력, 가치관 등과 같이 개인과 직업의 보다 추상적, 내적, 고유한 측면들에 대해 이해할 수 있게 되고, 이렇게 형성한 자신에 대한 정체감과 잘 맞는 직업을 탐색한다. 주목할 점은 초등학교 시기에 직업의 성역할 유형과 사회적 지위에 따라 제외한 직업들에 대해서는 자신의 흥미와 능력에 맞는지 시험해 볼 경험을 충분히 갖지 못한다는 것이다.

(3) 초등학교 시기 진로발달에 대한 적용

갓프레드슨(2005)은 아동이 자신의 진로 관련 개인적 특성들을 인식하고 개발하기 위해서는 직접 또는 간접적으로 다양한 경험을 하는 것이 중요하다고 하였다. 기술, 태도, 습관 등 직업 관련 특성들은 영역 특수적이기 때문에 해당 영역에 관련된 경험을 통해서 발견되고 개발될 수 있다(Gottfredson, 2005). 따라서 아동이 다양한 분야에 대한 자신의 진로 잠재력이 어떠한지 깨닫기 위해서는 충분한 경험을 직접 해 보거나 간접적으로 접해 보아야 한다. 특히 아동이 성별이나 사회경제적 지위에 의해 이른 시기에 자신의 직업적 가능성을 제한하지 않도록 고정관념에서 벗어난 직업과 직업인들을 접하도록 하는 것이 필요하다. 초등학교 시기에는 현장학습, 영상, 초청 강사, 직업 경험, 프로젝트, 교과 과제 등을 통해 직업의 다양성을 보여줄 수 있다. 이를 통해 각 직업에서 무엇을 어떻게 수행하고 직업 환경은 어떠하며 직업이 개인의 삶과 사회에 어떻게 영향을 미치는지를 배울 수 있다. 초기 아동들은 주로 직업의 성역할에 관심을 기울이기 때문에 여자 경찰, 남자 간호사와 같이 성역할 고정관념에 반대되는 예를 많이 제공함으로써 성역할 경계를 유동적으로 열어두도록 도울 수 있다. 또한 단기적이고 구체적인 사고를 하는 아동의 인지 능력에 맞춰 직접 접촉하고 참여할 수 있는 진로활동을 하는 것이 효과적이다(Gottfredson, 2005). 예를 들어서 여자 소방관이나 엔지니어, 남자 간호사나 플로리스트 등 성역할 고정관념에 구애받지 않은 직업인들을 만나 이야기를 나누고 직업 수행을 관찰하며 체험용 소방복을 입어보거나 꽃 장식을 해 보는 활동이, 여성도 소방관을 할 수 있다는 말보다 훨씬 강렬한 인상을 남길 것이다.

갓프레드슨(2002)은 지능이나 성격과 같은 일반적 특성은 비교적 변하기 어렵기 때문에 타고난 특성을 억지로 바꾸려고 할 것이 아니라, 개별 아동의 특성을 이해하고 강점을 최대화하고 약점은 현명하게 다루는 것이 바람직하다고 하였다. 한편 직업흥미와 같이 특수한 특성은 어떤 환경과 경험을 갖는지에 따라 변화할 가능성이 높기 때문에, 아동이 폭넓은 시도를 해 봄으로써 직업흥미와 가치를 발견하고 개발할 수 있도록 돕는 것이 필요하다고 하였다. 또한 갓프레드슨은 어떤 경험을 하거나 하지 않을 것인지, 누구와 함께 시간을 보낼 것인지 등 아동이 자신의 환경을 스스로 우호적으로 조성하는 법을 배워야 한다고 제시한다. 이에 따르면 초등학교 시기 아동의 긍정적 진로발달을 위해서는 아동의 타고난 특성을 존중하면서 강점을 발휘할 수 있도록 지원하고, 직업과 관련한 특성들을 개발해 나가도록 폭넓은 경험의 기회를 제공하는 것이 중요하다.

3) 렌트, 브라운, 해켓의 사회인지진로이론

(1) 주요 개념: 자기효능감, 결과기대, 목표

렌트 등(Lent, Brown, & Hackett, 1994)의 사회인지진로이론(social cognitive career theory)은 반두라(Bandura, 1986)의 사회인지이론에 기초하여 진로발달 과정을 설명한다. 사회인지진로이론은 개인의 인지적 변인인 자기효능감과 결과기대, 목표가 진로발달 과정에서 핵심적인 역할을 한다고 강조하며, 이러한 인지 변인들이 다른 개인 내적 측면 및 환경 요인들과 어떻게 상호작용하며 진로발달 과정에 영향을 미치는지 조명하였다. 사회인지진로이론에 관한 연구는 주로 청소년과 성인을 대상으로 한 경향이 있지만(Schultheiss, 2008), 초등학교 시기 아동의 진로발달에도 많은 시사점을 제공한다.

사회인지진로이론에서 강조하는 세 가지 주요 인지 변인 중 자기효능감은 "특정한 과제를 성취하는 데 필요한 일련의 행동을 조직하고 수행하는 자신의 능력에 대한 판단(Bandura, 1986, p.391)"을 뜻한다(예, 나는 피아노를 잘 칠 수 있다). 특정 과제와 관련한 개인의 성공과 실패 경험이 자기효능감 형성에 가장 큰 영향을 미친다. 그밖에도 타인의 수행 관찰, 격려와 칭찬 등 언어적인 설득, 불안과 같은 생리적 상태와 반응에 따라서도 자기효능감이 달라질 수 있다. 자기효능감은 영역에 따라 달리 발달하기 때문에(Bandura, 1986) 특정 영역에 대해 잘할 수 있다는 믿음을 갖기 위해서는 그러한 과제를 직·간접적으로 경험하는 것이 필요하다. 다시 말하면 피아노를 잘 칠 수 있다는 자신감은 피아노를 치는 경험을 통해서 얻을 수 있는 것이지, 수영을 함으로써 피아노를 잘 칠 수 있는지 없는지에 대한 자신의 능력을 판단하기 어렵다는 것이다. 결과기대란 특정한 행동을 하여 어떠한 결과가 발생할 것이라고 생각하는 믿음을 가리킨다(예, 내가 피아노를 치면 부모님은 피아노를 치지 말고 공부를 하라고 꾸중하실 것이다). 반두라는 자기효능감과 결과기대 모두 개인의 행동에 영향을 미치지만, 일반적으로 자기효능감이 개인의 행동에 더 큰 영향력을 갖는다고 하였다. 마지막으로 목표는 특정한 활동을 하고자 하는 의도(예, 방과후 수업 피아노 반에 들어가서 피아노를 배울 것이다.) 또는 특정 결과를 도출하고자 하는 개인의 의도(예, 연말에 있을 피아노 경연대회에서 입상할 것이다)를 뜻한다(Bandura, 1986).

(2) 아동기 진로발달

렌트 등은 수퍼나 갓프레드슨처럼 발달 단계별 발달과업을 상세히 기술하지는 않았지만, 초등학교와 중학교 시기의 주요 진로발달 과제는 자기효능감과 결과기대, 진로 관련 흥미의 발달과 잠정적인 진로목표 또는 포부의 형성이라고 하였다(Lent, Hackett & Brown, 1999). 자신이 어떤 활동을 좋아하고 싫어하는지 흥미를 형성하는 데 있어서 아동의 능력과 가치도 영향을 미치지만, 그보다는 아동이 자신의 능력을 스스로 어떻게 판단하는가, 즉 자기효능감이 더 큰 영향을 미친다(Lent & Brown, 1996). 사회인지진로이론에 따르면 아동은 자신이 잘할 수 있다고 믿고, 만족감이나 외부의 인정 등 가치 있는 결과를 얻을 수 있다고 기대하는 활동에 대해 꾸준한 흥미를 발달시킨다. 나아가 긍정적인 자기효능감과 결과기대를 통해 높은 흥미를 갖게 된 활동에 대해서는 그 활동을 지속하고자 하는 목표를 세우게 될 것이다. 반대로 부정적인 자기효능감과 결과기대는 특정 활동에 대한 반감을 낳고 결과적으로 그 활동과 관련된 직업은 진로 선택지로부터 제외될 것이다. 따라서 초등학교 진로발달의 중요한 과제는 현실을 반영하여 지나치게 높지도 낮지도 않은 긍정적인 자기효능감과 결과기대를 형성하는 것이라고 할 수 있다.

자기효능감과 결과기대는 아동이 처한 환경의 영향을 받는다. 환경 변인은 학습경험을 통해 개인의 인지와 흥미의 발달에 영향을 미치는 배경맥락 변인과, 목표의 선택과 수행 등 진로선택 과정에 보다 직접적인 영향을 미치는 근접맥락 변인으로 나뉜다. 부모, 교사, 형제자매, 또래 등 아동 주변의 사람들은 아동이 어떤 활동을 추구할지에 영향을 미치며 활동의 결과를 선택적으로 강화한다(Lent & Brown, 1996). 작은 예로 크리스마스 때 인형, 책, 로봇 등 많은 것들 중 머리맡에 무엇이 놓여 있었는지 또는 책 읽기, 그림 그리기, 운동, 공부 등 수많은 활동 중 부모님이 특히 기뻐하며 칭찬한 활동과 성취가 무엇이었는지 등이 자신의 아동기 경험에 미친 영향을 떠올려 볼 수 있을 것이다. 렌트와 브라운(1996)은 진로와 관련하여 좁은 범위의 흥미를 형성하는 이유에 대해 제한된 범위의 경험에 노출되어 자기효능감을 개발할 기회를 갖지 못했거나, 부정확한 자기효능감이나 결과기대를 형성했기 때문이라고 설명한다. 예를 들어 학업을 지나치게 강조하는 가족과 학교 환경으로 인해 예술, 운동, 만들기 등 전통적인 학업 이외의 영역을 경험해 볼 기회가 상당히 제한되어 있다면, 다양한 영역에 대한 자신감과 긍정적 결과기대를 형성하기 어렵고 관련 분야의 흥미를 발달시킬 기회도 없을 것이다. 구체적인 예로 피아노를 연주해 볼 기회가 없었다면 이에 대한 자기효능감을 개발하기 어려울 것이다. 또는 너무 어려운 수준의 곡을 연주하길 요구받아 실패 경험을 했거나, 누나가 피아노를 잘못 친다고 매일 혼나는 모습을 접해 왔거나, 피아노는 먹고사는 데 아무 도움이 되지 않는다는 말을 부모에게서 자주 들었다면 피아노 연주에 대해 자신의 능력보다 낮은 효능감과 결과기대를 갖게 될 것이며 피아노 치는 것을 즐겁게 여기기 힘들 것이다. 결과적으로 이후의 진로목표 선택과 수행의 과정에서 피아노 연주 관련 진로는 배제될 가능성이 높다. 이는 초등학교 시기 아동이 다양한 경험을 통해 자신의 능력을 시험해 봄으로써 무엇을 잘하고 흥미를 느끼는지에 관한 자신의 생각을 형성하는 것이 중요함을 시사한다.

배경맥락적 요인뿐만 아니라 기질, 성별, 인종, 건강 등 개인적 특성 역시 개인의 인지에 영향을 미친다. 사회인지진로이론에서는 개인적 요인의 물리적 특성 그 자체보다는 사회문화적으로 특정 개인의 학습경험에 미치는 영향에 주목한다(Lent & Brown, 1996). 이와 관련하여, 사회인지진로이론의 토대가 된 해켓과 베츠(Hackett & Betz, 1981)의 모델은 다양한 직업에서 두각을 나타내는 여성의 비율이 낮은 이유에 대해 성역할 고정관념으로 인해 여성이 진로 관련 자기효능감을 발달시킬 수 있는 경험의 기회가 적기 때문이라고 설명한다. 여자 어린이는 집안일과 돌봄 관련 경험을 주로 하는 반면 운동, 목공, 기계 등 전통적으로 남성적인 활동에 대해서는 성취경험을 쌓을 기회가 적기 때문에 가사와 돌봄 이외에 다른 많은 활동에 대한 효능감을 형성하기 어렵다는 것이다. 또한 여성에게 전형적으로 덧씌워지는 이미지인 돌봄, 민감성, 수동성, 순종 등의 고정관념이 과제를 성공적으로 완수할 가능성을 낮춘다고 하였다. 게다가 아동도서, 교과서, 대중매체 등에서 여성을 가정주부나 엄마 등 제한된 역할로 묘사하고 실제로도 비전통적인 직업에 종사하는 여성이 많지 않기 때문에 다양한 직업군에서 성공한 여성 역할 모델을 통한 진로 관련 자기효능감 개발이 어렵다는 것이다. 또한 남학생들이 여학생들보다 진로와 관련한 노력과 성취, 과학 분야에 대한 관심에 있어서 많은 격려와 지지를 받는다는 연구 결과는 여자 아동이 진로 관련 자기효능감 개발을 위해 충분히 타인의 격려를 받지 못했을 가능성을 나타낸다. 이는 초등학교 시기 아동들에게 성역할 고정관념에서 벗어난 다양한 실제적 경험의 기회, 역할 모델을 통한 대리 학습, 언어적 지지와 격려가 필요함을 강조한다.

아동의 흥미는 목표 설정으로 이어질 수 있으며 목표와 관련된 활동을 선택하고 수행하도록 한다. 마침내 자신이 피아노를 잘 칠 수 있다고 생각하고 피아노 치기를 꾸준히 즐기게 된 아동은, 매일 피아노를 연습해 어려운 수준의 곡을 치고자 하는 목표를 갖고 피아니스트가 되고 싶다는 희망을 품을 수 있다. 이러한 목표는 실제 피아노를 치는 활동으로 이어질 것이다. 수행의 결과가 성공적이라면 자기효능감이 강화되고, 실패 경험은 자기효능감을 낮춘다. 이렇게 조정된 자기효능감은 다시 흥미와 목표의 수정으로 이어진다. 꼭 자신의 흥미와 일치하지 않더라도 긍정적 자기효능감과 결과기대를 갖는 직업에 대해 진로목표를 가질 수도 있으며, 근접맥락 변인이 목표 및 활동의 선택과 실행에 직접적인 영향을 미친다. 즉 개인의 흥미가 목표와 행동으로 이어지기 위해서는 충분한 지원과 적은 장애물과 같은 개인이 지각한 우호적인 환경이 도움이 되며, 부모의 반대나 경제적 어려움 등 비지지적 환경에서는 흥미가 선택 행동으로 이어지기 어려울 수 있다.

(3) 초등학교 시기 진로발달에 대한 적용

사회인지진로이론에 따르면 다양한 개인 요인과 환경적 변인들이 아동의 경험에 영향을 미치는데, 경험이 진로흥미와 목표의 발달 및 진로선택으로 이어지는 길목에서 결정적인 역할을 하는 것은 아동이 스스로 어떠한 활동에 대해 잘할 수 있다고 생각하고 긍정적 결과를 기대하는가이다. 자기효능감과 결과기대의 부적절한 형성은 아동이 고려할 수 있는 흥미와 목표의 범위를 축소하기 때문에, 초등학교 시기 아동이 긍정적인 효능감과 기대를 개발해 나갈 수 있도록 폭넓은 경험의 기회를 제공하고, 작은 성공경험들을 차근차근 쌓아 나갈 수 있도록 지원하는 것이 중요하다. 아동이 다양한 과제수행 경험을 쌓아갈수록, 점차 자신이 무엇을 잘할 수 있는지 판단이 생기고 자신의 노력의 결과에 대해 적절하게 예상할 수 있으며, 이를 바탕으로 아동의 흥미도 보다 뚜렷하게 개발될 수 있다.

사회인지진로이론에서 자기효능감은 일반적으로 결과기대보다 영향력이 크다. 자기효능감을 개발하기 위해서는 성공경험을 쌓는 것은 물론, 아동이 성취를 자기 자신의 능력으로 이루어 냈다고 해석하는 것이 필요하다(Lent et al., 1999). 예를 들어 수학 시험을 잘 본 것에 대해 "이번 수학 시험이 쉬웠다" 또는 "운 좋게도 내가 공부한 내용이 많이 출제되었다"고 외부로 성공의 원인을 돌리는 것이 아니라, "내가 수학 공부를 꾸준히 하면 풀이 방법을 생각해 내고 답을 잘 찾을 수 있구나"라고 자신의 능력에 귀인할 수 있도록 도와야 한다. 또한 성별, 연령, 지역, 사회경제적 지위 등 여러 뚜렷한 측면에서 아동이 동일시할 수 있고 어떻게 어려움에 대처하며 진로발달을 이루었는지를 보여줄 수 있는 역할 모델이 자기효능감을 높이는 데 효과적이다(Lent et al., 1999). 예를 들어서 농촌 지역 초등학교의 여자 아동에게는, 대도시 출신의 성공한 남자 의사보다는 농촌 지역에서 성장하며 경험을 쌓고 어려움에 대처하여 의사가 된 여자 의사가 더 효과적인 역할 모델이 될 수 있다.

혹시 사회인지진로이론이 아동의 능력과 기술을 무시한 채 자기효능감 향상에만 초점을 맞춘다고 생각한다면 오해이다(Lent, Brown & Hackett, 2002). 과대평가된 자기효능감은 무리한 시도와 실패 경험을 낳고 아동의 진로발달을 저해할 것이다. 따라서 기본적인 학습 기술 등 자기효능감에 상응하는 능력을 기르는 것 역시 초등학교 시기 진로발달상에서 중요한 과업이다. 교과목과 관련된 학습과 자기효능감뿐만 아니라 리더십과 협동능력, 다양성에 대한 이해와 같이 성공적인 직업인이 되기 위해 필수적인 기초 역량을 기르고 효능감을 발달시키는 것이 중요하다(Lent et al., 1999).

3 연구 결과

발달적 관점에서 진로를 설명하는 수퍼와 갓프레드슨의 이론과 개인 및 환경 요인들을 포괄하는 가운데 사회인지요인의 역할을 강조한 렌트 등의 이론을 통해 초등학교 시기 아동의 진로발달을 살펴보았다. 이 이론들에 기초하여 아동기 진로발달을 연구한 결과 역시 아동기 진로발달이 단순히 미숙한 형태로 동떨어져 있는 것이 아니라 이후의 긍정적 진로발달을 위한 초석이 되는 과정임을 지지한다. 아동기 진로발달에 관한 기존의 경험적 연구들을 종합한 논문에 따르면 아동은 나이가 들어감에 따라 진로탐색, 진로인식, 직업기대와 포부, 직업흥미, 진로성숙과 적응의 측면에서 꾸준한 진전을 보인다(Hartung et al., 2005). 즉 아동기 초기에는 진로·직업에 국한되지 않은 넓은 범위의 탐색 활동을 하다가 나이가 들어감에 따라 보다 진로목표에 상응하는 구체적인 진로탐색을 하며, 이러한 과정을 통해 직업흥미와 가치, 포부를 형성하는 것으로 나타났다. 상당수의 초등학교 시기 아동들이 자신의 능력과 흥미에 대해 이해하기 시작하며, 이러한 이해를 바탕으로 일의 세계를 탐색하고 진로포부를 발달시켰다. 또한 아동이 성장하면서 점차 미래 조망 능력이 발달하고, 환상보다는 현실에 기반한 의사결정 행동을 나타내며, 진로와 의사결정에 대한 이해가 깊어지는 모습을 보였다. 하텅 등(Hartung et al., 2005)이 밝힌 이 같은 연구 결과는, 진로탐색이 점차 구체화되며 흥미와 능력을 바탕으로 한 직업이해 및 미래 조망과 의사결정 능력이 점진적으로 발달한다는 수퍼의 아동기 진로발달과정과 상통한다.

하워드 등(Howard, Flanagan, Castine, & Walsh, 2015)은 연령대별로 아동이 직업에 대해 어떠한 수준의 인지적 이해를 하고 있는지 알아보기 위해, 미국의 유치원생, 초등학교 4학년, 중학교 2학년(8학년) 학생들을 대상으로 희망하는 직업과 그 이유에 대한 답변을 분석하였다. 이들의 연구 결과는 연령이 증가할수록 자신과 직업세계에 대한 인식이 직관적, 구체적 수준에서 추상적이고 복잡한 측면을 이해하는 방향으로 발달한다는 갓프레드슨의 이론과 일맥상통하였다. 먼저 유치원생에 비해 초등학교 4학년생은 자신의 직업선호에 영향을 미치는 요인이 무엇인지 더 많은 수의 보다 구체적인 요인들을 말하였다. 즉 유치원생의 과반수(62.5%)가 직업선호에 대한 영향 요인을 말하지 못하였고, 약 17% 정도는 '내가 좋아하는 것이에요'와 같이 모호한 대답을 하는 반면, 4학년 아동의 대다수는 '엄마의 직업이니까'와 같이 보다 구체적인 대답을 하였다(83%). '역할 모델의 직업을 살펴본다'와 같이 상위 단계의 응답을 한 학생도 한 명 있었다. 나아가서 8학년은 4학년에 비해 흥미, 능력, 교과외 활동, 부모님의 의견 등 다수의 요인들이 상호작용하여 직업선호에 영향을 미침을 인식하고 있었다. 반면 가족과 같은 근접 환경을 넘어 노동시장과 고용 추세와 같은 원거리의 환경적 영향에 대해서는 연령에 관계없이 대다수의 아동이 답하지 못하여 원거리 환경에 대한 이해는 더 이후 시기에 나타나는 것으로 보인다.

헬위그(Helwig, 2001)는 미국의 2학년(초2)부터 12학년(고3)까지를 대상으로 성장에 따른 진로발달을 조사하였다. 연구 결과, 제한타협이론의 진로발달 단계와 일치되는 방향의 변화 과정이 나타났으며 특정 영역에 대한 자기효능감과 흥미 및 현실 인식이 점차 증가함에 따라 진로포부가 조정되는 모습을 보였다. 많은 아동들이 초등학교 저학년 때부터 성역할에 따라 직업선호를 형성하였으며, 학년이 높아지면서 사회적 지위가 높은 직업을 갖길 원하는 경향을 보였다(Helwig, 2008). 즉 2학년과 4학년 때 남자 아동들은 의사, 엔지니어, 파일럿과 같이 전통적으로 남성적인 직업에 강한 선호를 나타냈고, 여자 아동들은 대체로 교사, 간호사와 같은 여성적인 직업을 선호하였다. 그러나 6학년과 중학교 2학년 남학생들은 여전히 남성적인 직업을 선호한 반면, 여학생들은 남성적 직업 쪽으로 선호를 옮겨갔는데, 이는 제한타협이론의 진로발달 3단계에 접어들면서 의사, 과학자, 엔지니어, 우주비행사 등 비교적 사회적 지위가 높은 직업을 고려하기 때문으로 보인다. 8학년에 이르기까지는 상대적으로 사회적 지위가 높은 전문·기술·관리직을 원하는 비율이 지속적으로 증가하는 반면(62% → 92%), 8학년부터 12학년까지는 전문·기술·관리직을 희망하는 비율이 81%까지 낮아졌다. 이를 갓프레드슨의 이론에 비추어 보면, 진로발달 4단계인 내적 고유자아 지향단계에 이른 청소년들은 3단계에서처럼 사회적 지위를 중심으로 직업을 선택하기보다는 자신의 내적 직업 흥미와 조화를 이루는 직업을 찾는다고 볼 수 있다. 또는 청소년기에 접어들면서 좀 더 현실적으로 가능한 직업으로 자신의 직업선호를 조정하는 타협의 과정이 일어난다고도 해석할 수 있다.

초등학교 남학생들의 경우 상당수가 운동선수와 같이 희소하고 화려한 환상 직업(fantasy job)을 희망하지만, 이후 완연한 청소년기에 이르면서 현실에 맞게 직업포부를 조정하였다. 8학년까지 남학생들 중 39% 정도가 환상 직업을 갖길 원하였으나, 이후 10학년과 12학년에 이르면 환상 직업을 원하는 비율이 각각 18%와 16%까지 감소하였다. 여학생의 경우 전 연령대에 걸쳐 10~20% 사이를 오가는 환상 직업포부(예, 방송인, 음악가, 작가 등)를 보였다. 또한 부모가 자신의 미래 직업에 대해 특정한 기대를 하지 않으며, 자신이 원하는 것은 어떤 것이든 할 수 있다고 응답하는 비율이 학년이 증가할수록 높아졌다. 이는 자라면서 자신에 대한 이해 및 여러 과제 수행과 직업에 대한 자기효능감이 높아짐에 따라 환상 직업을 원하는 경향이 감소하고, 스스로 적절한 직업포부를 갖는 것에 대한 효능감이 높아진다고 하는 사회인지진로이론과 일치한다.

반두라 등(2001)은 이탈리아 6, 7학년 아동들을 대상으로 사회인지적 요인들이 다른 변인들과 상호작용하여 어떻게 아동의 직업효능감과 직업 선호 및 선택에 영향을 미치는지 연구하였다. 연구 결과는 진로발달 과정에서 자기효능감이 핵심적인 역할을 함을 지지한다. 아동이 어떤 유형(과학기술, 교육의료, 문학예술, 사회서비스, 군사경찰, 농업원예)의 직업에 효능감을 지각하고 있는지는 어떤 종류의 직업 선택을 고려하는지에 영향을 미쳤는데, 아동의 직업효능감에 가장 직접적으로 영향을 미치는 변인은 아동의 학업자기효능감, 즉 학습 관리, 숙달, 자신과 타인의 학업기대 충족에 대한 효능감이었다. 학업자기효능감은 아동의 실제 학업성취보다도 직업자기효능감과 직업선호에 큰 영향을 미치는 변인으로 나타났다. 학업자기효능감이 높은 아동은 학업성취와 교육 포부가 높고 과학, 교육, 문학, 의학 관련 직업 유형에 높은 자기효능감을 나타냈으며, 높은 교육 수준을 요구하는 직업 분야를 선호하는 경향을 보였다. 부모의 사회경제적 지위는 아동의 직업효능감과 직업선호에 직접 영향을 미치지는 않았으나, 교육 포부 및 여러 종류의 효능감을 통해 간접적인 영향을 미치는 것으로 나타나, 진로발달 과정에서 자기효능감의 매개역할을 지지한다. 부모의 사회경제적 지위가 높을수록 자녀의 학업발달을 촉진할 수 있다는 효능감이 높고, 자녀에 대해 갖는 교육포부도 높아지는 경향이 있었다. 부모의 높은 교육 포부는 아동의 학업, 사회, 자기조절효능감과 교육 포부 및 학업성취를 높이는 방향으로 영향을 미쳤다. 학업촉진효능감이 높은 부모는 높은 교육 포부를 자녀에게 표현함으로써 아동의 학업 능력에 대한 믿음을 전하여 아동의 학업효능감을 높이고, 간접적으로 자녀의 직업효능감과 직업선택에 기여할 것임을 유추할 수 있다.

또한 직업자기효능감에는 성별 차이가 있었다. 남자 아동은 과학기술 및 군경 관련 진로에 더 높은 효능감을 보였고, 여자 아동은 교육과 건강, 사회서비스와 사무 관리 분야에 더 높은 효능감을 보였다. 직업자기효능감이 진로선택으로 연결되는 방식에도 전통적인 성역할이 반영되었다. 예를 들어 사회서비스와 관리에 효능감이 높을 때 여자 아동은 아동 멘토링과 환자 재활보호 직업을 선호하는 경향이 있었으나 남자 아동의 경우 이러한 경로가 나타나지 않았다. 군사서비스에 대한 높은 효능감은 남자 아동의 경우 군대 관련 작전과 전투 관련 서비스를 지향하는 방향으로만 나타났으나, 여자 아동의 경우 의사와 간호사 선호와도 연결되었다.

국내에서도 진로발달이론을 적용한 연구가 이루어졌다. 갓프레드슨(2005)은 초등학교 고학년 무렵 대체로 사회적 지위에 대해 인식하기 시작하며, 중학교 2학년 정도에는 성인과 유사하게 직업의 사회적 지위를 파악한다고 하였다. 몇몇 국내연구에서 초등학교 5, 6학년 아동은 직업의 남성성과 여성성을 성인과 유사한 방식으로 파악하고 이에 따라 직업선호를 제한하고 있었으며, 그에 반해 사회적 지위에 대하여는 아직 현실적인 인식이 덜 발달한 모습을 보였다. 서옥형과 황매향(2016)은 초등학교 5, 6학년 학생들이 인식하는 직업의 지위와 직업선호도 및 포부 수준에 사회경제적 지위와 성별 차이가 나타나는지 연구하였다. 남학생들은 경찰관, 운동선수, 형사 등 전형적으로 남성적인 직업을, 여학생들은 제과제빵사, 유치원교사, 의류디자이너 등 여성적인 직업을 선호하여, 성역할 유형에 따른 직업포부 제한이 나타나고 있었다. 헬위그(2001)의 미국 아동 대상 종단연구에서는 초등학교 6학년 시기부터 성역할보다는 사회적 지위를 반영한 직업선호가 나타나기 시작했는데, 서옥형과 황매향 연구에서는 종단적 변화를 확인할 수는 없지만 5, 6학년 아동들의 경우 사회적 지위나 능력보다는 자신의 흥미를 우선하여 직업을 선호하는 모습, 즉 수퍼가 제시한 성장기의 하위 단계 중 흥미기의 특징을 보였다. 직업의 사회적 지위에 대한 아동의 인식 역시 현실적인 인식과는 차이가 있었다. 남학생들은 소방관, 경찰관, 형사 등을, 여학생들은 소방관, 의사 등의 직업 지위가 높다고 인식하고 있었는데, 의사를 제외하면 상대적으로 학력과 연봉 수준이 높지 않은 직업들이었다. 이는 초등학교 5, 6학년 아동들이 직업의 성유형에 대해서는 성인과 유사하게 구분하는 것에 비해 현실적인 직업 지위 인식은 부족함을 발견한 유정이, 김지현, 황매향(2002)의 연구 결과와 일치한다.

그러나 눈여겨 볼 결과는 서옥형과 황매향(2016)의 연구에서 가정의 사회경제적 지위가 높은 아동일수록 학력과 연봉 기준 상위 직업의 지위가 높다는 현실적인 지각을 하고 있었다는 점이다. 또한 비빈곤집단의 남녀학생 모두 변호사를 가장 많이 희망하였으나, 빈곤집단의 경우 남학생은 경찰관, 여학생은 제과제빵사에 대한 선호도가 가장 높아 비빈곤집단의 학력 및 연봉 기준 직업포부 수준이 더 높았고, 남학생의 직업포부가 여학생보다 높았다. 이는 가정의 사회경제적 수준이 높을수록 부모와 아동의 학업 포부가 높다는 반두라 등(2001)의 연구 결과와 비슷하다. 성차에 있어서는 유정이 등(2002)의 연구에서는 여자 아동의 직업포부 수준이 높았던 반면, 공윤정(2008)은 초등학교 6학년 남학생이 여학생보다 연봉 기준 더 높은 직업포부를 나타냄을 발견했는데 그 이유는 운동선수와 같은 환상 직업이 남학생들에게서 더 많이 나타나기 때문일 수 있다고 하였다. 이 같은 연구 결과들은 초등학교 아동의 진로발달을 보다 잘 이해하고 효과적인 개입을 설계하려면, 모든 아동에 대한 획일적인 접근보다는 가정의 사회경제적 지위나 성별 등에 대한 고려가 필요하며, 아동이 초등학교 시기부터 부적절하게 자신의 직업적 가능성을 제한하지 않도록 지원해야 함을 시사한다.

한편 공윤정(2008)은 초등학교 6학년 학생들을 대상으로 부모의 지지와 아동의 통제성이 아동의 진로발달에 미치는 영향을 조사하였다. 여학생의 경우 부모의 지지 중 진로 모델링과 언어적 격려가, 남학생의 경우 부모의 정서적 지지와 언어적 격려가 진로발달에 긍정적 영향을 미쳤다. 이러한 결과는 역할 모델을 통한 대리 학습과 언어적 격려, 긍정적인 생리·정서적 상태 등이 자기효능감을 높이고 진로발달에 기여한다는 사회인지진로이론을 반영한다. 또한 남녀 아동의 내적 통제성도 높은 진로발달 수준과 정적 관계를 가졌는데, 이는 주변의 주요 인물을 관찰하고 따라함으로써 직업정보를 얻고 자신의 미래를 주도적으로 만들어갈 수 있다는 통제감을 기르는 것이 아동기의 중요한 진로발달과업이라고 한 수퍼(1990)의 모델에 비추어 이해할 수 있다. 남녀 아동 모두에게서 부모의 도구적 조력은 유의한 영향력이 없었다. 이는 부모가 아동의 발달 단계 특성을 이해하고 그에 적합한 방식의 지지를 보낼 때 진로발달을 보다 효과적으로 촉진할 수 있음을 나타낸다. 자신과 직업세계에 대해 광범위한 탐색 활동을 하는 초등학교 시기 아동의 발달 단계상 직접적인 진로 관련 기술 개발에 관한 조력보다는 부모가 직장에서 하는 일을 아동에게 보여주거나 설명해 주고, 격려와 칭찬, 정서적 안정감을 느낄 수 있도록 돕는 것이 진로발달에 더 효과적일 수 있다.

최근 10년간의 국내 초등학교 진로교육 연구동향을 분석한 결과에 따르면, 그간의 국내 연구들은 주로 초등학교 고학년 일반 학생들을 대상으로 하고 있으며, 저학년, 다문화, 영재 학생 등 다양한 대상에 대한 연구가 부족하다(신영순 · 고근영 · 전주성, 2017). 앞서 살펴본 세 진로 이론이 모두 아동기 진로발달에 미치는 다양한 사회문화적 요인과 개인적 특성의 영향을 강조하고 있는 만큼, 사회문화적 배경과 개인적 특성이 다른 아동들의 진로발달을 효과적으로 지원하기 위해서는 그간 간과되어 온 아동집단의 진로발달에 대한 연구가 필요하다.

4 세 이론의 시사점

이 장을 시작하면서 식물이 자라나고 꽃을 피우기 위한 토양을 다지는 시기에 아동기를 비유하였다. 수퍼의 전 생애-생애공간이론, 갓프레드슨의 제한타협이론, 렌트 등의 사회인지진로이론 모두 초등학교 시기는 앞으로 펼쳐질 진로발달의 초석이 되는 단계임을 가리키고 있으며, 경험적 연구 결과들도 이를 지지하고 있다. 초등학교 시기 아동은 진로발달 과정에서 토양을 다지는 시기를 넘어 싹을 틔우고 줄기를 내고 있는 것으로 보인다. 아동이 어떤 꽃을 피우고 어느 방향으로 얼마만큼 뻗어나갈지를 결정하는 좋은 토양은 자신과 일의 세계에 대해 다방면의 탐색을 허용하는 풍부한 경험과 이를 통해 자신이 어떤 활동을 좋아하고 잘할 수 있는지 자신에 대한 긍정적인 개념 형성이라고 할 수 있다. 발달 단계에 적합한 다채로운 경험을 통해 아동은 자신과 일에 대한 이해와 미래를 계획하는 태도 및 능력을 발달시키고(수퍼), 현실적이고 긍정적인 자기효능감과 결과기대를 형성할 수 있고(렌트 등), 편견에 의해 부적절하게 제한되지 않은 유연한 진로포부를 발달시킬 수 있다(갓프레드슨). 성역할, 사회경제적 계층, 부모의 선호 등에 의해 아동이 그리는 자신의 모습과 가능한 진로대안들을 인생 초기에 제한하는 것은, 꽃을 피우기 한참 전부터 '여자는 분홍색과 보라색 꽃만 피울 수 있구나' 라고 고정관념을 형성하거나, 한쪽 방향으로만 줄기를 뻗을 수 있도록 틀을 씌워버리는 것 또는 나는 저 나무만큼 크고 높게 자랄 수는 없을 것이라고 효능감과 진로포부를 낮추는 것과 유사할 것이다.

또한 기초 학습 기술을 습득하고 현재의 학습이 미래 진로와 어떻게 연결되는지 인식하는 것은 초등학교 시기의 중요한 진로발달과제이다. 그러나 수퍼가 '4학년 슬럼프' 등의 관용구를 언급하며 지적한 바와 같이 지나치게 경쟁적인 학업성취만을 강조한다면, 아동은 세상을 경험하고 자신을 시험하고 발견할 기회를 놓치고, 호기심이 좌절될 수 있다. 경험의 방식에 있어서 갓프레드슨의 이론을 참고한다면 아동의 인지 능력에 상응하는 방식의 경험, 즉 직접 관찰하고 체험하고 참여할 수 있는 진로탐색 활동이 특히 저학년 시기에는 효과적일 것이다. 수퍼 또한 아동기에는 주변의 역할 모델을 따라하고 자신을 시험해 봄으로써 진로에 대한 정보가 각 아동에게 의미 있는 방식으로 체험될 수 있다고 하였으며, 사회인지진로이론에서도 아동이 자신과 의미 있는 측면에서 연관 지을 수 있는 역할 모델을 통한 대리 학습이 중요하다고 하였다.

한국 사회에서 다문화 인구가 지속적으로 늘어나고 다문화 가정 아동이 증가하고 있음을 고려할 때 앞으로 다양한 인종적, 민족적 배경을 가진 아동에 대한 진로발달을 연구하고 현장에 적용할 필요가 있다. 여자 간호사와 남자 의사, 아침밥을 하는 엄마와 회사에 출근하는 아빠와 같이 성역할 고정관념을 강화하는 교과서나 대중매체 그리고 실제 다양한 직업 분야에서 성공한 여성 모델이 남성에 비해 많지 않은 점에 대해서는 문제의식이 상당히 공유되고 개선을 위한 노력이 진행되고 있다. 나아가 다문화 아동들의 경우 주위 환경, 학교교육, 대중매체 등을 통해 자신이 동일시할 수 있는 다양한 역할 모델들을 발견할 수 있는지, 제한된 역할 모델과 고정관념이 다문화 아동의 자아개념과 직업포부의 발달을 저해하는 것은 아닌지 살피고, 적극적인 관심과 지원체계 구축이 필요하다.

더불어 진로 관련 자원이 부족한 지역의 제약을 극복하기 위해, 농산어촌 아동·청소년들을 위한 원격영상 진로멘토링, 찾아가는 진로체험버스 등과 같은 정책들이 운영되고 있다. 이 같은 정책의 효과를 연구하고, 개인적·환경적 요인에 있어서 다양한 아동들이 진로와 관련한 폭넓은 경험을 쌓고 예상되는 장애물을 극복할 수 있는 대처 역량을 기를 수 있도록 가정과 학교, 지역사회가 협력하여 지원해야 한다. 다양한 사람들과 더불어 일할 수 있는 능력이 직업인의 기초 능력임을 생각할 때, 성별뿐만 아니라 지역, 문화, 민족, 장애 등 여러 측면에서 서로 다른 사람들이 함께 일하며 사회에 공헌하고 있음을 초등학교 시기부터 접하는 것은 편견을 줄이고 나와 다른 사람들과 협력하는 기초 역량을 기르기 위해서 모든 아동들에게 필수적이다.

학습문제

1. 진로발달이론에 기초하여 자신의 초등학교 시절 경험이 현재까지의 진로발달에 미치는 영향에 대해 설명해 보시오.

2. 초등학교 시기 아동에게 가장 중요한 진로발달과제는 무엇인지 제시해 보시오.

3. 초등학교 시기 아동의 긍정적인 진로발달을 촉진하기 위한 가정의 역할에 대해 논의해 보시오.

4. 초등학교 시기 아동의 긍정적인 진로발달을 촉진하기 위한 학교와 지역사회의 역할에 대해 논의해 보시오.

참고문헌

공윤정(2008). 부모의 지지, 아동의 내외통제성과 아동의 진로발달의 관계. **초등교육연구**, 21(3), 223-242.

서옥형, 황매향(2016). 초등학교 고학년 남녀 아동의 가정의 사회경제적 지위에 따른 직업포부 수준의 차이. 아시아교육연구, 17(4), 63-82

신영순, 고근영, 전주성(2017). 초등학교 진로교육의 연구동향 분석: 2007-2016 년 발표된 국내학술지를 중심으로. **한국초등교육**, 28(1), 343-362.

임은미, 강혜영, 고홍월, 공윤정, 구자경, 김봉환, 손은령, 손진희, 이제경, 정진선, 황매향 (2017). 진로진학상담 기법의 이론과 실제. 서울: ㈜사회평론아카데미.

유정이, 김지현, 황매향(2002). 초등학생 직업포부 및 인식의 발달에 관한 연구. **진로교육연구**, 15(2), 1-17.

Bandura, A. (1986). *Social foundations of thought and action: A Social cognitive theory*. Englewood Cliffs, NJ: Prentice-Hall.

Bandura, A., Barbaranelli, C., Caprara, G. V., & Pastorelli, C. (2001). Self-efficacy beliefs as shapers of children's aspirations and career trajectories. *Child Development, 72*(1), 187-206.

Erikson, E. H. (1963). *Childhood and society* (2nd ed.). New York, NY: W. W. Norton.

Gottfredson, L. S. (1981). Circumscription and compromise: A developmental theory of occupational aspirations [Monograph]. *Journal of Counseling Psychology, 28*, 545-579.

Gottfredson, L. S. (1996). Gottfredson's theory of circumscription and compromise. In D. Brown, L. Brooks, & Associates (Eds.), *Career choice and development*(3rd ed., pp. 179-232). San Francisco, CA: Jossey-Bass.

Gottfredson, L. S. (2002). Career construction: A developmental theory of vocational behavior. In D. Brown (Ed.), *Career choice and development* (4th ed., pp. 85-148). San Francisco, CA: Jossey-Bass.

Gottfredson, L. S. (2005). Using Gottfredson's theory of circumscription and compromise in career guidance and counseling. In Steven D. B., & Robert, W. L. (Eds.), *Career development and counseling: Putting theory and research to work* (pp. 71-100). Hoboken, NJ: John Wiley.

Hackett, G., & Betz, N. E. (1981). A self-efficacy approach to the career development of women.

Journal of Vocational Behavior, 18(3), 326-339.

Hartung, P. J., Porfeli, E. J., & Vondracek, F. W. (2005). Child vocational development: A review and reconsideration. *Journal of Vocational Behavior, 66*(3), 385-419.

Helwig, A. A. (2001). A test of Gottfredson's theory using a ten-year longitudinal study. *Journal of Career Development, 28*, 77-95.

Helwig, A. A. (2008). From childhood to adulthood: A 15-year longitudinal career development study. *Career Development Quarterly, 57*, 38-50.

Howard, K. A. S., Flanagan, S., Castine, E., & Walsh, M. E. (2015). Perceived influences on the career choices of children and youth: An exploratory study. *International Journal for Educational and Vocational Guidance, 15*(2), 99-111.

In, H., Akos, P., & Nile, S. G. (2015). In Bradley, T. E. (Ed.), *Transforming the School Counseling Profession* (4th ed., pp. 259-278.). Columbus, OH: Pearson Merrill.

Lent, R. W., & Brown, S. D. (1996). Social cognitive approach to career development: An overview. *The Career Development Quaterly, 44*(4). 310-321.

Lent, R. W., Brown, S. D., & Hackett, G. (1994). Toward a unifying social cognitive theory of career and academic interest, choice, and performance [Monograph]. *Journal of Vocational Behavior, 45*, 79-122.

Lent, R. W., Brown, S. D., & Hackett, G. (2002). Social cognitive career theory. In D. Brown (Ed.), *Career choice and development* (4th ed., pp. 255-311). San Francisco, CA: Jossey-Bass.

Lent, R. W., Hackett, G., & Brown, S. D. (1999). A social cognitive view of school-to-work transition. *The Career Development Quarterly, 47*(4), 297-311.

Niles, S. G., & Harris-Bowlsbey, J. (2009). *Career development interventions in the 21st century* (3rd ed.). Upper Saddle River, NJ: Prentice Hall.

Savickas, M. L. (2002). Career construction: A developmental theory of vocational behavior. In D. Brown (Ed.), *Career choice and development* (4th ed., pp. 149-205). San Francisco, CA: Jossey-Bass.

Schultheiss, D. E. P. (2008). Current status and future agenda for the theory, research, and practice of childhood career development. *The Career Development Quarterly, 57*(1), 7-24.

Sharf, R. S. (2014). *Applying career development theory to counseling* (6th ed.). Belmont, CA:

Cengage learning.

Super, D. E. (1957). *The psychology of careers*. New York, NY: Harper & Row.

Super, D. E. (1963). Self-concepts in vocational development. In D. E. Super, R. Starishevsky, N. Matlin, & J. P. Joordan, *Career development: Self-concept theory* (pp. 17-32). New York, NY: College Entrance Examination Board.

Super, D. E. (1980). A life-span, life-space approach to career development. *Journal of Vocational Behavior, 16*, 282-298.

Super, D. E. (1990). A life-span, life-space approach to career development. In D. Brown, L. Brooks, & Associates (Eds.), *Career choice and development* (2nd ed., pp. 197-261). San Francisco, CA: Jossey-Bass.

Super, D. E., Savickas, M. L., & Super, C. M. (1996). The life-span, life-space approach to careers. In D. Brown & L. Brooks (Eds.), *Career choice and development* (3rd ed., pp. 121-178). San Francisco, CA: Jossey-Bass.

3장

초등 시기 진로관련 심리검사

여태철

심리검사는 인간의 다양한 심리적 특성을 파악하는 데 그 목적이 있다. 심리검사는 인간의 여러 행동표본을 통해 자료를 수집하여 수검자의 심리적 특성을 평가하는 것으로 이해할 수 있는데, 물리적 특성은 대부분 직접 측정이 가능한 반면, 심리적 특성은 그 속성의 징후를 간접적으로밖에 측정할 수 없다는 데서 어려움이 따른다. 이 장에서는 우선 심리검사가 의미하는 바가 무엇이며 심리검사를 통해 달성하고자 하는 목적이 무엇인지에 대해 살펴보고자 한다. 또한 진로와 직접적으로 관련되어 있지는 않지만 초등학생의 심리적 특성 파악이나 진로상담 또는 교육의 기초 자료로 활용할 수 있는 웩슬러 아동용 지능검사, 정서지능검사, 아동 및 청소년 성격유형검사, 아동청소년 행동평가 척도, 아동용 주제통각검사에 대해 살펴볼 것이다. 이어서 진로검사의 개념과 기능, 진로검사의 종류를 개략적으로 살펴보고, 초등학생용 다면적 진로탐색검사(MCI)와 한국고용정보원의 초등학생 진로인식검사에 대해서는 좀 더 자세하게 개관해 보고자 한다. 마지막으로 진로관련 심리검사가 이해, 선발, 분류, 정치(placement), 진단, 평가 및 검증 등에 활용될 수 있음을 살펴볼 것이다.

1 심리검사의 의미와 목적

심리검사는 인간의 다양한 심리적 특성을 파악하는 데 그 목적이 있다. 여기서는 심리검사가 의미하는 바가 무엇이며 심리검사를 통해 달성하고자 하는 목적이 무엇인지를 알아본다.

1) 심리검사의 의미와 분류

심리검사는 지적 능력, 정의적 특성 등 직접 측정이 불가능한 속성을 측정하기 위하여 사용하는 도구다. 다시 말하면 인간의 능력, 지각, 흥미, 동기, 성격, 적응, 가치, 태도 등과 같이 개인이 가지고 있는 심리적 특성과 그 정도를 밝힐 목적으로 일정한 조건에서 이미 마련된 자극 또는 문제가 작업을 제시한 다음 그 사람의 반응을 특정 관점에 비추어 질적 또는 양적으로 기술하는 조직적 절차라고 정의할 수 있다(김영환·문수백·홍상황, 2005).

심리검사에는 표준화된 심리검사와 비표준화된 검사가 있다. 표준화된 심리검사는 모집단을 대표하는 피험자를 표집하여 동일한 지시와 절차에 의하여 검사를 시행한 후 객관적 채점방법에 의하여 규준이 만들어진 검사다. 이때 표준화는 검사도구의 표준화, 절차의 표준화, 채점 및 해석의 표준화를 포함하는 것이다(성태제 · 시기자, 2014). 하지만 상담 장면에서 사용하는 많은 심리검사들은 이러한 기준을 갖추고 있지 않은 경우가 있다. 비표준화된 검사는 표준화검사에 비해 신뢰도와 타당도가 떨어지지만 기존의 심리검사가 다루지 못했던 측면을 융통성 있게 다룰 수 있다는 장점이 있다. 평정척도(rating scale), 투사검사, 행동 관찰, 생애사적 자료 등은 표준화되어 있지는 않으나 표준화검사에서 잃기 쉬운 정보를 제공해 준다(김계현 외, 2012).

심리검사는 분류하는 방식에 따라 몇 가지로 나누어 볼 수 있다(성태제 · 시기자, 2014). 먼저 측정내용에 따라서는 인지적 검사와 정의적 검사가 있다. 인지적 검사는 지적능력을 평가하기 위한 검사로서 문항의 정답이 있고, 시간제한이 있으며, 피험자의 능력을 최대한 발휘할 것을 요구하기 때문에, 최대수행검사(maximum performance test) 혹은 능력 검사(ability test)라고도 한다. 지능검사, 적성검사, 성취도 검사 등이 이에 속한다. 정의적 검사는 성격, 정서, 동기, 흥미, 태도, 가치 등을 측정하는 비인지적 검사로서 정답도 없고 시간제한이 없으며, 자신의 일반적이고 전형적인 행동을 선택하도록 한다는 면에서 전형적 수행검사(typical performance test)라고도 한다.

다음으로 사용목적에 따라서 규준참조검사와 준거참조검사로 나뉜다. 규준참조검사는 개인의 점수와 다른 사람의 점수를 비교를 통해 해당 피험자가 상대적으로 어느 위치에 있는지를 밝히는 데 목적이 있는 검사다. 준거참조검사는 기준이 되는 준거점수와 비교해서 개인의 능력을 평가하기 위한 검사로서 자격증 시험, 국가수준 학업성취도 평가 등이 이에 속한다.

실시방법에 따라서는 속도검사와 역량검사로 나뉜다. 속도검사는 정해진 시간 내에 얼마나 빠르고 정확하게 수행할 수 있는지를 측정하는 것으로 손가락 및 손동작 검사, 계산 및 정확도 검사 등이 이에 속한다. 역량검사는 충분한 시간을 부여하여 최대한으로 능력을 발휘할 수 있게 하는 검사다.

이외에 검사의 대상을 개인으로 할 것인지 집단으로 할 것인지에 따라 개인검사와 집단검사로 나눌 수 있고, 검사지와 펜을 사용하는 검사인 지필검사와 직접적인 수행에 대해서 측정하는 수행검사로 나눌 수도 있다.

2) 심리검사의 목적

심리검사는 개인행동의 예측, 분류 및 진단, 조사 및 연구, 자기이해의 증진 그리고 문제해결에 도움을 주는 데 그 목적이 있다(오윤선·정순례, 2017). 이를 구체적으로 설명하면 다음과 같다.

첫째, 심리검사는 개인행동을 예측하는 데 목적이 있다. 개인에게 있어서 선택과 결정은 예측을 통해 나타나게 된다. 일반적으로 개인이 결정을 내리는 데 기초가 되는 능력을 비롯한 다양한 특성을 측정하기 위해 심리검사가 사용된다. 특히 신뢰할 만한 표준화검사를 통해 얻어진 양적 자료는 더 신뢰할 만하고 정확하게 개인행동을 예측할 수 있게 한다.

둘째, 심리검사는 분류하고 진단하는 것을 목적으로 한다. 분류는 체계화된 구분에 따라 계층이나 집단을 배치하는 것을 의미하는데, 분류에 앞서 현재의 상황에 대한 진단이 필요하다. 심리검사는 한 개인의 행동에 대한 원인적인 요인을 진단하고자 한다. 따라서 적절한 심리검사는 개인의 행동에서 나타나는 결함이나 결점뿐 아니라 그 원인을 찾는 데 도움을 준다.

셋째, 심리검사는 특정 집단의 일반적인 경향을 조사 및 연구하여 기술하거나 규명하려는 목적으로 사용된다. 이를 통해 특정한 집단의 훈련방법이나 교수방법 등 다양한 프로그램을 계획하고 평가할 때 유용한 도구로 활용된다. 이와 같은 목적으로 심리검사는 교육, 임상의학, 상담과 생활지도, 산업 장면, 범죄의 분류 심사 및 교정 등의 다양한 분야에서 활용되고 있다.

넷째, 심리검사는 개인의 특성을 발견하여 자기이해를 돕고 인력을 적재적소에 배치하기 위해 사용된다. 그리고 문제에 대한 내담자의 이해를 높이기 위해서 심리검사가 사용될 수 있다. 경우에 따라서는 문제가 발생하기 이전에 자기인식과 자기탐색을 증진시키는 검사과정을 통해 문제 가능성에 대해 미리 대처할 수 있다.

마지막으로 심리검사는 문제를 해결하기 위한 대안을 제시해 준다. 직업흥미검사를 통해 진로선택의 기로에 있는 내담자에게 진로를 모색하게 하고, 학습기술검사를 통해 적절한 학습 방법의 대안을 찾을 수 있다. 또한 성격유형검사를 통해 내담자는 자신과 타인의 행동을 다른 방식으로 이해하여 대인관계능력이 향상될 수 있도록 도움을 줄 수 있다.

2 초등학생용 심리검사의 종류

초등학생의 심리적 특성을 파악하고자 하는 검사는 그 종류가 매우 다양하다. 많은 검사들 중에서 적절한 심리검사를 선택하는 것이 무엇보다 중요하다. 인지적 검사로는 지능검사·성취검사·적성검사가, 정의적 검사로는 흥미검사·가치검사·성격검사·진로선택 및 발달검사가 진로상담에서 활용될 수 있어서 진로와 관련되지 않는 검사는 없다고 볼 수 있다(김동민 외, 2013). 진로상담에서 활용할 수 있는 검사는 중고등학생을 대상으로 하는 것이 대부분이다. 여기서는 초등학생용 심리검사에 한정지어서 진로와 직접적으로 관련되지는 않지만 진로지도나 상담의 기초 자료로 활용할 수 있는 웩슬러 아동용 지능검사, 정서지능검사, 아동 및 청소년 성격유형검사, 아동청소년 행동평가척도 그리고 아동용 주제통각검사에 대해 알아본다.

1) 웩슬러 아동용 지능검사 4판(K-WISC-IV)

웩슬러(Wechsler)는 비네(Binet)와 같이 지능에 다양한 정신능력들이 작용한다고 보았으나 스탠포드 비네(Stanford-Binet) 검사가 지나치게 언어적 능력에 치우친 것에 불만을 갖고, 지능의 정확한 평가를 위해서는 비언어적인 수행 능력도 언어적 능력과 함께 측정되어야 한다고 생각하였다. Wechsler 검사는 오랜 기간 동안 지능을 측정하는 도구로 광범위하게 사용되었다. 그러나 이러한 검사의 해석을 뒷받침할 만한 이론적 토대가 부족하다는 지적을 받아 왔다. 이에 K-WISC-Ⅳ는 카텔-혼(Cattell-Horn)의 유동적 지능-결정적 지능 이론과 캐롤(Carroll)의 3층 인지능력이론을 결합한 인지능력 이론인 CHC이론을 반영하여 이론적 토대를 업데이트하여 그동안에 부족했던 이론적 토대를 마련하였다.

K-WISC-Ⅳ는 곽금주, 오상우, 김청택(2011)이 한국 웩슬러 아동 지능검사 3판을 개정한 것으로 전반적인 지적 능력(전체검사 IQ)을 나타내는 합산점수는 물론, 특정 인지 영역에서의 지적 기능을 나타내는 소검사와 합산점수를 제공한다. K-WISC-Ⅳ는 15개의 소검사로 구성되어 있는데, 이 검사는 K-WISC-Ⅲ와 동일한 10개의 소검사(토막짜기, 공통성, 숫자, 기호쓰기, 어휘, 이해, 동형찾기, 빠진곳찾기, 상식, 산수)와 5개의 새로운 소검사(공통그림찾기, 순차연결, 행렬추리, 선택, 단어추리)가 포함된다. 합산지표에는 4가지가 있는데 언어이해지표에는 공통성·어휘·이해·상식·단어추리가 포함되며, 지각추론지표에는 토막짜기·공통그림찾기·행렬추리·빠진곳찾기가, 작업기억지표에는 숫자따라외우기·순차연결·산수가, 처리속도에는 기호쓰기·동형찾기 및 선택이 포함된다. 이 중 상식, 단어추리, 빠진곳찾기, 산수, 선택은 보충소검사에 속한다.

특히 K-WISC-Ⅳ는 발달적 적합성을 증가시키기 위해 어려운 개념을 간략하게 하고, 모든 소검사에 가르치는 문항, 예시문항, 연습문항을 포함시키고 시간제한에 대한 강조를 줄였다. 심리측정적 속성의 향상을 위해서는 동시대에 맞는 규준을 마련하고, 신뢰도에 대한 근거를 제시하기 위해 몇 가지 연구를 수행했으며 6세의 중등도 지적장애 아동부터 16세의 지적 영재 아동까지도 검사할 수 있도록 하향선과 상향선을 확대했다.

2) 정서지능검사

샐러베이와 메이어(Salovey & Mayer, 1990)가 구안한 정서지능 모형을 바탕으로 서울대학교 교육연구소(1997)가 개발한 초등학교 고학년용 정서지능검사는 초등학교 고학년 학생들의 정서지능 측정을 위해 총 47개 문항으로 이루어졌다. 정서지능검사는 정서인식, 정서표현, 감정이입, 정서조절, 정서활용 등 5개 하위 영역으로 구성되어 있다. 정서인식은 자신이 느끼는 감정과 타인의 감정을 재빨리 인식하고 알아차리는 능력이고, 정서표현은 자신과 타인이 느끼는 감정이나 기분을 적절한 말로 표현하고 상황에 맞는 행동이나 표정으로 나타낼 수 있는 능력이며, 감정이입은 타인이 느끼는 감정을 충분히 이해하여 타인의 감정을 자신의 것처럼 느낄 수 있는 능력이고, 정서조절은 자신과 타인의 정서를 효과적으로 조절하는 능력이며, 정서활용은 자신의 정서를 이용하여 생산적인 활동의 효과를 증진시킬 수 있는 능력을 말한다.

정서지능검사에는 정서인식 8문항, 정서표현 7문항, 감정이입 7문항, 정서조절 15문항 등의 37문항이 있고 '항상 그렇다, 가끔 그런 편이다, 그렇지 않다'의 3점 척도로 평정하는 방식이다. 정서활용 10문항은 두 개의 문항 중 자신이 일반적으로 하는 행동을 선택하는 방식으로 되어 있으며 각 하위 요인의 내적 합치도는 .63~.83이다.

3) 아동 및 청소년 성격유형검사(MMTIC)

아동 및 청소년 성격유형검사(Murphy-Meisgeier Type Indicator for Children, MMTIC)는 만 8~13세 아동을 대상으로 하며 융(Jung)의 심리유형이론에 근거한 것이다. MMTIC의 한국표준화 작업은 김정택, 심혜숙에 의해 1993년 만 8세부터 13세까지의 어린이 및 청소년을 대상으로 이루어졌으며, 이론적인 틀과 문항구성에 있어서 MBTI의 선호도 지표(E-I, S-N, T-F, J-P)를 그대로 적용하였다(김정택 · 심혜숙, 1993). MMTIC는 아동이나 청소년들의 심리유형을 이해하고 아동들에 대한 중요한 정보를 앎으로써 건강한 유형으로 발달해 가는 데 도움을 준다는 목적이 있다.

심리적 선호지표에 따른 성격유형별로 아동의 특성은 저마다 다르게 나타난다. 심리적 선호지표는 더 지속적이고 일관성 있게 활용하고, 선택적으로 더 자주 많이 사용하며, 더 좋아하고 편하며 쉬워서 상대적으로 더 끌리는 것을 나타내는 것이다. 이것은 주어진 상황에서 무엇에 주의를 기울이고 그들이 인식한 것에 대하여 어떻게 결론을 내리는가에 영향을 미친다. 검사를 통해 아동의 타고난 성향을 알 수 있으며, 자신의 성격을 잘 이해하고 장·단점을 파악하여 친구관계와 가족관계, 학습 스타일, 진로탐색에 도움을 받게 된다. 또한 자신의 잠재력에 대한 자긍심과 자신과 다른 아동에 대한 수용도가 넓어지고 성취동기를 높여주며 사회성 발달에 도움을 줄 수 있다. MMTIC는 이론상으로는 MBTI에서 나온 것이지만 E-I, S-N, T-F, J-P 지표의 한 부분에 대한 명백한 선호성을 나타내지 않는 아동을 구분했다는 점에서 차이가 있다. 이러한 구분을 한 것은 '미결정' 범주를 마련함으로써 유형의 발달적 성질을 위한 여지를 마련해 놓은 것이다. 척도상의 양쪽 선호성 모두를 고려해야 할 필요가 있기 때문에 이런 어린이들을 위한 처치나 계획을 세울 때는 조심스럽고 신중한 접근을 해야 한다.

4) 아동청소년 행동평가 척도(CBCL6-18)

CBCL(Child Behavior Checklist)은 한 사람의 기능을 여러 사람으로부터 체계적으로 평가하게 하려는 것으로 부모 행동평가 척도(CBCL6-18), 자기보고식 행동평가 척도(YSR), 교사 행동평가 척도(TRF) 등을 교차 평가하여 개인의 문제에 대한 다축 평가가 이루어지도록 함으로써 개인의 행동에 대한 정확하고 체계적인 평가가 가능하도록 한 것이다. 국내에서는 CBCL6-18의 전신인 CBCL4-18을 K-CBCL(1997)이라는 이름으로 개발·출시하여 사용하였다. 2001년부터 개편된 ASEBA 체계하의 CBCL6-18(Achenbach & Rescorla, 2001)을 2007~2008년에 걸쳐 한국 실정에 맞게 개발하여 2010년부터 사용하고 있다.

문제행동 척도는 문제행동증후군 척도, DSM 진단 척도, 문제행동 특수 척도 등으로 구성된다. 문제행동증후군의 하위 척도로는 불안/우울, 위축/우울, 신체증상, 규칙

위반, 공격행동, 사회적 미성숙, 사고문제, 주의집중문제, 기타문제가 포함되며 이 중 불안/우울, 위축/우울, 신체증상은 내재화 문제행동에, 규칙위반과 공격행동은 외현화 문제행동에 속한다. DSM 진단 척도에는 정서문제, 불안문제, 신체화문제, ADHD, 반항행동문제, 품행문제 등 6개의 하위 척도가 있다. 문제행동 특수 척도에는 강박증상, 외상후스트레스 문제, 인지속도 부진의 하위 척도가 있다.

5) 아동용 주제통각검사(CAT)

아동용 주제통각검사(Children Apperception Test, CAT)는 벨라크(Bellak)가 3~10세 어린이들에게 실시하기 위해서 제작한 투사적 성격검사이다. 같은 종류의 성인용 검사인 TAT 도판의 자극 장면은 성인에게 알맞게 그려져 있기 때문에 아동들에게 적합하지 않아 유아기와 아동기에 주로 나타나는 심리적 문제들이 투사될 수 있는 그림들로 바꾸고 도판에 등장하는 주인공도 동물로 바꾸어서 CAT를 제작했다. CAT는 어린이가 중요한 인물이나 충동에 대응해 나가는 방식을 이해할 수 있도록 해 준다. 즉 대인관계, 사회적 상호작용, 동일시 양식 등과 같은 아동의 구체적인 문제들을 반영하는 반응이 나타난다. 또한 반응 내용에서 공포, 공격성, 애정의 원천이나 그 대상, 반응기제에 관한 단서도 얻을 수 있다.

CAT는 표준판 9장과 보충판 9장으로 모두 18장의 도판으로 구성되었다. 벨라크가 1949년에 만든 CAT 표준판은 3~10세 어린이들에게 보편적으로 나타나는 기본적인 문제들(구강기 문제, 부모와 형제들과의 관계 및 동일시, 공격성, 자립, 부모의 동침 장면 목격에 대한 두려움, 자위, 고독의 공포, 청결과 배설 습관)을 표출시킬 수 있도록 만들어진 것이다. CAT-S(supplement)는 표준판 검사 후 특수한 문제에 대해 더 알아볼 필요가 있을 때 사용할 수 있는 보충용 검사다. 표준판 실시 후 아동이 가진 문제의 성질에 따라 적합한 도판을 택하여 실시한다. CAT-S는 나이가 더 어린 아동들과 정신 연령이 5~6세 이하인 지진아들에게 사용하기에 특히 알맞다. CAT 표준판 도판은 주로 부모와 그 밖의 성인들과의 심리적 관계를 묘사하는 데 반해 CAT-S의 도판들은 친구나 형제 관계에 관한 정보를 더 많이 얻게 해 준다.

3 진로관련 심리검사

진로검사는 개인의 진로의사결정의 합리적 수행을 조력하려는 데 목적이 있다. 여기서는 진로검사의 개념과 기능, 종류를 개략적으로 살펴보고, 진로검사의 실제에서는 다면적 진로탐색검사와 한국고용정보원의 초등학생 진로인식검사에 대해서 좀 더 자세하게 개관한다.

1) 진로검사의 개념과 기능

진로검사는 내담자의 진로선택 및 탐색 그리고 진로변경 등 진로의사결정 과정에서 발생하는 개인의 심리적 속성을 알아보는 검사로서 개인의 특성을 파악하고 진로와 관련된 문제들을 진단하여 진로의사결정을 합리적으로 수행하도록 도와주는 데 사용하는 검사 도구를 말한다. 진로문제를 다루는 상담 및 교육 장면에서 문제의 구체화, 내담자에 대한 정확한 이해, 합리적인 의사결정의 조력을 위해서는 적절한 심리검사의 활용이 필요하다.

진로검사의 기능으로는 첫째, 개인차를 예상하고 직업적 · 교육적으로 타 유형의 진로선택을 하는 개인의 성공 가능성을 추론하는 예언 기능이 있다. 둘째, 가치관, 흥미, 적성 등과 같은 개인 특성에서 사람들 사이의 유사성과 차이점을 알 수 있게 하는 판별 기능이 있다. 셋째, 개인의 의사결정, 진로성숙, 태도 및 인지적 변인에 대한 내용을 확인하여 개인의 적절한 진로선택이 가능할지 여부를 확인할 수 있는 진단 기능을 한다. 넷째, 진로 상담 및 교육의 성과에 대한 평가를 가능하게 하는 기능을 한다(김동민 외, 2013).

2) 진로검사의 종류

공윤정(2015)은 국내 연구에서 사용되는 초등학생 대상의 진로심리검사를 진로발달검사, 진로성숙도검사, 진로흥미검사, 진로포부검사, 진로자기효능감검사 등으로 확인하였고, 해외 연구에서는 아동진로발달검사(Childhood Career Development Scale), 아동활동검사(The Inventory of Children's Activities), 직업자기효능감검사(Occupational Self-Efficacy Scale), 직업지식검사(Occupational Knowledge Scale)가 사용되는 것을 확인하였다. 공윤정의 연구에서 제시한 검사 유형별로 검사의 현황을 간략히 제시하면 다음과 같다.

(1) 진로발달검사

진로발달검사는 초등학생에게 필요한 진로발달의 영역들을 비교적 탈이론적으로 포함하여 초등학생에게 필요한 진로과업들의 수행 정도를 종합적으로 측정하고 있는 검사로 볼 수 있다. 이종범(2005)의 진로발달검사는 자아인식(자아개념 인식, 자기특성 이해, 대인관계 인식을 포함), 학업직업탐색(진로와 학습과의 관계 인식, 일과 자신/사회와의 관계 인식, 진로정보 이해/활용을 포함), 진로계획(의사결정과정 이해, 생애역할 계획, 진로계획과정 이해를 포함)의 세 요인으로 구성되며 전체 41문항이다. 진로인식검사(한국고용정보원, 2008)는 진로검사의 실제에서 자세히 다룰 것이다.

해외의 경우에는 수퍼의 진로발달이론의 아동진로발달 차원을 이론적 기반으로 하여 8~13세 아동을 대상으로 개발된 아동진로발달검사(Schultheiss & Stead, 2004)가 있다. 이 검사는 8~13세 아동이 응답할 수 있도록 문항을 개발하였고, 전문가 평정 및 아동의 문항 이해 정도 등을 평정해 타당한 검사문항을 선정하였다. 최종 검사는 계획성, 자아개념, 진로정보, 흥미, 통제 소재, 호기심/탐색, 주요 인물, 시간 조망(time perspective)의 8차원 74문항으로 구성되었다.

(2) 진로성숙도검사

진로성숙도는 수퍼의 진로발달이론에 기초한 개념으로, 기대되는 삶의 단계에 비추어 실제 삶의 단계가 어떠한지를 뜻하는 개념이다(Crites, 1973). 좀 더 구체적으로는 개인의 진로행동이 해당 연령층에서 기대되는 진로행동과 얼마나 일치하는지, 즉 현재 요구되는 진로발달과업을 어느 정도로 잘 수행하고 있는지를 나타내는 개념이다(Super et al., 1996). 진로성숙도검사도 개인의 진로발달정도를 측정한다는 면에서 진로발달검사의 한 종류로 볼 수 있지만, 다양한 검사들이 '진로성숙도검사'로 개발되어 있어 따로 구분해서 분석하였다. 진로성숙도를 측정하는 대표적인 검사로는 크라이츠(Crites, 1978)의 진로성숙도검사(Career Maturity Inventory, CMI)가 있다. 이 검사는 진로성숙태도검사와 능력검사로 구분되는데, 태도검사에는 결정성 · 관여성 · 독립성 · 진로지향성 · 타협성이, 능력검사에는 자기평가 · 직업정보 · 목표설정 · 계획 · 문제해결 능력이 포함된다.

국내에서 개발된 진로성숙도검사로는 홀랜드 진로발달검사 중 1부 진로성숙도검사(안창규, 1998; 안창규 · 안현의, 2013)와 초등학생용 진로성숙도검사(송인섭 외, 2011; 정익중 · 임진영 · 황매향, 2011) 등을 들 수 있다. 홀랜드 진로발달검사(안창규, 1998; 안창규 · 안현의, 2013)에서 진로성숙태도는 진로지향성 · 직업의 이해 · 진로선택의 합리성 · 직업적 성편견 · 자기이해 · 자율성 · 자긍심의 7개의 하위 요인 전체 70문항으로 구성되어 있다. 정익중 등(2011)의 진로성숙도검사도 진로성숙태도검사이며, 하위 요인은 계획성 · 자기이해 · 일에 대한 태도 · 독립성의 4요인이다. 이 검사는 초등학생들이 검사에 집중할 수 있는 시간이 짧은 점을 고려해 전체 문항수를 22문항으로 간단하게 개발한 것이 특징이다. 송인섭 등(2011)의 진로성숙도검사는 진로성숙태도와 능력을 함께 측정하는 검사로 개발되었다. 이 검사는 진로성숙태도로 결정성 · 독립성 · 계획성을, 능력요인에는 직업이해 · 직업선택 · 직업적성의 하위 요인을 두었으며, 전체 77문항으로 이루어져 있다. 또한 개발 과정에서 초등학생의 직업이해의 정도 등을 직접 조사해 검사 개발에 반영하였다.

(3) 진로흥미검사

진로흥미검사는 진로와 관련해 개인이 좋아하거나 싫어하는 활동을 토대로 개인의 흥미유형을 현실형(realistic, R)[1], 탐구형(investigative, I), 예술형(artistic, A), 사회형

---

1 홀랜드의 RIASEC 6개 흥미유형의 명칭은 우리나라에서 서로 다르게 번역되어 사용되고 있으나, 이 책에서는 현실

(social, S), 진취형(enterprising, E), 관습형(conventional, C)의 6유형으로 구분한 홀랜드(Holland, 1997)의 직업흥미유형을 평가하기 위한 검사이다. 국내에서 사용되는 초등학생용 진로흥미검사는 홀랜드 진로발달검사(안창규, 1998; 안창규 · 안현의, 2013) 중 2부, 김남규(2000)의 진로흥미검사가 확인되었다.

홀랜드 진로발달검사의 2부인 진로유형검사는 전체 108문항으로 구성되었고 검사의 구성은 자기탐색검사(Self-Directed Search, SDS)의 구성과 유사하게 아동이 좋아하는 활동, 능력, 직업 등을 평가하고 이를 종합하여 흥미유형을 결정하도록 되어 있다. 초등학교 3~6학년을 대상으로 한 검사의 신뢰도는 R(.87), I(.86), A(.83), S(.85), E(.84), C(.82)로 보고되었다(안창규 · 안현의, 2013). 이 검사는 108문항으로 문항 수가 좀 많지만, 검사의 직업목록을 직업의 설명과 함께 제시하는 등 아동이 검사를 이해하기 쉽도록 제시하고 있으며, 2012년 검사의 규준도 재설정하는 등의 보완이 이루어졌다. 김남규(2000)의 진로흥미검사는 RIASEC 유형을 평가하는 데 활용되는 직업목록을 추출한 후, 초등학교 4~6학년을 대상으로 직업들에 대한 인지도를 평가해 인지도가 높은 직업을 유형별로 10개씩 전체 60문항을 선정하는 방식으로 개발되었다. 검사의 신뢰도는 R(.85), I(.89), A(.90), S(.86), E(.86), C(.83)로 보고되었다(김남규, 2000). 이후 이 검사는 초등학생 대상의 재조사를 거쳐 사회형과 관습형에서 1문항씩을 제외하고 사용되는 등(지용근 · 양종국, 2003) 변형되어 사용되기도 하였다.

국외에서 개발된 초등학생용 흥미검사로는 트래시와 워드(Tracy & Ward, 1998)의 아동활동검사(The Inventory of Children's Activities, ICA)를 들 수 있다. 아동활동검사는 초등학교 고학년이 학교나 집에서 하는 활동들을 관찰한 결과와 아동 및 초등학교 교사 대상 면접 결과를 바탕으로 34개의 활동을 추출하여 검사문항이 구성되었다. 이 검사는 34개의 동일한 활동 목록을 이용해서 흥미와 능력을 평가하도록 되어 있다. 성인들의 흥미에서 사람/사물, 데이터/아이디어의 구분에 따라 흥미에 대한 평가가 이루어지는 것과 달리, 이 검사를 사용했을 때 아동들은 학교내 활동/학교밖 활동, 성역할에 따른 활동의 구분 등을 더 많이 사용해 흥미를 평가하는 것으로 나타났다. 검사 결

형, 탐구형, 예술형, 사회형, 진취형, 관습형으로 통일하여 제시함.

과 아동이 중학생이나 대학생에 비해 자신의 흥미나 능력을 더 높이 평가하는 것으로 나타났다(Tracy & Ward, 1998). 아동활동검사는 이후 3판까지 개정되었는데(Tracy & Caulim, 2015) 3판에서는 문항의 활동목록을 30개로 하고 RIASEC 영역별 아동의 평균에서 성별차가 최소화되도록 문항을 조정하였다.

(4) 진로포부검사

직업포부(occupational aspiration)는 이상적인 상황에서 원하는 직업을 가질 수 있을 때 가장 원하는 직업을 뜻하며(Rojewski, 2005) 아동이 원하는 직업을 파악해 그 직업의 사회적 지위 수준을 평가하는 데 활용된다. 이에 반해서 진로포부검사(O'Brien, 1996)는 원하는 진로에서 얼마나 책임 있는 자리에 오르고 싶어 하는지를 측정하는 검사로, 여자 고등학생들이 선택한 진로를 가치롭게 여기는 정도와 선택한 진로에서 높은 자리에 오르고 싶은 욕구가 얼마나 있는지를 측정하기 위해 개발되었다. 검사문항들은 '내가 선택한 진로에서 전문가가 되고 싶다', '나는 내가 관심 있는 직업에서 대학원 수준의 교육을 받고 싶다' 등의 10문항을 포함한다. 오브라이언(1996)은 교사가 되고 싶어 하는 사람과 교사로 시작해서 교장까지 되고 싶다고 생각하는 사람의 진로특성은 차이가 있을 것으로 보았고, 이러한 특성을 측정하기 위해 진로포부검사를 개발했다고 밝히고 있다. 진로포부검사는 리더십 및 성취진로요인과 교육진로요인의 두 가지 요인으로 구성된 것으로 나타났으며, 여자 고등학생과 여자 대학생 집단을 대상으로 신뢰도와 공인타당도가 확인되었다(Gray & O'Brien, 2007). 국내에서 진로포부검사는 주로 중고등학생과 대학생을 대상으로 한 연구에서 사용되지만, 초등학생을 대상으로 한 연구들(박현옥 · 강혜영, 2011; 양난미 · 이은경, 2008)에서도 문항의 가독성 등을 검토한 후 사용되고 있다.

(5) 진로자기효능감검사

진로에서의 자기효능감검사는 반두라(Bandura, 1977)의 자기효능감이론을 진로에 적용해 진로자기효능감이론으로 발달시킨 베츠와 해켓(Betz & Hackett, 1981)의 진로자기효능감검사(Career Self-Efficacy Scale)가 시초이다. 국내 연구에서 사용되는 초등학생 대상의 진로자기효능감검사는 베츠와 해켓의 진로자기효능감검사와는 다른 검사로 박명심과 김성회(2006)가 고등학생 대상으로 개발한 진로자기효능감 척도를 초등학생용으로 수정해서 사용하는 경우가 대부분이다. 박명심과 김성회(2006)는 베츠와 해켓(1981)의 진로자기효능감이론과 수퍼의 진로발달이론을 이론적 기반으로 진로자기효능감검사를 개발한 것으로 밝히고 있으며, 이 검사는 고등학생의 진로발달과업을 토대로 이들에게 필요한 진로탐색효능감, 진로결정효능감, 진로수행효능감의 3요인을 측정한다. 초등학생용은 원검사를 학생들의 가독성을 검토해서 사용한 경우(김윤주·유형근·권순영, 2010)와 초등학생 대상으로 문항의 요인구조를 재검토하고 재구성한 경우(강지유, 2010)가 있다.

해외에서 아동 대상의 진로 연구에서 사용되는 자기효능감검사로는 직업자기효능감검사(Occupational Self-Efficacy Scale; Bandura, Barbaranelli, Caprara, & Pastorelli, 2001)를 들 수 있다. 이 검사는 69개의 직업군에 대해 '직업에서 요구되는 기능을 성공적으로 수행하기 위해 배울 수 있는 능력'을 측정하는데, 특히 아동 대상임을 고려하여 직업의 이름이 아니라 그 직업에서 하는 핵심적인 일을 기술하는 방식으로 직업을 제시하여 직업에서 실제 하는 일을 잘 모르는 아동들을 배려하였다. 이 검사는 아동이 그 직업을 잘 수행할 수 있는 정도를 측정하는 것이 아니라 아동의 발달 단계에 맞게 직업에서 요구되는 것을 잘 배울 수 있는 자신감을 측정한다는 면에서 성인 대상의 진로자기효능감 척도와는 구분된다.

(6) 직업지식검사

직업지식검사(Occupational Knowledge Scale, OKS; Rohlfing et al., 2012)는 다양한 직업에 대한 아동의 지식 수준을 측정하는 검사로 검사에 포함된 36개의 직업목록에 대한 지식 수준을 '전혀 모른다'에서 '많이 알고 있다'의 5점 척도로 응답하도록 되어 있다. 이 검사는 트래시(Tracy, 2002)가 고등학생과 대학생 대상으로 흥미와 유능감을 평가하기 위해 개발한 개인구형검사(Personal Globe Inventory) 중 직업척도에 수록된 여러 직업들 중 일부를 추출해서 아동용으로 구성한 것이다. 검사의 하위 요인은 사람/사물 구분에 따른 직업지식, 아이디어/자료 관련 구분에 따른 직업지식, 직업지위별 직업지식의 세 요인이며, 신뢰도는 전체 .94이고 하위 요인별 .79~.86으로 양호한 것으로 나타났다.

3) 진로검사의 실제

(1) 다면적 진로탐색검사

다면적 진로탐색검사(Multidimensional Career Inventory, MCI)는 효과적인 진로의사결정을 위해 필요한 자신에 대한 이해, 직업에 대한 이해를 Holland이론을 바탕으로 이루어지도록 함으로써 진로에 대한 탐색이 보다 종합적으로 가능할 수 있도록 설계된 검사도구이다(이동혁·황매향, 2016). 아동용 MCI(초등 4~6학년), 청소년용 MCI(중고등학생), 성인용 MCI(대학생 이상)로 구성되어 있다.

아동용 MCI는 5부로 구성되어 있다. 1부는 두 개의 선택사항 중 더 좋아한다고 생각하는 활동을 선택하는 45개 문항과 더 잘한다고 생각하는 활동을 선택하는 45개 문항으로 되어 있다. 2부는 각 문항에 대해 좋아하는 정도와 잘하는 정도에 대해 3점 척도로 응답하는 형태로 되어 있는데 전체 54문항이다. 3부는 24개 문항에 대해 3점 척도로 응답하도록 되어 있다. 4부와 5부는 각각 30문항으로 4부는 경험 여부에 대해 4점 척도로, 5부는 수검자 자신과 미래에 대한 생각을 5점 척도로 응답하게 되어 있다. 각 파트의 문항 예시는 표 3-1과 같다.

아동용 MCI는 여러 가지 정보를 제공해 준다(그림 3-1). 우선 진로코드는 홀랜드의 진로유형을 기반으로 제공한다(그림 3-2). 전체 진로코드 유형은 수검자의 전반적인 성격 유형을 의미하고 결과는 홀랜드의 RIASEC 6가지 성격 유형 중 수검자가 가장 높은 점수를 받은 유형 두 개의 코드를 제시하게 되어 있다. 그리고 제시된 두 개의 진로코드에 적합한 전공과 직업에 대한 정보를 제공하고 있다.

다음으로 진로코드 세부 유형이다. 진로의사결정을 위해서 자신에 대한 다양한 특성을 이해해야 하지만, 그중에서도 가장 중요한 요인은 흥미, 능력, 가치라고 할 수 있다. 아동용 MCI에서는 아동이 홀랜드 진로유형 중 어느 유형에 흥미를 가지고 있는지, 어느 유형에 대해서 자신이 잘하고 있다고 생각하는지에 대한 정보를 제공한다. 종합

표 3-1 아동용 MCI의 문항 예시

부	문항 예시	응답 방식
1	1. (A) 운동경기하는 것이 더 좋다. (B) 과학책(또는 역사책) 읽는 것이 더 좋다.	더 좋아하는 활동 선택
	47. (A) 그림감상하는 것을 더 잘한다고 생각한다. (B) 두뇌게임하는 것을 더 잘한다고 생각한다.	더 잘한다고 생각하는 활동 선택
2	3. 등산 가는 것 14. 우리 사회의 특성을 배워가는 것	좋아하는 정도와 잘하는 정도의 3점 척도
3	10. 나는 일을 계획하고 추진하는 능력을 활용하는 직업 (예, 기업경영인, 학교 교장)에 관심이 있다.	3점 척도 중 일치하는 정도 선택
4	25. 고장 난 것을 고친다.	경험 여부에 대한 4점 척도
5	29. 나는 괜찮은 사람이다.	자신과 미래에 대한 생각의 5점 척도

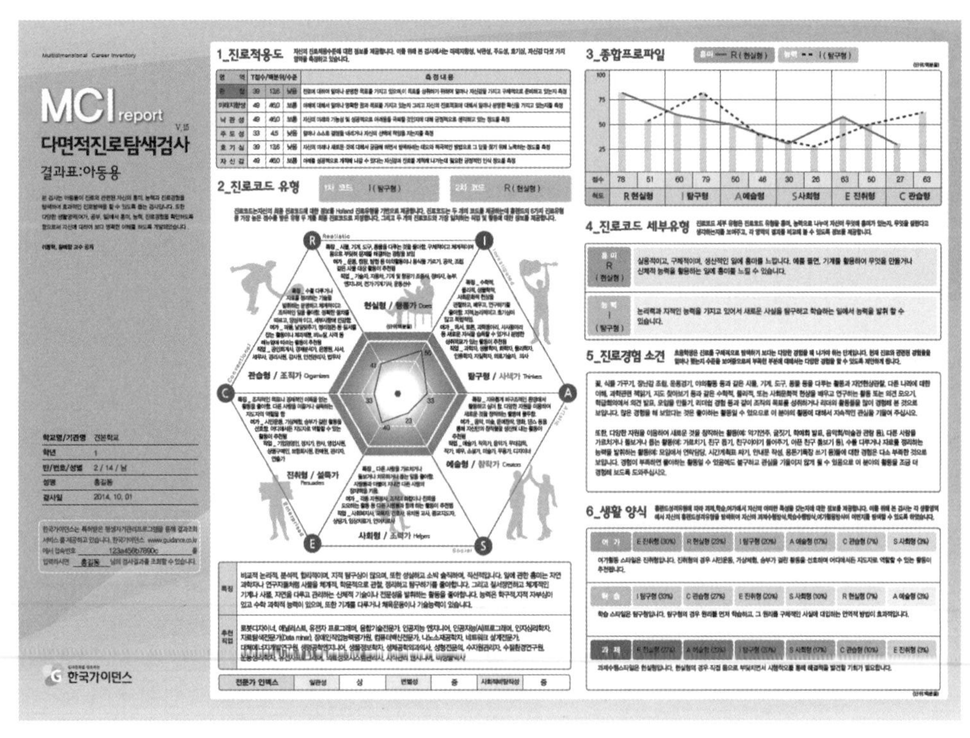

그림 3-1 아동용 MCI 결과지

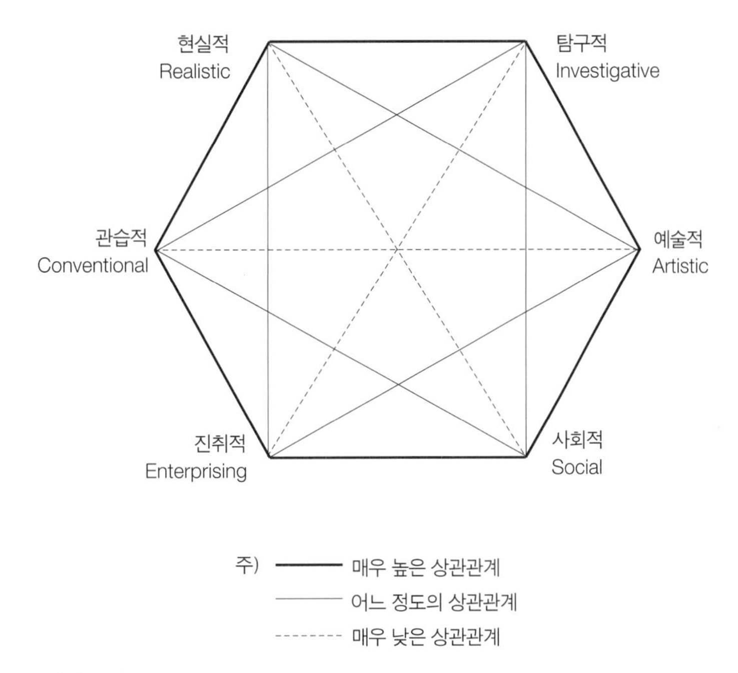

그림 3-2 홀랜드 6각형 모형

프로파일에서 아동의 흥미와 능력 점수를 비교 제시함으로써 진로발달을 위해 어떠한 영역을 탐색하고 개발해야 하는지에 대한 정보를 제공한다. 다만 초등학생의 경우 발달 단계상 자신의 가치가 명확하게 확립되기 전이기 때문에 아동용 검사에서는 가치 코드를 제시하지는 않는다.

생활양식은 홀랜드 성격유형을 기반으로 여가활용방식, 학습수행방식, 과제수행방식에 대한 정보를 제공하고 있다. 여가, 학습수행, 과제수행 활동에서의 자신의 특성을 이해하도록 함으로써 효과적으로 진로준비활동을 할 수 있도록 하는 데 목적이 있다.

진로적응도는 현재 아동이 자신의 진로와 미래에 대해서 얼마나 관심을 가지고 있으며, 준비하고 있는지를 보여준다. 초등학생은 진로결정보다는 미래에 대해 관심을 가지고 적극적으로 자신의 미래를 탐색하고 준비해야 하는 시기다. 미래에 대한 관심, 탐색 및 준비의 정도를 알아보기 위해 미래지향성, 낙관성, 주도성, 호기심, 자신감의 다섯 가지 영역을 측정하고 있다. 미래지향성은 아동이 자신의 미래에 대해 얼마나 관심이 있는지를 알아보고, 낙관성은 자신의 미래를 얼마나 긍정적으로 생각하고 있는지를 알아본다. 주도성은 아동이 자신의 미래를 얼마나 주도적으로 찾아가고 자신의 미래를 찾아가는 데 필요한 일들을 책임감을 가지고 수행하는지를 알아보고, 호기심은 아동이 자신의 미래나 새로운 것에 대해 얼마나 궁금해 하면서 탐색하려는지를 알아본다. 마지막으로 자신감은 아동이 자신의 미래를 개척해 나가는 데 얼마나 자신감을 가지고 있는지를 보여준다.

한편 진로경험수준은 수검자가 각 진로영역별로 얼마나 많은 진로경험을 했는지에 대한 정보를 제공한다. 초등학생은 진로결정에 앞서 진로를 탐색하고 다양한 경험을 해야 하는 시기다. 따라서 이 척도를 통해 현재 아동이 어느 정도 진로경험을 하고 있는지에 대한 정보를 제공해 준다.

이렇게 개인에게 부여되는 홀랜드 코드는 개인과 개인 간의 관계, 환경과 환경 간의 관계, 개인과 환경 간의 관계를 설명하는 계측성(calculus), 일치성(congruence), 변별성(differentiation), 일관성(consistency), 정체성(identity) 등의 5가지 주요 개념을 통해 더욱 상세히 설명된다(Holland, 1997). 아동용 MCI에서는 전문가 인덱스로 일관성, 변별성, 사회적 바람직성을 제공해 준다.

일관성은 육각형 배치에서 개인의 흥미가 얼마나 '내적 일관성'(Spokane, 1996)이 있는지를 반영하는 것이다. 예술적이고 탐구적인 흥미가 있는 사람은 예술적이고 관습적인 흥미가 있는 사람보다 더 일관되었다고 본다. 또한 변별성은 개인의 흥미를 정의하는 정도를 설명해 주는 개념이다. 흥미는 개인이 좋아하는 것과 싫어하는 것 간에 분명한 차별이 있을 때 잘 변별되어 있다고 한다. 사회적 바람직성은 진로적응도 하위 척도에는 포함되지 않으며 진로적응도 결과를 해석하는 데 보조적인 역할을 하는 척도다. 이는 아동이 자신을 얼마나 긍정적으로 보이고자 하는지를 측정하는 척도로서 다른 학생에 비해 점수가 높을 경우(T점수 70 이상) 자신을 지나치게 긍정적으로 보이려고 할 뿐 아니라 자신의 부정적인 부분을 숨기려고 할 가능성이 있음을 보여준다.

홀랜드의 RIASEC 코드를 기초로 하고 있는 검사의 경우 각 유형에 따라 장·단점을 제시하고 있어 자신의 잘하는 점과 못하는 점에 대한 보다 바른 이해를 도울 수 있다. 더 나아가 직업세계에도 장·단점이 존재하고 있다는 사실을 습득하게 되어 자신 및 직업에 대한 성격과 적성에 대한 시야를 높일 수 있도록 도움을 줄 수 있다. 이는 공부를 잘해야만 성공적인 미래를 준비할 수 있다는 고정관념에서 벗어나게 하며 공부를 잘하지 못하더라도 자신에게 적합한 진로를 준비할 수 있다는 새로운 관점을 제시하여 준다. 따라서 RIASEC 각 유형을 통해 자신의 강점을 올바르게 이해하고 인식함으로써 자신에 대한 긍정적인 느낌을 갖고 효능감을 느낄 수 있을 것이다.

다만 결과에 대해 해석할 때 유의할 점이 있다. 첫째, 내담자에 대해 어떤 분야에 흥미가 있는지, 있다면 그것이 얼마나 두드러지고 강한 흥미인지를 살펴보아야 한다. 둘째, 전체 요약코드의 6각형 모형에서의 변별도와 일관도뿐만 아니라 선택된 진로코드와 다른 나머지 코드들의 분포와의 관계를 살펴보아야 한다. 셋째, 진로코드 간의 점수 차이가 10점 이하이면 가능한 코드 조합 모두를 고려해야 한다. 넷째, 전체 긍정응답률이 너무 높거나 낮은 경우, 일관도가 낮은 경우, 변별도가 낮은 경우, 특이한 프로파일 등은 개인상담을 통해 그 원인을 들어보고 종합적으로 해석해야 한다.

(2) 한국고용정보원의 초등학생 진로인식검사

한국고용정보원의 워크넷에는 초중고등학생용 진로관련검사가 다수 수록되어 있다. 청소년직업흥미검사, 청소년 적성검사(중학생용), 청소년 진로발달검사, 고교계열 흥미검사, 대학 전공(학과) 흥미검사, 고등학생 적성검사, 직업가치관 검사, 청소년 직업인성검사(단축형), 청소년 직업인성검사(전체형), 초등학생 진로인식검사 등이 이에 속한다. 여기서는 초등학생 진로인식검사에 대해 설명하고자 한다.

한국고용정보원 진로교육센터에서 개발한 초등학생용 진로인식검사는 초등학생을 위한 진로발달의 다면적인 속성과 발달과업 등을 고려하였다. 이 검사는 진로인식 척도, 사회적 바람직성 척도, 부주의성 척도로 구성되어 있다.

진로인식 척도는 자기이해, 직업세계 인식, 진로태도 등 3개 대영역으로 구분되어 있다. 자기이해는 자기탐색, 의사결정성향, 대인관계성향 등 3개의 하위 영역으로, 직업세계 인식은 직업편견, 직업가치관 2개 하위 영역으로, 진로태도는 진로준비성, 자기주도성 2개 하위 영역으로 이루어져 있다. 진로인식검사 문항은 총 32개로 Likert 4점 척도이며 1개 문항 당 15~20초가 소요될 것으로 예상하고 전체 32개 문항을 모두 검사하였을 때 초등학교 수업시간 15분 이내에 검사를 끝마칠 수 있도록 구성되어 있다.

사회적 바람직성 척도는 자신의 상태를 솔직하게 응답하기보다는 자신을 좋게 보이고 싶은 마음에 사회적으로 바람직하게 보이는 방향으로 대답하는 사회적 바람직성

표 3-2 진로인식검사의 영역 및 내용

영역	하위 요인	내용
자기 이해	자기탐색	• 자신의 장점, 성격, 적성, 태도, 흥미, 능력 등에 관심을 갖는 정도 • 나의 소질, 관심 발달 여부
	의사결정 성향	• 합리적 의사결정의 필요성 발달 • 합리적 의사결정을 위해 필요한 단계 혹은 요소의 발달 • 결정할 때 발달하고 대응하는 개인특성 • 선호하는 인지적 접근 방식
	대인관계 성향	• 다양한 집단에서 의사소통이나 풍부한 인간관계를 구축하는 능력 • 사회집단 내에서의 역할인식
직업 세계 인식	직업 편견	• 직업에 대한 성역할 편견 • 직업의 귀천에 대한 편견
	직업 가치관	• 일과 직업에 대해 가지고 있는 가치관의 건전성 • 직업에서 필요로 하는 가치(예, 성실성, 책임감, 업무능력 등)에 대한 발달
진로 태도	자기 주도성	• 수동적이지 않고 능동적으로 진로를 탐색하고 의논하고 상담하려는 정도 • 자기주도적, 적극적으로 진로를 탐색하려는 태도 • 역할 모델의 직업 분야에 관심을 갖는 정도
	진로 준비성	• 진로선택 시 자신의 여건과 희망 분야를 조화시키는 것의 필요성 인식 • 부모님이 원하는 진로와 자신의 희망진로의 일치 여부 인식(갈등 해결 방식) • 진로설계에 따라 현재 학업과 일상에서 노력하는 정도 • 생활에서 계획을 세우며 생활하는 태도 • 진로관련 정보를 탐색하고 활용하는 정도
부주의성		동일한 내용의 두 문항에 대하여 각기 다른 반응을 하는 정도
사회적 바람직성		자신에 관한 질문에 정직한 답보다 사회적으로 바람직하게 답하는 것은 검사 결과의 신뢰도와 타당도에 영향을 줄 수 있으므로 이를 통제할 수 있는 척도

출처: 장옥수, 2010에서 재인용.

(social desirability)을 확인하기 위한 척도이며, 부주의성 척도는 검사에 얼마나 성실하게 임했는지를 확인하기 위한 것으로 각 요인에서 순채점 문항을 선택하여 모두 역채점 문항으로 전환하여 문항이 구성되어 있다. 사회적 바람직성 척도와 부주의성 척도는 모두 검사의 타당도를 확인하기 위한 것이다. 진로인식검사의 영역 및 내용은 표 3-2와 같다.

4 진로관련 심리검사 활용 방법

진로관련 심리검사는 학생들에게서 진로와 관련된 다양한 특성과 직업세계 인식 수준에 대한 필요한 정보를 얻을 수 있게 한다. 이를 통해 자신이 어떤 특성을 가진 사람인지, 유능한 특성과 취약한 특성이 무엇인지 그리고 타인과 비교하여 어떠한 수준인지 확인할 수 있다. 또한 생활 속에서 진로와 관련된 문제 상황에 접하게 되었을 때 자신이 어떠한 태도를 보이는지를 파악함으로써 향후 효율적인 진로설계의 토대를 마련할 수 있으며, 진로발달 전반에 대하여 타인과 비교하여 파악함으로써 시행착오를 최소화할 수 있고 청소년기 진로탐색과의 연계 효과를 가질 수 있다(어윤경·부재율, 2009).

앞에서 심리검사가 개인행동의 예측, 분류 및 진단, 조사 및 연구, 자기이해의 증진 그리고 문제해결에 도움을 주는 데 그 목적이 있다고 밝혔는데, 심리검사 활용 방법도 그 목적과 유사하게 이해, 선발, 분류, 정치, 진단, 평가 및 검증 등에 사용할 수 있다(김영환·문수백·홍상황, 2005).

첫째, 진로관련 심리검사는 개인차를 이해하는 데 사용할 수 있다. 객관적인 자기이해와 보다 효율적인 자기성장 및 자아실현을 위해 검사가 사용될 수 있으며 이를 심리검사의 자기이해, 자기확인, 자기지식 기능이라고 한다.

둘째, 진로관련 심리검사를 통해 진로성숙도, 진로흥미, 진로발달의 정도에 따라 적절한 대상을 선발하고 분류하며 정치하는 데 활용할 수 있다. 진로관련 집단상담 프로그램을 진행한다고 할 때 적절한 진로성숙도를 지닌 학생을 선발하고 진로유형에 따라 학생을 분류하고 특정 집단에 정치하는 것은 진로관련 심리검사를 통해서 비교적 정확하게 이루어질 수 있다.

셋째, 진로관련 심리검사는 학생의 진로문제나 현재의 상태를 정확하게 이해하는 데 사용할 수 있다. 진단은 문제의 증상과 원인을 종합하여 전문적인 판단을 하는 작업이다. 학생의 진로문제에 대한 원인을 확인하고 문제를 교정하는 계획을 수립하는 데 있어 심리검사의 결과를 활용한다면 심리검사는 진단 기능을 수행했다고 볼 수 있다.

넷째, 진로관련 심리검사는 연구의 효과를 평가하고 검증하는 데 활용할 수 있다. 진로관련 집단상담 프로그램의 효율을 확인하고 프로그램의 수정이나 보완을 결정하기 위한 자료로 활용했다면 이는 심리검사의 평가 기능에 해당한다고 볼 수 있고, 연구 가설의 진위를 밝히기 위해 심리검사를 활용했다면 심리검사의 과학적 탐구 또는 가설 검증 기능이라고 볼 수 있다.

아울러 진로상담에 있어서도 검사의 활용이 필수적이다. 진로상담 현장에서 심리검사를 선택하기 위해서는 일반적으로 진로발달 단계에 따라 중점적으로 활용할 수 있는 검사의 종류를 고려할 필요가 있다. 진로발달 단계에 따라 자기이해, 교육 및 직업적 탐색, 진로설계에 대한 능력 및 행동 전략에 대한 수준을 정확히 정하여 각각의 진로발달 단계에 따른 차별적 진단을 위한 방법으로 진로검사를 활용할 수도 있다(김동민 외, 2013).

학습문제

1. 심리검사가 개인 및 집단 상담에서 활용될 수 있는 구체적인 사례를 제시해 보시오.

2. 아동 및 청소년 성격유형검사를 활용하여 집단역동을 개선한 연구를 찾아보고 자신이 이 검사를 활용한다면 어떤 곳에 사용할 수 있을지 설명해 보시오.

3. 진로관련 심리검사 중 하나를 선택해서 초등학생에게 실시한 다음 그 검사의 장점 및 단점에 대해 평가해 보시오.

4. 이 장에서 제시한 진로관련 심리검사의 활용 방법 외에 추가할 수 있는 것이 무엇일지 제안해 보시오.

참고문헌

강지유(2010). 초등학생의 진로인식 및 진로자기효능감 향상을 위한 자기주도적 진로교육프로그램 개발 및 효과성 검증. 서울교육대학교 석사학위논문.

공윤정(2015). 초등학생용 진로심리검사의 현황과 과제. 초등상담연구, 14(2), 105-123.

곽금주, 오상우, 김청택(2011). K-WISC-Ⅳ. 서울: 학지사심리검사연구소.

김계현, 황매향, 선혜연, 김영빈(2012). 상담과 심리검사. 서울: 학지사.

김남규(2000). 직업에 대한 자아효능감과 결과기대감이 초등학생의 진로흥미에 미치는 영향. 진로교육연구, 11, 161-186.

김동민, 강태훈, 김명식, 박소연, 배주미, 선혜연, 이기정, 이수현, 최정윤(2013). 심리검사와 상담. 서울: 학지사.

김영환, 문수백, 홍상황(2005). 심리검사의 이론과 실제. 서울: 학지사.

김윤주, 유형근, 권순영(2010). 초등학생의 진로자기효능감 향상을 위한 집단상담 프로그램 개발. 진로교육연구, 23(3), 87-106.

김정택, 심혜숙(1993). 어린이 및 청소년 성격유형검사 안내서. 서울: 한국심리검사연구소.

박명심, 김성회(2006). 고등학생용 진로자기효능감 척도 개발 및 타당화. 상담학연구, 7(2), 385-397.

박현옥, 강혜영(2011). 초등학생이 지각한 부모양육태도와 자아개념이 직업포부수준에 미치는 영향. 진로교육연구, 24(1), 137-153.

서울대학교 교육연구소(1997). 초등학교 고학년용 정서지능 진단검사. 서울: 대교교육과학연구소.

성태제, 시기자(2014). 연구방법론. 서울: 학지사.

송인섭, 정미경, 김효원, 최영미(2011). 초등학생용 진로성숙도 검사 개발 및 타당화. 아동교육, 20(3), 151-163.

안창규(1998). 진로발달 검사 실시요강. 서울: 한국가이던스.

안창규, 안현의(2013). Holland 진로발달검사 실시요강. 성남: 한국가이던스.

양난미, 이은경(2008). 초등학생의 진로포부에 대한 부모학습관여와 학업적 자기효능감과의 관계연구. 한국심리학회지: 상담 및 심리치료, 20(2), 455-472.

어윤경, 부재율(2009). 초등학생 진로인식검사 개발 및 타당화. 한국교육학연구, 15(1), 25-51.

오윤선, 정순례(2017). 심리검사의 이해와 활용. 경기: 양서원.

이동혁, 황매향(2016). 다면적 진로탐색검사 매뉴얼. 경기: 한국가이던스.

이종범(2005). 초등학생 진로발달 검사도구의 개발 및 타당화. 서울대학교 박사학위논문.

장옥수(2010). 가정과 연계한 진로교육프로그램이 초등학생의 진로인식 향상에 미치는 영향. 공주교육대학교 석사학위논문.

정익중, 임진영, 황매향(2011). 초등학생용 진로성숙도 검사도구 개발. **초등교육연구, 24**(3), 169-194.

한국고용정보원(2008). **초등학생 진로인식검사 개발 연구(2차년도): 시범운영 결과를 중심으로.** 서울: 한국고용정보원.

Achenbach, T. M., & Rescorla, L. A. (2001). *Manual for the ASEBA School-Age Forms & Profiles.* Burlington, VT: University of Vermont, Research Center for Children, Youth, & Families.

Bandura, A. (1977). Self-efficacy: Toward a unifying theory of behavioral change. *Psychological Review, 84*(2), 191-215.

Bandura, A., Barbaranelli, C., Caprara, G. V., & Pastorelli, C. (2001). Self-efficacy beliefs as shapers of children's aspirations and career trajectories, *Child Development, 72*(1), 187-206.

Betz, N. E., & Hackett, G. (1981). The relationship of career-related self-efficacy expectations to perceived career options in college women and men. *Journal of Counseling Psychology, 28*(5), 399-410.

Crites, J. O. (1973). Career maturity. *Measurement in Education, 4*(2), 1-8.

Crites, J. O. (1978). *The Career Maturity Inventory* (2nd ed.). Monterey, CA: CTB/McGraw Hill.

Gray, M. P., & O'Brien, K. M. (2007). Advancing the assessment of women's career choices: The Career Aspiration Scale. *Journal of Career Assessment, 15*(3), 317-337.

Holland, J. L. (1997). *Making vocational choices: A theory of vocational personalities and work environments* (3rd ed.). Odessa, FL: Psychological Assessment Resources.

O'Brien. K. M. (1992). Career aspiration scale. Retrieved from http://counselingpsychologyresearch.weebly.com (February 1, 2015).

Rohlfing, J. E., Nota, L., Ferrari, L., Soresi, S., & Tracy, T. J. G. (2012). Relation of occupational knowledge to career interests and competence perceptions in Italian children. *Journal of Vocational Behavior, 81*, 330-337.

Schultheiss, D. E. P., & Stead, G. B. (2004). Childhood career development scale: Scale construction and psychometric properties. *Journal of Career Assessment, 12*(2), 113-134.

Spokane, A. R. (1996). Holland's theory. In D. Brown, L. Brooks, & Associates (Eds.), *Career choice and development* (3rd ed., pp. 33-74). San Francisco: Jossey-Bass.

Super, D. E., Savickas, M. L., & Super, C. M. (1996). The life span, life space approach to careers. In D. Brown, L. Brooks, & Associates (Eds.), *Career choice and development* (3rd ed., pp. 121-178). San Francisco, CA: Jossey-Bass.

Tracy, T. J. G. (2002). Personal globe inventory: Measurement of the spherical model of interests and competence beliefs. *Journal of Vocational Behavior, 60*(1), 113-172.

Tracy, T. J. G., & Caulum, D. (2015). Minimizing gender differences in children's interest assessment: Development of the inventory of children's activities-3 (ICA-3). *Journal of Vocational Behavior, 87*, 154-160.

Tracy, T. J. G., & Ward, C. C. (1998). The structure of children's interests and competence perceptions. *Journal of Counseling Psychology, 45*(3), 290-303.

4장

초등학교 시기 진로발달에서 맥락의 영향

공윤정

진로발달은 개인과 환경의 상호작용으로 이루어진다. 진로발달과 밀접하게 관련되는 맥락으로는 가족, 인종/민족, 문화 등을 들 수 있다. 기존의 진로이론에서는 개인의 흥미, 능력, 가치와 같은 심리 내적 특성의 발달에 주목하면서 맥락적 요인은 간과하거나 심리 내적 특성의 발달에 영향을 주는 이차적 요인으로 간주하였다. 이에 반해 최근의 진로이론에서는 일과 관계는 서로 영향을 주고받는 관계이며, 일의 의미와 중요성은 진로발달의 맥락과 밀접하게 관련된다고 여긴다. 이 장에서는 관계문화적 진로 패러다임, 직업관계이론, 진로구성이론 등 최근의 진로이론에서 바라보는 진로발달과 맥락의 관계를 기술한다. 초등학생의 진로발달에 영향을 주는 중요한 맥락으로 가족, 성역할, 빈곤, 다문화와 진로발달의 관계에 관한 연구 결과를 제시한다.

1 초등학생의 진로발달에서 맥락의 영향

초등학교 시기는 진로와 관련한 흥미나 능력의 발달과 이해, 직업정보의 확대, 직업의 성유형(sex-type)이나 사회적 지위를 반영한 직업포부의 형성 등 다양한 진로발달이 이루어지는 시기이다(공윤정 · 박한샘, 2009). 직업포부나 진로성숙도와 같은 진로발달의 지표가 가족의 사회경제적 지위나 생활 지역에 따라 차별적으로 발달한다는 연구 결과를 보면(서옥형 · 황매향, 2016), 아동이 어떤 지역에서 생활하며 어떤 직업을 가진 사람들을 주로 접하는지와 같은 개인을 둘러싼 맥락이 진로발달에 영향을 준다는 것을 알 수 있다.

기존의 진로발달 및 선택 이론들이 개인의 직업자아개념, 흥미와 능력, 독립적 진로의사결정 등을 강조하면서 개인이 선택하면 원하는 진로를 얻을 수 있다고 가정한 것은 성별, 인종, 사회경제적 배경, 문화 등 진로발달의 맥락을 간과하였다는 점이 꾸준히 지적되어 왔다(Blustein, 2011). 예를 들어 홀랜드(Holland, 1997)의 직업흥미이론은 개인과 직업 환경의 일치성이 직업만족에 중요하다고 가정하지만, 개인의 흥미를 가장 우선적으로 고려하여 직업을 선택할 수 있는 사람은 일부분이라는 것이다. 직업은 흥미를 고려하기 이전에 생계의 수단으로 빈번하게 선택된다. 백인 남성을 제외한 다른 성별, 인종, 문화권에서는 홀랜드의 직업흥미에 관한 6각형 모델이 원래의 가정대로 적용되기는 어렵다는 점이 제시되기도 하였다(공윤정, 2005). 발달 단계에 따른 진로과업을 다루고 있는 수퍼의 진로발달이론(Super, Savickas, & Super, 1996)에서는 심리 내적 특성인 진로자아개념의 발달이 진로발달의 핵심 요소로 간주되는데, 아동을 둘러싼 맥락과 진로자아개념의 형성이 어떻게 상호작용하는지에 대해서는 많은 주의를 기울이지 않고 있다.

진로선택 및 직업 진입 과정에는 직업을 얻는 데 필요한 교육 및 기회 비용의 지불 가능성, 부모 등 관련인들의 지지, 성별에 따른 차별과 선입견, 사회의 직업구조 등 다양한 개인 외적 요소가 영향을 준다. 따라서 초등학생을 위한 진로 상담 및 교육에서도 심리 내적 특성에 대한 이해 및 교육과 함께 맥락적 영향을 파악하고 이를 통합하여 다루는 것이 보다 현실적이다. 이 장에서는 최근의 진로이론에서 진로발달에 대한 맥락적 영향을 어떻게 통합하여 다루고 있는지, 부모를 비롯한 맥락적 변인이 진로발달에 미치는 영향은 어떠한지를 알아본다.

2 진로발달에서 맥락적 영향에 대한 이론적 관점

1) 주요 진로이론의 관점

(1) 제한타협이론

제한타협이론(Gottfredson, 1981)에서는 아동의 직업포부가 직업에 대한 접근 가능성(accessibility) 및 자신과 직업 특성 간의 일치 가능성(compatibility)의 영향으로 이루어진다고 가정한다. 아동은 직업의 성유형 및 사회적 지위와 같은 직업 특성을 반영하여 직업포부를 형성하는데, 이때 자신이 받아들일 수 있는 직업의 성유형 경계(tolerable sex-type boundary) 및 사회적 지위의 경계를 설정하고 이러한 경계 내에서 진로포부를 형성한다고 여겨진다.

직업의 성유형과 사회적 지위에 대한 평가가 주어진 사회와 문화에서 특정 직업의 성별구성과 직업에 대한 평가에 의해 영향받는다는 점에서 사회, 문화와 같은 거시적인 맥락이 아동의 직업인식 및 직업포부에 영향을 미치는 방식을 설명한다고 볼 수 있다. 예를 들어 교사라는 직업에 대해서 자신이 속한 문화에서 여자직업 혹은 남자직업으로 인식하는지, 교사의 사회적 지위는 어떠한지에 따라서 아동이 교사 직업을 자신의 직업포부에 포함시킬지를 결정하고, 이러한 방식으로 사회나 문화는 직업포부에 영향을 준다는 것이다.

(2) 사회인지진로이론

사회인지진로이론(Lent, Brown, & Hackett, 2000)에서는 아동의 자기효능감의 발달을 가장 중요하게 여기면서, 자기효능감과 결과기대에 따라 흥미의 발달 및 진로결정 등 다양한 진로행동이 이루어진다고 여긴다. 사회인지진로이론에서 아동의 진로발달 및 진로의사결정에 미치는 맥락적 영향은 크게 두 가지 방식으로 이루어진다.

첫째, 부모의 사회경제적 지위와 같은 맥락 요인은 아동이 다양한 학습활동을 경험하는 데 영향을 준다. 아동은 선택한 학습활동을 통해 특정 영역에서의 자기효능감을 키워나갈 수 있다. 부모의 자녀에 대한 기대나 가정의 사회경제적 지위 등은 아동이 어떤 활동을 선택하고 (예, 영어, 발레 등) 경험하도록 하는지에 영향을 준다.

둘째, 맥락적 요인은 진로선택 상황에서 심리 내적 요인인 자기효능감, 결과기대, 흥미가 구체적인 진로목표와 진로행동으로 변환될 때 ① 진로목표 및 행동의 결정에 직접 영향을 주거나 ② 심리 내적 요인의 진로목표 및 행동에 대한 영향을 중재하는 역할을 한다. 이 과정을 진로선택에 근접한 맥락적 영향(contextual influences proximal to choice behavior)으로 구분하는데, 여기에는 가족의 지지나 바람, 즉각적인 경제적 필요, 교육받을 수 있는 경제적 여건, 사회적 차별 등이 해당된다. 진로선택 상황에서 맥락적 영향에 따라 개인은 자기효능감, 결과기대, 흥미 등 심리 내적 요인에 따른 선택을 할 수도 있고, 즉시적인 경제적 요구나 부모의 지지 정도에 따라 현실적으로 요구되는 진로선택을 할 수도 있다는 것이다.

사회인지진로이론은 사회경제적 지위, 진로장벽, 부모의 지지 등과 같은 맥락적 요인이 진로관련 특성의 발달과 진로결정에 영향을 미친다는 점을 인정하고 이를 이론의 틀 안에 포함해서 진로발달을 설명했다는 점에서 의미가 있다. 다만 사회인지진로이론에서 맥락적 요인은 심리 내적 변인(예, 자기효능감)에 비해 진로선택에서 부차적인 것으로 여겨진다.

2) 최근 진로이론의 관점

최근의 진로이론들은 일을 유급의 일로만 한정하지 않고 무급의 일까지 포함하여 진로를 설명하거나(Blustein, 2011; Schultheiss, 2007), 진로발달이 일어나는 관계 및 맥락을 진로이론의 중요한 축으로 포함시켜 진로와 맥락 간의 상호작용을 강조하거나(Blustein, 2011; Schultheiss, 2007), 개인이 주관적으로 구성하는 일의 의미와 중요성을 강조(Savickas, 2013)하는 등 기존의 진로이론과는 다른 접근을 취한다. 기존의 진로이론이 객관적으로 평가할 수 있는 개인의 흥미나 능력 등을 중요하게 생각했다면, 최근의 진로이론들은 개인이 주관적으로 부여하는 진로와 일의 의미, 일의 중요성 등에 중점을 둔다는 면에서 차별성을 갖는다. 개인의 특성만이 아니라 발달이 일어나는 맥락을 중요한 요소로 통합하여 진로발달을 설명하는 부분이 최근 이론들의 공통점이라고 볼 수 있다.

(1) 진로발달에 대한 관계문화적 패러다임

직업에 대한 관계문화적 패러다임(Schultheiss, 2007)에서는 직업생활이 일(유급, 무급의 일을 모두 포함), 관계, 문화의 밀접한 상호작용에 의해 이루어진다고 가정한다. 이 관점에서는 직업선택과 진로발달의 기회가 모든 사람에게 공평하게 주어지는 것이 아니며, 누구나 각자의 사회적 지지와 진로장벽을 갖게 된다는 점을 중요하게 다룬다. 특히 사회적 약자인 여성과 소수자 집단은 사회에서 힘을 가진 집단의 문화적 가정이 반영된 기준들을 마치 사실인 것처럼 요구하는 지배집단의 힘과 싸우면서 직장생활을 하게 된다. 우리나라의 예를 들자면 직장인이 직장생활을 가장 우선시하면서 야근이나 저녁 회식에 반드시 참가할 것을 요구하는 등의 기준들은 가사와 자녀양육에 최소한으로 관여하는 남자의 입장을 반영한 것으로 볼 수 있다.

자신의 일에 대한 중요성의 부여(mattering)는 직장 내 관계나 가족관계에서의 상호작용을 통해 이루어지는데, 일의 중요성에 대한 인식은 순환적으로 개인에게 일의 사회적 의미와 관계성을 부여하게 된다. 특히 자녀가 일의 의미와 중요성을 평가하는 이면에는 그 직업에 대한 부모의 인식이 있고 부모의 인식은 부모-자녀 간 의사소통을 통해 상당 부분 자녀에게 전달된다. 따라서 개인이 경험하는 일의 의미와 중요성을 이해하기 위해서는 그 경험이 발생하는 맥락을 함께 파악하는 맥락적 접근이 필요하다고 보았다. 흥미, 능력 등 맥락과 분리된 개인의 심리 내적 특성을 평가하여 진로상담이나 교육을 진행하는 기존의 진로상담 방식과 달리 '가족, 사회, 문화라는 관계적 맥락에 내재된(embedded) 개인'이라는 관점을 유지해야 한다는 것이다. 진로발달과 관계, 문화의 상호관계에 관한 주요 가정은 다음과 같다.

첫째, 진로발달의 복합적인 특성을 파악하기 위해서는 가족의 영향을 이해해야 한다.
둘째, 가족, 사회, 문화와 같은 관계적 맥락에서 일에 대한 심리적 경험이 이루어진다.
셋째, 일과 가족은 서로 밀접하게 관련되어 있다.
넷째, 관계적 담화(discourse)는 개인주의 기반의 문화 각본(script)에 대한 도전으로 이해할 수 있다.

관계문화적 패러다임에서 가족은 아동의 진로발달에서 가장 영향력 있는 변인으로 간주된다. 부모의 태도와 기대, 부모와의 동일시, 개방적 의사소통, 양육 태도, 애착, 부모와의 심리적 분리, 부모의 직접적인 진로개입과 지원, 부모의 사회적 지지 등은 모두 자녀의 진로정체성, 진로흥미, 진로성숙도, 진로의사결정, 진로자기효능감 등과 관련된다는 것이다(Schultheiss, 2007). 부모뿐만 아니라 형제자매, 상담자, 직장 동료, 직장 상사 등이 모두 진로발달에 영향을 미칠 수 있는 관계적 환경을 제공하는 것으로 나타난다.

일은 관계적 맥락 안에서 이루어지며, 일을 통해 개인은 특정 사회 집단에 속해 있고 그 집단의 다른 사람들과 비슷하다는 내재감(sense of embeddedness)을 경험한다. 직장이동과 같은 내재감의 어떤 측면은 선택이 가능한 반면에 성별, 인종, 민족, 문화와 같은 맥락은 선택이 불가능하다. 성별, 인종, 민족, 문화에 대한 내재감은 진로 기회와 진로장벽의 지각에 영향을 줌으로써 진로선택에 영향을 미친다. 특히 일의 의미와 중요성에 대한 인식과 재구성은 관계적 담화를 통해 이루어지며, 개인의 이야기(narratives)는 일의 의미와 중요성이 어떤 맥락에서 이루어지는지를 다층적으로 파악할 수 있게 하는 유용한 도구이다. 관계를 드러내는 새로운 은유와 이야기는 일과 관계에 대한 새로운 담화를 만들어가는 기초가 될 수 있다고 여긴다(Schultheiss, 2007)는 점에서 관계문화적 패러다임은 사회구성주의의 가정을 따른다고 볼 수 있다.

(2) 직업관계이론

기존의 진로이론이 주로 개인의 능력, 흥미, 욕구(desire)에 따른 이상적인 직업의 선택에 초점을 두면서 유급의 일에 관심을 두는 반면에 무급의 많은 일들은 이론에 포함되지 않는다는 한계가 있다(Blustein, 2011). 블루스타인은 좀 더 포괄적인 진로이론의 필요성을 제안하면서 진로이론은 많은 사람들이 살기 위해 선택하는 생존의 도구로서의 일도 포함하여 설명할 수 있어야 하며, 노동의 대가로 돈을 버는 일뿐만 아니라 전업주부 같이 돈을 받지 않고 하는 일도 설명할 수 있어야 한다고 보았다.

흥미, 능력, 가치와 일치하는 직업을 선택하면 그렇지 않을 때보다 일에서의 만족감이 높아진다고 가정한다(Holland, 1997). 이에 반해 생계의 수단으로 직업을 택한다고 할 때 그 일은 어렵고 지루하며 신체적·정신적으로 힘든 일일 수 있는데, 이런 경우 일에서의 만족감 이외의 어떤 다른 요소가 일을 선택하고 유지하는 데 도움이 된다고 가정할 수 있다. 블루스타인(Blustein, 2011)은 흥미, 능력, 가치와 일치하는 일이 아니더라도 그 일의 의미나 중요성(mattering)을 찾을 수 있으므로 일의 의미나 중요성이 사람들이 일을 통해 추구하는 바람직한 결과물이 될 수 있다고 제안하였다.

이에 따라 일과 관계의 상호작용을 중심으로 일을 설명하면서, 일과 관계에 영향을 주는 맥락으로서 문화의 역할을 강조하는 직업관계이론(relational theory of work)을 제시하였다(Blustein, 2011). 직업관계이론에서는 일과 관계는 상호적으로 영향을 주고받는데, 서로 긍정적인 혹은 부정적인 영향을 교환할 수 있다고 가정한다. 관계 형성은 인간의 가장 기본적인 욕구이고, 일은 본질적으로 관계적인 속성을 가져 대부분의 사람들은 일을 통해 다른 사람들이나 지역사회와 접촉해 나간다(Schultheiss, 2007). 진로발달과정에서는 관계를 통해 진로발달과업 및 진로결정에 대한 지지를 받을 수 있다. 이 과정에서 부모, 형제 등 가족은 아동의 행동을 명명하고 긍정적 강화를 줌으로써 자녀가 자신의 가치, 흥미, 능력, 태도 등에 의미를 부여하는 데 영향을 끼치는 것으로 나타난다. 일과 관계에 대한 직업관계이론의 주요 가정은 다음과 같다(Blustein, 2011).

첫째, 일과 관계는 개인의 내적 경험과 실제 생활 경험에서 상당한 심리적 공간을 공유한다. 이때 일과 관계는 상호 영향을 미치며 서로의 경험을 조형(shaping)한다.
둘째, 관계는 일 경험에 영향을 주며 이때 영향은 적응적일 수도 부적응적일 수도 있다.
셋째, 과거부터 현재까지 관계 경험에서 핵심적인 주제, 패턴, 경험들은 분화되고 통합되는 내면화 과정을 거치며, 내면화는 일 경험과 직업 적응에 중요한 역할을 한다.
넷째, 일과 관계는 유급·무급의 상황에서 모두 발생한다.
다섯째, 일과 관련 교육에 대한 탐색과 의사결정은 관계에 의해 촉진되거나 방해받는다.

직업관계이론의 가정에 따르면, 우리는 일과 관계를 분리하기 어려울 정도로 함께 경험하면서 영향을 주고받으며, 일을 통해 관계에, 관계를 통해 일에 의미를 부여한다. 직장이나 가족에서의 관계는 일에 긍정적인 혹은 부정적인 영향을 미치기도 하며, 일의 관계에 대한 영향도 마찬가지이다.

한편 관계와 문화는 환경에서 발생하는 사건의 의미를 구성하는 렌즈의 역할을 하는 것으로 간주된다(Blustein, 2011). 문화는 사회 구성원이 일과 관계를 이해하는 틀을 제공하면서 사람들이 관계와 일을 경험하는 방식을 조형한다는 것이다. 우리나라의 경우 안정적인 직업을 선호하는 경향을 보면, 한 나라의 경제적 상황이나 문화적 맥락이 어떻게 가족에게 영향을 주고 가족, 특히 부모가 안정적인 직업의 의미와 가치를 자녀에게 전달하는지를 알 수 있다. 초등학생의 직업포부에서도 공무원이 중요한 직업으로 나타나는 것을 보면, 문화가 부모-자녀 간의 관계를 통해 자녀의 진로에 대한 생각과 진로포부에 영향을 주는 것을 볼 수 있다.

문화가 일과 관계를 이해하는 틀을 제공한다는 직업관계이론의 가정은, 중산층의 한국인 전업주부가 자신의 일의 의미와 중요성을 어떻게 구성하는지를 탐색한 연구에서 검증된 바 있다(Jung & Heppner, 2015). 중산층 전업주부는 자신의 선택에 대해 '후회'와 '놀면서 아무일도 안 한다' 등의 의미를 부여했는데, 이러한 의미 부여는 한국 사회의 문화와 밀접하게 관련되어 형성되는 것으로 가정되었다. 한국 사회는 가부장적 전통이 강한 사회여서 중산층의 결혼한 여성에게 기대하는 역할이 전업주부가 되겠다는 결정에 영향을 주었다는 것이다. 최근 한국의 만연한 물질주의 문화로 인해 수입이나 부가 사람을 평가하는 주요 요소 중의 하나로 작용하는데, 이로 인해 수입이 없는 전업주부의 일에 '놀면서 아무것도 안 한다'와 같은 부정적인 의미가 부여된다는 것이다.

이와 같이 주어진 사회적·문화적 맥락은 개인의 진로선택에 영향을 주고, 문화는 개인의 일에 의미와 중요성을 부여하는 데 영향을 주는 것으로 나타났다. 직업관계이론은 비교적 최근에 발표된 이론이어서 경험적 연구를 통한 이론의 검증이 활발하게 이루어지고 있지는 않다. 초등학생을 대상으로 이 이론을 적용한다면 문화적 맥락이 어떤 방식으로 부모를 통해 자녀의 직업과 관계에 대한 인식 및 의미 부여에 영향을 주는지, 일의 의미와 중요성이 목표가 될 때 초등학생 대상의 진로교육에서 이것을 어떻게 통합하여 다룰지, 무급의 일까지 진로에 포함시킬 때 진로 상담과 교육에서 이러한 부분을 어떻게 통합할지 등에 대한 탐색이 요청된다.

(3) 진로구성이론

진로구성이론(career construction theory; Savickas, 2013)은 수퍼의 진로발달이론

을 기본으로 하면서 21세기의 변화한 직업세계의 특징, 사회구성주의, 맥락적 관점 등을 통합하여 발전시킨 이론이다. 진로구성이론에서 개인은 자신의 일 경험에 의미를 부여하고 이야기를 구성함으로써 스스로 자신의 진로를 구성해 나간다고 여긴다. 이러한 관점은 진로를 객관적인 일 경험의 총합으로 보는 기존의 관점과는 다른 것이다. 진로와 관련한 개인의 고유한 이야기에는 직업성격, 발달과업, 진로적응성, 생애 주제(life themes)의 네 가지 주된 영역이 포함되어 있다.

아동은 일차적으로 가족 내에서 상호작용하는 대상을 모델링하면서 자아를 구성해 나가는데, 가족 간의 경험을 포함한 사회적 세계가 내면화되면서 자아구조가 형성된다. 이때 세상에 대한 안내를 내사(introjection)하는 과정과 대상을 자신만의 것으로 통합(integration)하는 두 과정이 중요하게 여겨진다. 가족을 비롯한 주변 타인과의 의사소통을 통해 경험의 의미를 구성하고 해석하는 과정에서 직업자아개념이 형성된다(Savickas, 2013). 직업자아개념은 자아개념 중 직업인으로서의 역할과 관련된 개인의 특성을 뜻한다.

직업자아개념의 형성에는 역할 모델의 존재가 중요한데, 부모나 교사와 같은 실제 인물이나 동화, 드라마, 영화에 나오는 영웅들의 모습이 주로 역할 모델이 될 수 있다. 역할 모델은 아동이 성장하면서 경험하는 내적 문제나 갈등을 해결하는 방식에 대한 청사진을 제시한다. 아동이 이러한 청사진에 따라 문제를 해결하는 경험을 축적하면서 역할 모델의 가치나 문제해결 방식을 자신의 것으로 통합하고 결국 특징적인 어떤 부분이 아동의 자아구조에 통합된다. 아동은 어린 시절 가족과의 관계에서 자신의 이야기를 구성해 나가고 이후 학교, 직장 등에서의 경험을 토대로 자신과 일에 관한 이야기를 구성해 나간다.

가족 및 중요한 타인과의 언어 상호작용을 통해 자신의 이야기를 구성하면서 직업자아개념이 발달하므로 가족을 포함한 관계가 중요해 진다. 흔히 역할 모델이 되는 영화나 드라마의 영웅들은 사회의 문화적 맥락에서 바람직하게 여기는 특성들을 포함한다(예, 수퍼맨이라면 다른 사람을 돕는 태도 등). 주어진 문화에서 의미 있게 여기는 가치와 태도 등은 부모를 포함한 역할 모델의 행동이나 태도 등에 반영되어 있으며, 아동은 역할 모델의 특성을 내사하고 통합하면서 직업자아개념을 구성해 나가는 방식으로 문화적 맥락이 아동의 진로발달에 영향을 주게 된다. 아동이 구성하는 진로이야기의 중심에는 자신의 성별, 인종, 사회경제적 지위와 관련한 주제들이 녹아들어 있으며, 진로이야기의 패턴을 파악하면 이러한 맥락적 요인들이 진로자아개념에 어떤 영향을 주고 있는지를 파악할 수 있다.

진로구성이론 기반 상담에서는 학생이 자신의 일 경험을 자신과 일에 대한 정체성 이야기에 통합하도록 돕는 작업이 이루어진다. 일 경험에 의미를 부여함으로써 직업자아개념이 형성될 수 있도록 돕고, 이를 통해 진로목표를 정하고 목표달성을 위한 행동을 시작하도록 돕는다. 자신의 일 경험을 돌아보는 과정에서 인식하지 못했던 삶의 주제나 경험의 의미를 찾아낼 수 있으며, 이러한 과정은 문제라고 생각했던 일 경험의 의미를 파괴하고 재구성하는 과정에 의해 촉진된다.

이 이론에서는 직업자아개념을 비롯한 진로발달이 내적으로 내재된 특성이 발현되는 것이 아니라 개인을 둘러싸고 있는 사회생태적 환경에서 타인과의 상호작용을 통해 발달한다고 가정한다. 사회생태적 환경이란 물리적 환경, 문화, 인종이나 민족, 가족, 이웃, 학교, 역사적 시기 등을 모두 포괄한다. 주어진 문화의 영향을 받는 가족 구성원, 역할 모델들과의 상호작용을 통해 그 문화의 가치와 태도를 아동이 통합하여 받아들이면서 진로자아개념을 발달시킨다는 면에서 이 이론은 아동을 둘러싼 맥락이 진로발달 과정에 어떤 방식으로 작용하는지를 통합적으로 제시하고 있다.

(4) 진로발달에 대한 생태학적 관점

진로발달에 대한 생태학적 관점(Cook, Heppner, & O'Brien, 2002)은 상담에 대한 생태학적 관점(Cook, 2012)을 진로영역에 도입한 것이다. 이 관점에서는 진로발달이 개인과 환경의 상호작용에 의해 발달하며, 환경은 개인이 진로를 준비하는 과정에서 타협해야 하는 기회, 보상, 장애 등의 정보를 포함하고 있다고 보았다. 진로행동은 개인 내적, 대인관계적, 사회문화적 수준에서의 다층적인 요인들이 상호작용한 결과 이루어지는 것으로 간주된다. 행동은 주어진 맥락 안에서 이루어지며 맥락은 행동에 영향을 주는 외적 요소가 아니라 행동에 의미를 부여하는 데 본질적인 요소가 된다.

생태학적 관점에서 진로상담의 목표는 개인-환경 간 최적의 상호작용이 이루어지도록 돕는 것이다. 진로상담자는 학생의 진로발달이 일어나는 생태계를 평가하여 환경을 학생에게 좀 더 호의적인 것으로 바꾸어주거나 개인-환경 간의 상호작용 방식을 바꾸어주는 작업을 한다. 예를 들어 환경 자체가 좀 더 따뜻하고 도움을 줄 수 있는 환경이 되도록 돕거나, 역량 강화를 통해 학생이 환경을 좀 더 효과적으로 다룰 수 있는 기술을 습득하도록 도울 수 있다.

생태학적 관점은 특히 여성의 진로발달을 설명하는 데 적용되었는데(Cook et al., 2002) 진로상담자는 여학생들의 진로발달을 촉진하는 환경적, 사회적 변화를 위해 노력하는 옹호자의 역할도 수행할 것이 기대된다. 환경적 변화는 좋은 직업의 근무시간이 유연해져서 다중역할의 수행에 도움을 주는 것, 믿고 맡길 수 있는 아동 양육 환경을 만들어 나가는 것, 역할 모델이나 멘토와 연결해 주는 것, 임금에서 성차별이 없도록 노력하는 것 등의 다양한 맥락 수준에서의 변화를 포함한다.

3 초등학생의 진로발달에 영향을 주는 주요 관계

초등학생의 진로발달은 개인을 둘러싼 관계와 영향을 주고받으며 이루어진다. 여기에서는 부모, 또래, 교사, 상담자와의 관계와 진로발달의 관련성을 기술한다.

1) 부모의 영향

아동의 진로발달에 영향을 주는 부모의 역할은 크게 부모의 사회경제적 지위나 직업과 같은 배경 변인, 부모의 양육 태도와 같은 일반적인 부모-자녀관계 변인, 구체적으로 진로와 관련한 부모행동 변인으로 구분해서 살펴볼 수 있다.

(1) 부모의 배경

부모의 영향에 관한 초기 연구에서는 주로 부모의 직업이나 사회경제적 배경과 같은 배경 변인이 자녀의 진로선택이나 발달에 미치는 영향을 탐색하였다. 부모의 배경 변인에 관한 연구(Whiston & Keller, 2004)에 따르면, 1988년 미국의 국가 교육 종단연구 자료를 분석한 결과 부모의 사회경제적 지위(SES)는 자녀 진로발달의 1% 미만을 설명하였고, 가족 구성, 가족 크기, 부모 교육 수준은 자녀의 진로발달에 중요한 영향이 없었다. 다른 연구에서도 부모의 SES는 청소년 자녀의 진로포부에 의미 있는 영향을 미치고 있다고 보고하고 있어 (Schoon & Parsons, 2002) 부모의 SES와 이에 따른 사회적·경제적 자원에의 접근 가능성은 영향력이 크지는 않지만 자녀의 직업포부와 의미 있게 관련된다고 볼 수 있다.

(2) 부모-자녀 간 상호작용

부모-자녀 간 관계에 관한 연구들은 주로 부모의 양육 방식이나 부모-자녀 간 애착관계가 자녀의 진로발달에 미치는 영향을 탐색하였다. 부모-자녀 간 애착관계나 부모의 양육 태도는 아동기 자녀의 전반적인 발달에 영향을 미치므로 이러한 연장선에서 자녀의 진로발달에도 영향을 미칠 수 있다는 것이다. 초등학교 고학년 대상의 연구에서 부모의 수용적인 양육태도와 정서적 지지가 자녀의 진로성숙도와 관련되고(채유경, 2003), 어머니와의 애착관계가 좋을수록 자녀의 진로자기효능감과 진로성숙이 높아지는 것으로(송은지·공윤정, 2014) 나타났다. 그런데 부모-자녀 간의 좋은 관계나 수용적인 양육 태도 등은 자녀의 진로발달과 관련되기는 하지만 일반적인 좋은 관계가 어떤 방식으로 자녀의 진로발달을 촉진하는지에 대해서는 답하지 못한다. 이런 한계로 인해 최근에는 자녀의 진로와 직접 관련되는 부모의 행동 중 어떤 행동이 자녀의 진로발달에 영향을 주는지에 대한 연구가 이루어지고 있다.

(3) 진로와 직접 관련된 부모 행동

자녀의 진로와 직접 관련된 부모 행동으로는 부모의 진로행동 모델링, 자녀와 진로 관련 활동을 함께하는 것(예, 부모의 직장 방문, 진로체험관에서 다양한 진로를 체험해 보게 하는 것 등), 자녀에 대한 직업기대 및 학업기대, 자녀의 진로발달에 대한 관심과 실제적인 도움을 제공하는 것(예, 요리사가 되고 싶어 하는 자녀에게 요리 학원을 다니게 해 주는 것 등) 등을 들 수 있다.

자녀의 진로와 직접 관련되는 부모의 행동은 정서적 지지와 도구적 지지로 구분하기도 한다. 정서적 지지는 자녀가 원하는 진로에 대해 함께 얘기하면서 심리적으로 격려하고 지지하는 것이다. 이에 반해 도구적 지지는 진로관련 정보의 제공, 원하는 진로와 관련된 학습 기회의 제공, 직업 관련 역할 모델이 되는 것, 진로계획을 함께 의논하면서 계획하는 것 등과 같은 활동을 포함한다(Turner, Alliman-Brissett, Lanpan, Udipi, & Ergun, 2003).

부모의 자녀에 대한 직업기대나 직업가치는 자녀의 직업포부 형성과 직업계획에 영향을 주었으며(Otto, 2000), 자녀의 흥미를 함께 탐색하는 등 부모-자녀가 함께하는 진로활동은 자녀의 진로발달에 도움이 되는 것으로 나타난다(Bryant, Zvonkovic, & Reynolds, 2006). 부모의 진로 모델링과 자녀가 원하는 진로에 대한 격려는 초등학교 고학년 여학생의 진로발달과 관련되었으며, 자녀 진로에 대한 부모의 지지와 격려는 초등학교 고학년 남자의 진로발달과 관련되었다(공윤정, 2008). 자녀의 진로와 관련한 부모 행동은 다양한 관계적 맥락에서 이루어지며 부모-자녀 간 관계가 좋을 때 진로관련한 부모 행동이 효과적일 것으로 가정한다.

2) 또래, 교사, 상담자 등 중요한 타인의 영향

아동이 진로에 대해 관심을 갖고 바람직한 진로태도를 키워나가는 데 또래, 교사, 상담자를 포함한 중요한 타인과의 관계와 역할이 중요하다고 가정한다(Blustein, 2011; Schultheiss, 2007). 초등학교 고학년부터 청소년기까지는 또래가 개인의 학업, 정서발달에 미치는 영향이 증가하는 시기인데, 진로발달에서 또래가 어떤 영향을 미치는지에 대해서는 자세히 탐색한 바가 없다. 다만 또래의 지지가 부족할 때 학업 및 정서에서 어려움을 경험할 수 있으며, 적응적이면서 잘 맞는 친구가 있을 때 학업성취와 진로계획에 도움이 된다고 알려져 있다(Kenny & Medvide, 2013).

교사와 상담자는 아동에게 사회적 지지를 제공하는 중요한 원천이 될 뿐만 아니라 다양한 진로정보 제공, 아동이 즉시적 환경에서 접하기 어려운 역할 모델에의 노출, 진로관련 체험학습 등의 활동을 통해 진로경험을 제공하는 조력자가 될 수 있다. 특히 교사와 학교상담자는 아동이 가족 및 지역사회에서 진로 관련한 심리적 · 도구적 지지를 얻기 어려울 때 적절한 개입을 통해 즉시적 환경에서의 결핍을 보완해 주는 역할을 할 수 있다. 초등학교에서 담임교사와 상담자는 아동에게 효과가 있다고 밝혀진 다양한 진로프로그램들을 실시하여 아동의 진로발달을 돕고, 부모가 아동의 진로발달에 관심을 갖고 바람직한 방식으로 아동과 상호작용할 수 있도록 개입할 수 있다(오해영 · 공윤정 · 김영화, 2012).

4 빈곤, 다문화, 성역할과 초등학생의 진로발달

아동의 사회경제적 배경 및 문화적 배경은 자주 접하는 직업의 종류, 지불 가능한 교육 및 훈련 비용, 직업을 정하는 기준 등에 영향을 준다. 여기에서는 진로발달과 밀접하게 관련되는 빈곤, 다문화, 성역할과 초등학생의 진로발달의 관계를 기술한다.

1) 빈곤과 초등학생의 진로발달

빈곤한 가정에서 자란 아동에게는 가난으로 인해 공부보다 더 급하게 해결해야 할 일이 생기기 쉽고, 건강이나 학업 문제를 경험하기 쉬우며, 낮은 학업성취는 낮은 교육포부나 직업포부와 관련되어 낮은 직업성취로 이어질 가능성이 있다(Juntunen, Ali, & Pietrantonio, 2013). 아동과 청소년이 원하는 직업을 갖기 위해 필요한 교육이나 훈련 비용을 부담하기 어렵다고 여길 때, 원하는 직업에 대한 가족이나 친구의 지지가 없을 때, 특정 직업에 대한 진로장벽을 높게 지각할 때, 직업포부가 낮아지는 경향이 있다고 알려져 있다(Rojewski, 2005).

진로와 관련하여 포어드와 브라운(Fouad & Brown, 2000)은 차별적 지위 정체성(Differential Status Identity, DSI) 개념을 제시했는데, DSI는 사람들과 비교해 자신이 경제적 자원이나 사회적 힘과 지위에 접근할 수 있는 정도에 대한 내면화된 지각을 뜻한다. 성별, 인종, 다문화적 배경 등에 따라 쉽게 사용 가능한 자원에 차이가 있고, 차이에 대한 지각은 개인의 진로발달과도 관련된다는 것이다. 이용 가능한 사회적·경제적 자원이 부족할 때 이는 진로미결정으로 이어질 가능성이 크다(Fouad & Brown, 2000). 빈곤이 낮은 학업성취로 이어지고 낮은 학업성취가 낮은 직업성취로 이어지기 쉽다면, 진로교육에서도 초등학교 시기 취약계층 아동의 학업성취 향상에 초점을 두어 학업성취의 변화가 진로포부의 변화로 이어질 수 있도록 돕는 것이 빈곤한 아동의 진로제약을 줄이는 한 가지 방법이 될 수 있다.

2) 다문화와 초등학생의 진로발달

다문화적 배경과 진로발달과의 관계에 관한 초기 연구에서는 인종이나 민족, 성별 등이 개인의 진로발달과 관련되는지를 주로 탐색하였다. 이러한 연구는 인종/민족, 성별, 성적 지향 등에 따라 소수자 집단은 진로 선택과 결정에서 더 큰 어려움과 제약을 경험할 것이라는 가정에 근거한다.

미국에서 백인, 아시아계, 히스패닉계, 아프리카계 등 서로 다른 인종과 민족 배경이 그 집단에 속한 개인의 진로발달과 관련되는지를 탐색한 연구가 진로발달에서 다문화 연구의 시작이라고 볼 수 있다. 연구 결과를 보면 대체로는 특정한 인종이나 민족 배경의 진로발달에 대한 영향은 개인의 사회경제적 지위(SES)의 영향과 혼재되어 나타나는 것으로 보인다(Howard et al., 2011). 하워드 등의 연구에서 학생들의 진로포부는 학생의 인종/민족 배경에 따라 차이가 있지만 이러한 집단 간 차이는 학생의 사회경제적 지위와의 상호작용에 따라 달라진다는 것이다. 아시아계 학생들의 직업포부 평균이 백인들의 직업포부 평균보다 높지만, 사회경제적 지위가 낮은 집단만을 대상으로 하면 아시아계와 백인의 직업포부 평균이 비슷해 진다. 따라서 인종/민족간 진로포부의 차이가 있다고 할 때 이러한 차이는 사회경제적 배경이나 성별과 같은 다른 변인의 영향과 혼재되어 나타나 인종/민족에 따른 집단 간 차이가 있는지를 결론내기는 어렵다(Howard et al., 2011).

국내에서 다문화 연구는 주로 국제결혼가정 자녀, 외국인 가정, 탈북자 가정의 아동을 대상으로 한다. 초등학교에 재학 중인 다문화 학생은 2016년 73,912명으로(한국교육개발원, 2016) 2013년에 비해 거의 2배 가까이 증가한 것을 확인할 수 있다. 다문화 가정의 학생들은 한쪽 부모 혹은 양쪽 부모의 한국어 능력 부족으로 학생 자신도 의사소통 문제를 경험할 수 있으며, 이에 따른 학업 문제, 진로에 대한 관심이나 진로효능감의 부족 등이 나타나기도 한다(류성창·김성기·김재우, 2015). 국내 다문화가정 학생들은 다문화적 배경과 가난, 사회적 관계망의 부족 등이 복합적으로 작용해 진로 관련한 역할 모델의 부족 등을 경험하였다(전세경 외, 2017). 다문화 배경의 학생이 다양한 진로제약을 경험할 때 이를 보완하기 위한 한 가지 방법은 학교에서 이들을 대상으로 직업정보 제공, 역할 모델의 확대, 이중 언어를 사용하는 능력 등 잠재력의 개발을 통한 직업 자기효능감의 증진 등을 체계적으로 돕는 것이다(전세경 외, 2017).

3) 성역할과 초등학생의 진로발달

성별이 진로발달과 진로선택에 미치는 영향은 오랫동안 관심을 받아 온 주제이다. 갓프레드슨(1981, 2002)은 사회에는 직업의 성유형이 존재하며, 이에 따라 직업을 남자직업이나 여자직업으로 구분한다고 가정하였다. 아동기 초기에 이미 직업의 성유형에 따라 직업을 평가하고, 자신의 성역할과 직업의 성유형이 맞지 않을 때 이러한 직업을 미래의 직업대안에서 제외한다는 것이다. 초등학생들은 1학년 때부터 직업포부에서의 성별 차이가 나타나고 이러한 차이는 초등학교 고학년 시기에도 유지되었다(박열매,

2011). 초등학교 고학년은 저학년에 비해 직업포부에서 드러나는 성역할이 덜 제한적이라는 결과(Auger, Blackhurst, & Wahl, 2005)도 있지만, 이들이 어떤 직업을 원하거나 제외하는 이유가 자신의 성별과 맞지 않아서라고 응답한 결과(Trice et al., 1995)를 보면 성역할과 직업의 성유형의 일치 여부는 진로포부에 영향을 미치는 중요한 변인임을 알 수 있다.

성역할과 진로선택의 관련성은 진로자기효능감과 관련해서도 지속적으로 탐색되었다. 남자에 비해 여자는 수학이나 과학 영역에서 자기효능감이 낮게 형성되는 경우가 많으며, 수학/과학 영역의 낮은 자기효능감은 낮은 흥미로 연결되어 결국 수학/과학 영역의 전공이나 직업 선택을 회피하는 결과로 이어지기 쉽다(Betz, 2005). 진로선택에서도 여학생들은 일과 가족의 양립과 같은 다중 역할에 대한 갈등, 능력을 최대한 발휘할 수 있는 직업 대신에 '여자의 직업으로 이 정도면 충분한 직업'을 선택하는 등 성별과 관련된 특징이 드러난다.

따라서 초등학교 시기에는 학교나 가정에서 아동의 성역할 사회화가 어떤 방식으로 이루어지고 있는지, 직업에 대한 성별 고정관념이 형성되고 있지는 않은지를 확인하고 아동의 직업포부가 성역할에 의해 엄격하게 제한되지 않도록 돕는 것이 바람직하다. 초등학교 시기에 부모나 교사가 수학/과학 영역에서 학생의 성별에 따라 차별적인 학업기대를 한다면 이는 수학/과학에서의 학업성취에 대한 격려의 정도 및 학생의 실제 성취로 이어질 수 있기 때문에 주의가 필요하다. 직업정보를 다룰 때에도 직업의 성유형에 대한 인식이 어떠한지, 성유형 인식이 특정 직업을 선택하거나 제외하는 데 영향을 주는지를 함께 탐색해 볼 것을 제안한다.

학생의 능력이나 흥미와 일치하는 직업인데도 그 직업이 남자직업 혹은 여자직업이라는 이유로 진로대안에서 제외되고 있다면, 실제 성별 구성에 대한 진로정보 제공, 자신과 다른 성별의 종사자가 많은 직업을 택할 때의 장·단점의 탐색 등을 통해 단순히 자신의 성역할-직업의 성유형의 불일치로 잠정적으로 좋은 직업이 아동의 진로대안에서 제외되지 않도록 도움을 주는 것이 바람직하다. 특히 여학생이 여성의 비율이 낮은 진로를 선택할 때, 부모나 교사, 친구 등 주변인의 지지가 진로선택 및 선택한 진로를 지속적으로 준비하고 유지하는 데 중요하다는 연구 결과(Ericksen & Schultheiss,

2009)는 진로교육의 방향에 대한 시사점을 제공한다고 볼 수 있다.

5 결론

초등학교 시기 진로발달에서 부모, 사회경제적 배경, 인종이나 민족, 문화와 같은 맥락적 변인들은 개인의 심리 내적 특성과 상호작용하면서 진로발달에 영향을 미친다. 제한타협이론이나 사회인지진로이론과 같은 기존의 진로이론이 맥락적 변인을 개인의 심리 내적 변인의 발달에 영향을 주는 이차적인 요인으로 간주한 반면, 최근의 진로이론들은 관계와 문화와 같은 맥락적 요인이 심리 내적 변인과 밀접하게 상호작용을 하면서 영향을 주고받는 관계로 가정한다.

이 장에서는 맥락을 주요 변인으로 다루고 있는 최근의 진로이론 혹은 관점 중 관계문화적 패러다임(Schultheiss, 2007), 직업관계이론(Blustein, 2011), 진로구성이론(Savickas, 2005, 2013), 진로발달에 대한 생태학적 관점(Cook, Heppner, & O'Brien, 2002)을 제시하였다. 이러한 이론과 관점들은 직업만족보다는 개인이 구성하는 직업의 의미나 중요성 등을 중요한 개념으로 다루면서, 직업의 의미나 중요성은 관계적 문화적 맥락에서 형성된다는 점을 강조한다. 관계적 문화적 맥락은 그 자체가 직업의 의미를 구성하는 주요 요소 중 하나로 다루어진다.

최근 진로이론 중 진로구성이론이 진로상담에 적용되어 진로상담 매뉴얼이나 진로상담 비디오 자료로 제작·활용되는 것을 제외하면, 다른 이론들은 개념적인 모델로 발표된 후 제한적으로만 경험적인 연구가 수행되었다. 일의 의미 및 중요성에 상호영향을 주고받는 관계적 문화적 변인을 이해하기 위해서는 관계 자체와 관계의 문제를 규명하는 용어의 개발 및 관계 개입 전략에 대한 연구가 필요하다(Schultheiss, 2007). 이론들을 진로 상담 및 교육에 적용하기 위해서는 이론의 가정에 대한 경험적인 연구, 상담 실제에의 적용 전략, 상담의 성과 등에 대한 후속 연구가 요청된다.

초등 시기 진로발달에 있어 부모의 영향, 빈곤, 다문화, 성역할 등의 맥락이 진로발달에 미치는 영향에 대한 연구는 비교적 탈이론적으로 진행되어 왔다. 아동들은 빈곤이나 다문화적 배경, 성역할 등으로 인해 진로기회가 제한되거나 더 높은 진로장벽을 경험하는 것으로 나타난다. 진로 교육 및 상담에서는 아동이 경험하는 제한적인 기회나 이용 가능한 자원의 부족 등을 보상할 수 있는 보다 호의적인 진로발달 환경을 구축해 나가도록 도울 수 있다.

학습문제

1. 자신이 현재 하는 일의 의미와 중요성을 생각해 보고, 일의 의미와 중요성에 영향을 주는 사회문화적 맥락은 무엇인지 논의해 보시오.

2. 초등학생의 진로발달을 촉진할 수 있는 부모의 태도, 행동, 역할은 무엇인지 논의해 보시오.

3. 성역할, 빈곤, 다문화와 같은 배경 변인이 진로발달에 미치는 부정적 영향을 최소화할 수 있도록 학교 진로 상담 및 교육에서 개입할 수 있는 방안을 제시해 보시오.

참고문헌

공윤정(2005). Holland이론의 문화적 적합성에 관한 이론적 고찰. 상담학연구, 6(4), 1225-1244.

공윤정(2008). 부모의 지지, 아동의 내외통제성과 아동의 진로발달의 관계. 초등교육연구, 21(3), 223-242.

공윤정, 박한샘(2009). 아동의 진로발달과 영향 요인. 진로교육연구, 22(2), 79-100.

남부현, 최충옥(2012). 다문화가정 학생의 진로발달에 관한 연구: 초등학교 학생을 중심으로. 진로교육연구, 25(3), 117-137.

류성창, 김성기, 김재우(2015). 다문화·탈북 학생들의 진로교육 및 취업지원 강화 방안에 대한 연구. 서울: 교육부.

박열매(2011). 초등학생의 학업성취, 자아존중감, 부모의 학력과 직업포부의 관계. 초등상담연구, 10(1), 95-107.

서옥형, 황매향(2016). 초등학교 고학년 남녀 아동의 가정의 사회경제적 지위에 따른 직업포부 수준의 차이. 아시아교육연구, 17(4), 63-82.

송은지, 공윤정(2014). 초등학생의 모애착과 진로성숙의 관계에서 진로자기효능감의 매개효과. 초등상담연구, 13(2), 231-244.

오해영, 공윤정, 김영화(2012). 초등학생과 부모를 위한 진로집단상담 프로그램 개발. 초등교육연구, 25(4), 211-237.

전세경, 김주성, 임혜광, 정상하, 최윤아(2017). 다문화학생 진로·진학 지도를 위한 교사용 매뉴얼. 서울: 국가평생교육진흥원.

채유경(2003). 초등학생의 진로성숙에 영향을 주는 변인분석. 상담학연구, 4(3), 545-561.

한국교육개발원(2016). 2016 교육통계 주요지표 포켓북. 서울: 저자.

Auger, R. W., Blackhurst, A. E., & Wahl, K. H. (2005). The development of elementary-aged children's career aspirations and expectations. *Professional School Counseling, 8*, 322-329.

Betz, N. E. (2005). Women's career development. In S. D. Brown and R. W. Lent (Eds.). *Career development and counseling: Putting theory and research to work.* (pp. 253-277). Hoboken, NJ: John Wiley & Sons.

Blustein, D. L. (2011). A relational theory of working. *Journal of Vocational Behavior, 79*, 1-17.

Bryant, B., Zvonkovic, A. M., & Reynold, P. (2006). Parenting in relation to child and adoloescent vocational development. *Journal of Vocational Behavior, 69*, 149-175.

Cook, E. P. (2012). *Understanding people in context: The ecological perspective in counseling*. Alexandria, VA: American Counseling Association.

Cook, E. P., Heppner, M. J., & O'Brien, K. M. (2002). Career development of women of color and white women: Assumptions, conceptualization, and interventions from an ecological perspective. *The Career Development Quarterly, 50*, 291-305.

Ericksen, J. A., & Schultheiss, D. E. P. (2009). Women pursuing careers in trades and construction. *Journal of Career Development, 36*, 68-89.

Fouad, N. A., & Brown, M. T.(2000). The role of race and social class in development: Implications for counseling psychology. In S. D. Brown & R. W. Lent (Eds.), *Handbook of counseling psychology* (3rd ed., pp. 379-408). New York, NY: Wiley.

Gottfredson, L. S. (1981). Circumscription and compromise: A developmental theory of occupational aspirations. *Journal of Counseling Psychology, 28*, 545-580.

Gottfredson, L. S. (2002). Gottfredson's theory of circumscription, compromise, and self-creation. In D. Brown, & Associates (Eds.). *Career choice and development* (4th ed., pp. 85-148). San Francisco, CA: Jossey-Bass.

Holland, J. L. (1997). *Making vocational choices: A theory of vocational choices and work environments* (3rd ed.). Odessa, FL: Psychological Assessment Resources.

Howard, K. A. S., Carlstrom, A. H., Katz, A. D., Chew, A. Y., Ray, G. C., Laine, L., & Caulum, D. (2011). Career aspirations of youth: Untangling race/ethnicity, SES, and gender. *Journal of Vocational Behavior, 79*, 98-109.

Jung, A-K, Heppner, M. J. (2015). Work of full-time mothers: Putting voice to the relational theory of working. *The Career Development Quarterly, 63*, 253-267.

Juntunen, C. L., Ali, S. R., & Pietrantonio, K. R. (2013). Social class, poverty, and career development. In S. D. Brown & R. W. Lent (Eds.). *Career development and counseling: Putting theory and research to work* (2nd ed., pp. 245-274). Hoboken, NJ: John Wiley & Sons.

Kenny, M. E., & Medvide, M. B. (2013). Relational influences on career development. In S. D. Brown & R. W. Lent (Eds.). *Career development and counseling: Putting theory and research to work* (2nd ed., pp. 329-356). Hoboken, NJ: John Wiley & Sons.

Lent, R. W., Brown, S. D., & Hackett, G. (2000). Contextual supports and barriers to career choice: A social cognitive analysis. *Journal of Counseling Psychology, 47*, 36-49.

Otto, L. B. (2000). Youth perspectives on parental career influence. *Journal of Career Development, 27*, 111-118.

Rojewski, J. W. (2005). Occupational aspirations: Constructs, meanings, and application. In S. D. Brown, and R. W. Lent (Eds.), *Career development and counseling: Putting theory and research to work.* (pp. 131-154). Hoboken, NJ: John Wiley & Sons.

Savickas, M. L. (2013). Career construction theory and practice. In S. D. Brown & R. W. Lent (Eds.). *Career development and counseling: Putting theory and research to work* (2nd ed., pp. 147-183). Hoboken, NJ: John Wiley & Sons.

Schoon, I., & Parsons, S. (2002). Teenage aspirations for future careers and occupational outcomes. *Journal of Vocational Behavior, 60*, 262-288.

Schultheiss, D. E. P. (2007). The emergence of relational cultural paradigm for vocational psychology. *International Journal for Educational and Vocational Guidance, 7*, 191-201.

Stead, G. B. (2002). Culture and career psychology: A social constructionist perspective. *Journal of Vocational Behavior, 64*, 389-406.

Super, D. E., Savickas, M. L., & Super, C. M. (1996). The life-span, life-space approach to careers. In D. Brown, L. Brooks, & Associates (Eds.), *Career choice and development* (3rd ed., pp. 121-178). San Francisco, CA: Jossey-Bass.

Trice, A. D., Hughes, M. A., Odom, C., Woods, K., & McClellan, N. C. (1995). The origins of children's career aspirations: IV. Testing hypotheses from four theories. *Career Development Quarterly, 43*, 307-322.

Turner, S. L., Alliman-Brissett, A., Lanpan, R. T., Udipi, S., Ergun, D. (2003). The career-related parent support scale. *Measurement and Evaluation in Counseling and Development, 36*, 83-94.

Whiston, S. C., & Keller, B. K. (2004). The influences of the family of origin on career development, *The Counseling Psychologist, 32*, 493-568.

2부

초등학교 진로교육 과정

5장

자존감과 자기효능감의 증진

임경희 · 배기연

아동은 외모, 성격, 능력, 성, 인종, 가정환경 등 어떤 내외적인 조건으로도 판단받지 않고 있는 그대로의 모습으로 인정받고 존중받아야 한다. 그러나 많은 아동들이 자신의 능력을 발휘하는 경우에는 주변의 인정을 통해 성취감과 더불어 자존감을 발달시키는 반면, 그렇지 않은 경우에는 자존감에 손상을 입기도 한다. 초등학교 시기는 대부분의 아동이 에릭슨(Erikson)이 제시한 근면성 대 열등감(industry vs inferiority)의 단계에 놓여 있다. 초등학생들은 특히 학교 장면에서 다양한 성취와 실패를 경험하게 되며, 이에 대한 다양한 피드백을 통해 자기효능감과 자존감을 발달시켜 간다. 이러한 경험은 이후 아동이 어떤 일을 하며 살아갈 것인지 등과 관련된 자아정체감의 형성에 영향을 미치며, 어려움에 봉착했을 때 포기하고 절망하거나 도전하고 노력하는 동력으로도 작용한다는 점에서 자존감과 자기효능감은 아동의 진로발달에 의미 있는 요인이라 할 수 있다.

1 자존감

1) 자존감의 의미

자존감(self-esteem)은 자신을 가치 있고, 사랑받을 만한 존재라고 스스로 믿는 마음이다. 자존감은 '나는 사람들에게 사랑받고 인정받고 있는가?', '나에게는 과연 내가 중요하다고 생각하는 일을 할 수 있는 능력이 있는가?', '나는 다른 사람에게 영향력을 미치고 있는가?' 등과 같은 자신에 대한 긍정적인 신념의 집합이다(Campbell, 1990; Coopersmith, 1967; Rosenberg, 1965). 자존감은 개인과 사회성 발달의 중요한 요인으로서 자기 자신에 대한 총체적인 평가의 결과로 나타나며, 스스로의 가치를 어느 정도로 보는지에 대한 보편적 개념(강진령, 2008)이다.

자존감은 인간의 기본 욕구이자 생존을 위한 결정적 가치로 개인의 다양한 적응기능과 밀접하게 관련되어 있다. 자존감은 안정적인 성격 발달의 기반으로서 대인관계를 원만히 유지시키고, 행복감을 느끼게 하는 필수요건이다. 자존감은 삶의 만족감, 행복감, 심리적 안녕감 및 기타 다양한 발달 영역에 영향을 준다(Campbell, 1990).

자존감이 높은 사람들은 대체로 개방적이고 현실에 충실한 삶을 살며 자신을 신뢰한다. 이런 점에서 긍정적인 자존감의 형성은 아동의 삶에 매우 중요하다. 자존감이 높은 사람은 자신을 자랑스럽고 유능하며 가치 있는 존재라고 생각하고, 타인과 원만한 관계를 형성하며, 매사에 자신감 있는 태도로 진취적이고 활력 있는 삶을 살아간다. 자존감 욕구는 아동기와 청소년기에 강력하게 나타나는 인정과 지지, 소속감에 대한 욕구와 더불어 심리적 안정감과 자신감에 영향을 줌으로써 청소년의 성장, 발달 및 자아정체감 형성과 자아실현에 상당한 영향을 준다(이차선, 2000).

2) 자존감의 발달과 영향 요인

아동의 자존감은 개인의 기질 및 특성, 가정환경, 학업성적, 또래의 반응, 교사의 반응 등 다양한 요인에 의해 영향을 받는다. 자존감은 유아기에는 양육자에 의해 기본적인 틀이 형성되지만 그 후에는 양육자뿐만 아니라 교사나 또래처럼 자신에게 의미 있는 사람들에 의해 변화될 수 있다. 즉 자존감은 일정한 시기에 형성되어 고정되는 것이 아니라 다양한 경험과 발달 과정을 겪으면서 지속적으로 변화하고 발달한다(Leary & Baumeister, 2000).

자존감에 영향을 주는 개인 내적 요인에는 '자신에 대한 평가'와 '인지능력'이 있다(Mussen, Conger, Kagan, & Huston, 1990; Rosenberg, 1965). 자신에 대한 평가는 성취경험으로부터 생기며, 스스로 어떤 일을 성공적으로 해결하고 풀어나간 경험이 쌓이면 자신에 대한 평가도 높아진다. 또한 '인지능력'은 학업성취와 문제해결 경험을 통해 아동의 자존감에 영향을 준다. 따라서 아동에게 학업성취만이 강조되는 경우 학업성취가 낮은 아동의 자존감은 낮아질 수 있으므로 학업뿐 아니라 다양한 영역에서 성취경험을 할 수 있는 기회가 제공되는 것이 바람직하다.

자존감에 영향을 주는 외적 요인 중 가족으로부터 받는 지지는 아동과 청소년이 긍정적인 자존감을 갖는 데 영향을 주며(심승원, 2001), 학교의 분위기, 학급의 전반적 분위기, 교사의 태도, 또래의 반응 등도 자존감 형성에 영향을 주는 요인이라고 할 수 있다.

초등학교 시기를 거치면서 아동은 여러 형태로 자존감의 변화를 겪는다. 아동은 초등학교에 입학해서 학업과 관련된 경험을 하면서 자존감이 급격히 떨어지기 시작한다. 아동은 다른 아이들과 비교해서 자신의 성취를 평가함으로써 긍정적 또는 부정적 자아개념을 갖게 되며, 고학년 이후에는 자신의 모습에 대한 모순적인 생각이 심해지면서 '어떤 것이 자신의 진정한 모습인가'를 고민하기도 한다. 청소년기는 자아의식이 급격하게 높아지는 동시에 타인이 자신을 어떻게 보는지에 대해 예민해지며, 역할기대의 갈등, 급격한 신체 성숙, 복잡해지는 또래 또는 이성관계 등으로 자존감이 일시적으로 감소되기도 한다. 이후로도 자존감은 생애 발달의 중요한 단계나 사건에 따라 계속해서 변화된다.

2 자기효능감

1) 자기효능감의 의미

자존감과 함께 개인의 다양한 행동에 영향을 미치는 자기 관련 인식 중 또 하나의 대표적 개념은 자기효능감이다. 자기효능감(self-efficacy)은 개인이 주어진 상황에서 어떤 행동을 하는 데 필요한 동기와 인지차원 및 행동절차를 얼마나 잘 발휘할 수 있는가에 대한 자신의 판단 또는 신념을 말한다(Bandura, 1977). 즉 자기효능감은 자신의 능력이 아니라 자신의 능력으로 어느 정도를 수행할 수 있는가에 대한 스스로의 믿음이라고 할 수 있다. 자기효능감은 자존감과 유사하게 사용되기도 하지만 자존감이 자신의 가치에 대한 판단이라면 자기효능감은 특정 행동에서의 자신에 대한 신념이라는 점에서 개념을 달리한다(Bandura, 1977). 즉 자기능력에 대한 보다 구체적 인지, 신념, 판단(박미진, 1999)이 자기효능감이라고 할 수 있다. 자기효능감을 자신감과 비교해 보면, 자신감은 믿음 또는 확신의 강도를 의미할 뿐 인지된 능력의 구체화된 수준을 의미하지는 않지만 자기효능감은 그 믿음의 강도와 더불어 인지된 능력의 구체화된 수준이 포함된다.

어떤 행동을 할 경우 어떠한 결과를 가져올 것이라는 사실을 인지하더라도 수행 행동을 하도록 결정적 영향을 미치는 것은 자기효능감에 의한 개인의 예측이다(Betz & Luzzo, 1996). 즉 성과를 달성하기 위해 어느 정도의 노력을 들여야 하는지에 관한 예언적 판단인 자기효능감이 개인으로 하여금 그 일에 개입하게 하며 일을 수행해 나가게 하는 동력으로 작용한다. 또한 행동으로 옮기려는 동기 없이는 개인의 인지능력이 수행으로 이어질 수 없다. 따라서 자기효능감에 관한 개인의 판단, 즉 자기 신념은 행동의 중요한 기초가 되어 행동 수정 과정, 노력 정도, 의지 및 지속성 등을 결정하는 기준이 된다. 따라서 자기효능감이 높을수록 개인은 많은 노력을 경주하게 되며, 어려운 과업에 도전하고 그 일을 수행해 나가게 된다.

자기효능감은 인격 형성과 학교 적응, 사회성에 영향을 미치며 사회적 행동을 촉진시키고 또래 수용 능력을 증가시킨다(이은숙, 2007; 정옥분, 2005). 자기효능감이 높은 아동일수록 목표지향 시에 노력과 결과가 함께한다는 신념이 높으며(조승우, 1997), 교사의 행동을 긍정적으로 지각한다(강윤정, 2010)는 연구들이 보고되어 있다.

2) 자기효능감의 발달과 영향 요인

자기효능감의 형성과 발달 또한 모든 인성의 기초가 마련되는 초등학교 시기에 이루어진다. 아동기 자기효능감은 이후 성인기와 인생 전반에 걸쳐 건강한 삶을 유지해 나가는 데 있어 중요한 요소로 작용하는데, 자기효능감에 영향을 주는 요인으로는 부모 요인(부모의 양육 행동, 소득 및 학력)과 학교 요인(학생의 교우관계, 성적) 등이 연구되었다(홍향연 · 유태명, 2008).

자기효능감은 성취경험, 대리 경험, 사회적 설득, 생리적·정서적 상태를 통하여 얻을 수 있다(Bandura, 1977). 즉 반복되는 성취경험은 자신의 과제 수행 능력에 대한 믿음에 영향을 주어 자기효능감을 성숙시키며, 자기와 비슷한 타인의 성공경험을 보거나 상상하는 것과 같은 대리 경험을 통해서도 자기효능감이 상승될 수 있다. 또한 사회적 설득 또는 언어적 설득으로 부모나 교사, 또래를 통하여 자신의 능력에 대한 지지를 얻는 경우에도 자기효능감이 상승할 수 있다. 결국 자기효능감은 자신의 수행 능력에 대한 믿음으로서 인격 형성과 사회성에 영향을 미치며, 이러한 자기효능감은 환경적 자극, 즉 교육적·사회적 자극을 통하여 향상될 수 있다.

3 자존감 및 자기효능감과 초등학생의 진로발달

초등학교 시기는 자아인식 및 진로인식 단계라고 할 수 있다. 이 시기 진로발달의 주요 과업은 자신에 대해 이해하고, 직업의 역할, 사회에서 일의 역할과 의미, 사회적 행동 그리고 책임 있는 행동을 학습하고 경험하는 것이다(김봉환·정철영·김병석, 2006). 긴즈버그(Ginzberg, 1972)의 직업발달이론에 의하면 초등학교 시기는 무엇이든 되고 싶은 것은 될 수 있다고 믿는 환상기와 직업선택에 있어 흥미, 능력, 가치와 같은 주관적인 요소가 고려되기 시작하는 잠정기에 해당되며, 특히 초등학교 고학년은 흥미를 제일 중요하게 여기는 단계에 속한다. 수퍼(Super, 1974)는 초등학교 시기를 자아개념과 관련된 흥미, 능력, 가치 등의 발달로 특징지어지는 성장기(출생~14세)라고 보고, 이를 세분화하여 직업적 선호와 포부의 결정에 자신의 흥미를 중요시하는 흥미기(7~11세), 능력을 중시하는 능력기(11~14세)로 구분하였다. 터크만(Tuckman, 1965)은 자아인식, 진로인식 및 진로의사결정이라는 주요 요소를 포함하는 8단계 진로발달 이론을 제시하면서 이 가운데 1단계에서 5단계까지를 초등학생의 진로발달 수준과 과업에 초점을 맞춤으로써 초등학교 시기의 자아인식과 진로인식에 중요한 의미를 두었다.

즉 이 시기에는 직업세계와 진로선택 근거에 대한 이해를 바탕으로 진로결정과 진로수행에 대한 자신감을 높여주는 것이 중요하다. 초등학생 시기는 주어진 과업이나 행동을 성공적으로 성취하기 위하여 필요한 능력이 자기 자신에게 있다고 생각하는 믿음의 정도를 나타내는 진로자기효능감을 형성하는 기반이 된다는 점에서 중요하다.

자존감은 진로포부에 긍정적인 영향을 미친다. 즉 자신에 대해서 긍정적으로 자각할수록 직업적 포부수준이 높게 나타난다. 특히 학업적 자존감은 진로포부에 긍정적인 영향을 준다(Farmer, 1985). 자존감이 높을수록 자신의 진로에 대해 긍정적인 자세를 보이며 진로결정에 적극적이다(박용두 · 이기학, 2008). 자존감이 높은 학생들은 자신의 발전을 위해 좀 더 의식적으로 행동하며 자신들의 진로유형을 인식하고 실행한다. 하지만 자존감이 낮은 학생들은 동기부여와 의사결정에 있어서 보다 큰 어려움을 느끼며 자신이 바람직하지 않다거나 가치가 없다고 판단하기도 하며, 동등한 능력을 가지고도 자신이 수행한 업무에 대해서 만족스럽게 여기지 못하는 경향이 있다(김희진, 2001).

또한 자기효능감은 직업 활동을 수행할 수 있는 자신감과 관련되어 진로결정의 중요한 예측변수로 작용한다. 반두라의 사회학습이론을 진로의사결정에 적용한 사회인지진로이론에서는 자기효능감이 장애와 맞설 때 얼마나 노력하고, 밀고 나가며, 생각하고, 느끼는지를 결정할 뿐만 아니라 개인이 어떤 활동과 환경을 선택할 것인가를 결정한다고 가정한다(김봉환 외, 2013). 자기효능감은 이전의 학습경험을 통해 형성된 인지과정이 직업적인 행동에 어떻게 영향을 미치는지를 설명해 주는 대표적인 변인이다. 자기효능감이 높은 개인은 도전적이고 구체적인 목표를 선택하지만, 자기효능감이 낮은 개인은 자신의 능력을 넘는 위협적인 상황을 피하려 하고 자신이 통제할 수 있다고 생각하는 상황만을 선택하고 행동한다.

즉 일반적인 자기효능감은 개인의 수행 수준을 어느 정도 예측할 수 있는 동기 변인으로 기능할 수 있다(김아영, 1997; 이현주, 2012). 자기효능감이 높은 청소년은 스스로 진로를 선택하는 능력을 가지고 있으며 직업에 들어가기 위해 교육, 훈련 등의 요구사항을 더 잘 이수할 수 있는 능력을 가지고 있지만, 자기효능감이 낮은 청소년은 진로선택의 폭이 제한되어 있고, 진로에 대한 애착이 낮다(Lent, Brown, & Hackett, 1994). 자기효능감은 진로결정수준의 강력한 예언 변인으로서(Betz & Voyten, 1997), 자기효능감이 높은 사람은 그들이 수행해야 할 구체적인 과제에 대한 긍정적인 결과를 시각화하는 경향이 있으며(Lent et al., 1994), 이는 목표달성에 초점을 맞추고 자신이 선택한 진로를 결단성 있게 실천하도록 이끈다.

아동이 건강한 자존감과 자기효능감을 발달시킬 수 있도록 하기 위해서는 학교와 가정을 포함한 사회 모두가 다양한 삶의 모습을 인정하고 존중하며 이러한 태도를 학생들에게 교육하는 것이 무엇보다 중요하다. 이를 위해서는 학업 활동과 관련된 성취 기회에서뿐만 아니라 학생 개개인의 개성만큼이나 다양한 영역에서 성공을 경험할 기회를 제공하고 이를 격려해야 한다.

더불어 사회인지진로이론의 상담 모형에서 제시하는 자기효능감 향상을 위한 전략을 학교 진로교육 장면에서도 활용해 볼 수 있다. 즉 능력이 있으면서도 자기효능감이 낮아 진로 희망이나 포부, 목표가 낮고 진로대안을 폭넓게 고려하지 못하는 학생의 경우 이들이 가지고 있는 잘못된 자기효능감을 변화시킬 수 있도록 돕는 것이 필요하다. 즉 새로운 성공경험을 하게 하거나, 과거의 경험을 재해석하거나, 재귀인에 도움이 되는 구체적 자료를 수집하거나 제시할 수 있다(Brown & Lent, 1996). 여기에서 중요한 것은 성공한 것을 학생 스스로 성공경험으로 지각해야 한다는 것이다. 이는 과거의 경험을 재해석하는 경우에도 마찬가지이다. 교사는 학생이 수행해 낸 결과들을 다시 인식하게 하고, 얼마나 잘했는가가 아니라 얼마나 진전을 이루어 냈는가에 대해 스스로 강화할 수 있도록 도와야 한다. 또한 자기효능감이 낮은 학생의 경우에는 성공경험을 하게 된 원인이 과제가 쉬워서 또는 노력을 했기 때문이라고 귀인하는 것이 아니라 자신의 능력에 적절하게 귀인할 수 있도록 도울 필요가 있다. 즉 자기효능감의 증진을 위해서는 자신의 능력을 정확하게 볼 수 있도록 돕는 것이 중요하다.

끝으로 김영숙과 이재연(1993)이 아동의 자존감 향상을 위해 제안한 내용 가운데 학교 진로교육 장면에서도 활용해 볼 수 있는 내용을 살펴보면 다음과 같다.

- 집단 모임에서 다른 아동들에게 그 아동의 장점을 돌아가면서 이야기하도록 한다.
- 아동이 하고 싶은 것과 성취하고 싶어 하는 것이 무엇인지 서로 토론해 본다.

- 아동과 함께 있는 성인에게 아동의 장점 목록을 쓰게 한다.
- 아동에게 자신에 대한 긍정적인 생각을 10가지 정도 적게 한다.
- 경청해 주며 아동에게 문제해결 기술을 가르친다.
- 새로운 분위기에서 새로운 행동을 연습하게 한 뒤 실제 생활에서 시도해 보게 한다.
- 아동의 바람직하지 않은 행동을 받아들이고 비판하거나 판단하지 않는다.
- 아동의 감정과 생각을 이해하기 위해 일기, 그림, 미완성 문장, 이야기 꾸미기, 게임활동 등을 이용하면 많은 도움이 된다.

4 자존감과 자기효능감 증진을 위한 학급 활동

1) 자존감 증진 수업 구성

(1) 자존감 관련 초등학교 진로교육 세부목표 및 성취기준

2015년 초등학교 진로교육 목표의 개정안에서 자존감 및 자기효능감 증진과 관련된 세부목표와 성취기준은 대영역 'Ⅰ. 자아이해와 사회적 역량 개발'에 속하며, 이 대영역은 긍정적 자아개념을 형성하고 자신의 흥미와 적성을 탐색하며 타인을 배려하고 의사소통하는 역량의 기초를 기르는 것을 주요 목표로 하고 있다. 자존감 및 자기효능감 증진 관련 초등학교 진로교육 세부목표와 성취기준은 다음과 같다.

대영역	중영역	세부목표	성취기준
Ⅰ. 자아이해와 사회적 역량 개발	Ⅰ-1. 자아이해 및 긍정적 자아개념 형성	EⅠ 1.1 자신이 소중한 존재임을 안다.	EⅠ 1.1.1 자신을 긍정적으로 받아들이는 태도를 가질 수 있다. (저학년, 중학년 예시)
			EⅠ 1.1.2 가정과 학교 등 여러 환경 속에서 소중히 여기는 생활을 실천할 수 있다. (고학년 예시)

(2) 학년별 활동의 구성 원리

저학년에서는 자존감과 효능감을 증진하기 위해 우선 자신을 긍정적으로 받아들이는 태도를 가지도록 한다. 이를 위해 동기 유발로 "괜찮아" 책을 활용하여 수업을 시작한다. 이후 자신의 부족한 부분을 몸 동작으로 표현해 봄으로써 사람은 누구나 부족한 부분이 있고, 이것은 부끄러운 것이 아님을 알고, 서로에게 괜찮다고 격려하면서 자신을 긍정적인 눈으로 바라보도록 한다.

중학년에서는 저학년에서 실시한 수업에서 더 나아가 좀 더 자신을 자세하게 살펴보는 활동으로 자신의 좋은 점과 친구의 좋은 점을 알고 서로 칭찬하기 수업을 구성하였다. 이를 위해 자신이 바라본 좋은 점과 친구가 말해 준 좋은 점을 통해 자존감을 향상시킬 수 있도록 하였다.

고학년에서는 저학년 때 활용한 "괜찮아" 책을 분석적으로 바라본 후 모둠원 모두 각자 실수한 상황을 한 컷씩 장면으로 꾸민다. 완성된 모둠원의 학습지를 모아 모둠에서 한 권의 책을 만들고, 모둠별로 서로 읽어보기로 활동을 구성하였다. 이 수업을 통하여 향후 학교나 가정에서 자신이 실수했을 때 이번 시간에 배운 수업내용을 생각하며 "괜찮아"라고 자신을 격려하면서 성장하는 발판이 되도록 구성하였다.

2) 자존감 증진 수업의 흐름

(1) 저학년 수업의 예

학습 일시	20 . . . (요일 교시)	대상	1, 2학년	수업자	
학습 주제	자신을 긍정적으로 바라보기	교과	창의적 체험활동		
학습 문제	자신의 부족한 부분을 몸 동작으로 표현하고 친구에게 "괜찮아"라고 말한다.				

학습 단계(분)	교수-학습 활동	자료(▶) 유의점(㊲)
학습 문제 인식 분위기 조성 (6′)	『괜찮아』 동화책 읽어주기	▶『괜찮아』 [최숙희(2005). 서울: 웅진주니어] ㊲『괜찮아』 책 내용을 듣고 누구나 부족한 부분이 있음을 알 수 있도록 한다.
▷ **동기 유발** - 『괜찮아』 동화책 읽어주고 느낀 점 나누기 ▷ **학습 문제 확인** 학습 문제: 자신의 부족한 부분을 몸 동작으로 표현하고 친구에게 "괜찮아"라고 말한다.		
활동 1(15′)	자신의 부족한 부분을 몸 동작으로 연습해 보기	㊲ '자신의 부족한 부분 생각해 보기'는 사전에 과제로 내준다.
- 자신의 부족한 부분을 한 가지씩 생각해 보고 몸 동작이나 말하기로 표현하기 연습을 한다.		
활동 2(15′)	모둠친구들 앞에서 자신의 부족한 부분 표현해 보기	㊲ 각자 발표 시간은 2분을 넘지 않도록 한다. ㊲ 친구가 부족한 부분을 표현할 때 놀리지 않는다.
- 자신의 부족한 부분을 몸 동작 혹은 말을 하면서 표현한다. - 친구가 표현할 때 경청하도록 한다. - 친구의 발표가 끝나면 나머지 모둠원 모두 "OO야, 괜찮아! 부족한 부분은 누구나 있어"라고 대답해 준다.		
정리(4′)	수업 돌아보기	
- 부족한 부분은 누구나 있음을 알도록 한다. - 부족한 부분이 보일 때 마음속으로 "난 이런 것도 잘하는데" 라고 생각하면서 스스로 괜찮다고 말할 수 있도록 노력해 본다.		

■ 학생 읽기 자료

책 속에서 더 찾아봐요!

책제목: 조금 부족해도 괜찮아(2014년 출판)

지은이/ 그림: 베아트리체 알레마냐

번 역: 길미향

출판사: 현북스

이 책에서는 부족해 보이지만 각각 좋은 점이 있는 다섯 친구들이 나와요. 책을 읽어 가다 보면 다섯 친구들이 조금씩 자신의 좋은 점을 찾아가는 과정을 볼 수 있답니다. 어떤 과정을 통해 찾아가는지 궁금하지 않나요?

혹시 여러분은 자신의 부족한 부분만 들여다 보고 있지 않나요? 아니면 친구의 부족한 부분을 놀리고 있지는 않나요? 그래서 친구의 마음도 나의 마음도 아프게 하고 있지 않나요? 친구와 비교하여 부족한 부분 때문에 자신을 싫어하거나 불평하지 않나요?

누구나 부족한 부분도 잘하는 부분도 있답니다. 항상 부족한 부분에 머무르기보다 좋은 부분을 찾아보는 것은 어떨까요? 앞으로는 자신을 더 따뜻하고 긍정적인 눈으로 바라보면 어떨까요? 조금 부족해도 괜찮아!

지도 tip

학생들 모두 장 · 단점을 가지고 있기 마련이다. 그리고 학년이 올라갈수록 친구와 자신의 특성을 비교하여 스스로 힘들어하는 학생이 점점 많아지는 것도 사실이다. 이런 경우 교사는 자신의 단점을 부끄러워하지만 말고, 장점을 더 발전시킬 수 있도록 학생을 격려해야 한다.

이런 활동의 예를 들면 "나를 살펴보기" 학습지를 배부하고, 한 달 동안 친구와 가족에게 자신의 장점 혹은 잘하는 것이 무엇인지 인터뷰하기, 자신이 주로 듣는 칭찬에 대해 정리하기 등을 과제로 내준다. 한 달 후 자신이 몰랐던 부분, 느낀 점 등을 발표하고, 자신을 긍정적인 눈으로 바라보도록 다짐해 본다.

■ 학습지 예시

나를 자세히 살펴봐요!

___ 학년 ___ 반 이름: ___________
관찰기간: ___ 월 ___ 일 ~ ___ 월 ___ 일

1. 나의 장점을 찾아봅시다(가족, 친구들에게 물어봐요).

1) ______________________________

2) ______________________________

3) ______________________________

4) ______________________________

5) ______________________________

2. 내가 주로 듣는 칭찬을 적어 봅시다.

1) ______________________________

2) ______________________________

3) ______________________________

4) ______________________________

3. 나를 살펴보기 활동을 한 후, 느낀 점을 적어 봅시다.

(2) 중학년 수업의 예

학습 일시	20 . . . (요일 교시)	대상	3, 4학년	수업자	
학습 주제	자신을 긍정적으로 바라보기	교과	창의적 체험활동		
학습 문제	자신의 좋은 점과 친구의 좋은 점을 알고 서로 칭찬한다.				

학습 단계(분)	교수-학습 활동	자료(▶) 유의점(유)
학습 문제 인식 분위기 조성 (5′)	셀프 칭찬하는 동영상 보기	▶ 동영상 ('셀프 칭찬' 검색) ㊌ 잘난 척과 자긍심은 다르다는 것을 설명하고 스스로 칭찬할 수 있도록 격려한다.
▷ **동기 유발** - 셀프 칭찬하는 동영상을 보고 느낀 점을 이야기한다. ▷ **학습 문제 확인** 학습 문제: 자신의 좋은 점과 친구의 좋은 점을 알고 서로 칭찬한다.		
활동 1(10′)	셀프 칭찬하기	▶ 학습지, 원스티커 ㊌ 좋은 점을 찾기 위해 자신을 자세히 관찰하는 시간을 가진다.
▷ **나의 좋은 점은 무엇일까요?** - 나의 좋은 점을 찾고 학습지 활동1에 해당되는 신체 부분에 원스티커를 붙이고 무엇이 나의 좋은 점인지 구체적으로 적어본다.		
활동 2(20′)	친구의 좋은 점 칭찬하기	▶ 학습지, 별스티커 ㊌ 친구가 상처받을 만한 이야기는 하지 않는다. ㊌ 최소한 5명 정도 다른 친구를 만난다.
▷ **교실을 10분 동안 돌아다니면서 만난 친구에게 칭찬해 주기** - 만나면 서로 반갑게 인사한다. "안녕, 나는 OOO야." - 먼저 인사한 사람이 만난 친구의 좋은 점을 칭찬해 주고 학습지 활동 2에 해당되는 신체 부분에 별스티커를 붙이고 좋은 점을 적어준다. - 헤어질 때도 서로 예의 바르게 인사한다.		
정리(5′)	수업 돌아보기	㊌ 자신의 좋은 점을 점점 더 개발해 나가도록 격려한다.
▷ **오늘 활동을 통해 배운 내용 정리하기** - 같은 반 친구들끼리 좋은 점 이야기하기 활동을 통해 느낀 점을 이야기해 본다. - 지금 나의 좋은 점을 더 발전시키기 위해 해야 할 일에 대해 이야기 나누어 본다.		

■ 중학년 활동지

_____ 초등학교 ___ 학년 ___ 반 이름: ___________

활동1 셀프 칭찬하기(원스티커)

① 아래 캐릭터 중에 하나를 고르고, 캐릭터 머리 옆 밑줄에 ∨표시를 합니다.

② 나의 좋은 점을 찾고 좋은 점이 해당되는 캐릭터의 신체 부분에 원스티커를 붙입니다.

③ 원스티커 옆에 어떤 점이 나의 좋은 점인지 구체적으로 적어봅니다.

예 1) 캐릭터의 귀 부분에 원스티커를 붙이고, 스티커 옆에 "친구의 이야기를 잘 들어준다"라고 적는다.

예 2) 캐릭터의 손 부분에 원스티커를 붙이고, 스티커 옆에 "청소를 잘 도와준다"라고 적는다.

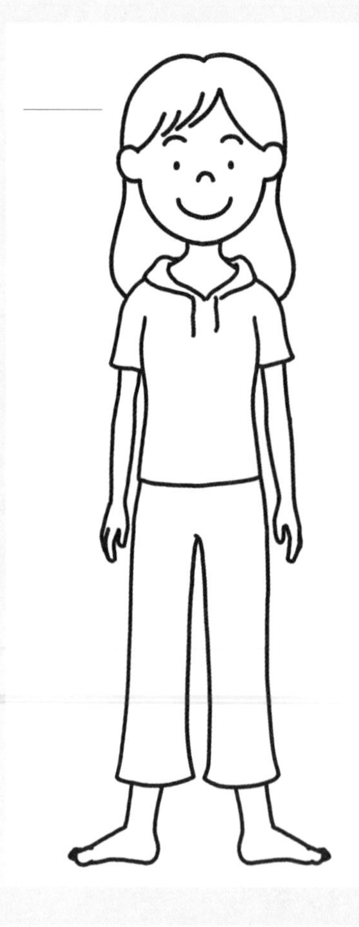

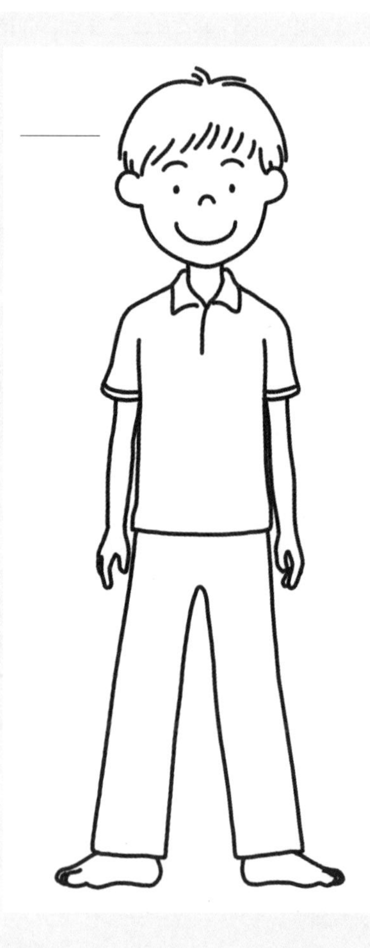

활동 2 친구의 좋은 점 적어주기(별스티커)

① 아래 캐릭터 중에 하나를 고르고, 캐릭터 머리 옆 밑줄에 ∨표시를 합니다.

② 친구와 만나면 반갑게 인사합니다.

③ 친구의 좋은 점 한 가지를 선택해서 칭찬해 줍니다. 만난 친구와 학습지를 교환합니다. 좋은 점에 해당되는 캐릭터의 신체 부분에 별스티커를 붙여줍니다.

④ 친구의 학습지에 붙인 별스티커 옆에 자신이 칭찬했던 말을 적어줍니다.

⑤ 서로 번갈아가면서 한 번씩 적어줍니다. 다 적은 후, 학습지를 친구에게 돌려줍니다.

⑥ 헤어질 때 인사를 하고 다른 친구를 만납니다(최소한 5명은 만나도록 합니다).

■ 학생 읽기 자료

책 속에서 더 찾아봐요!

책제목: 칭찬 먹으러 가요(2012년 출판)

지은이: 고대영

그　림: 김영진

출판사: 길벗어린이

지원이네 가족이 함께 등산을 합니다. 산에 오르면 오를수록 지친 지원이와 병관이는 포기하고 싶지만 뒤에 오시던 아저씨들이 칭찬을 해 주시자 두 친구는 힘을 내어 다시 정상을 향해 올라가는 내용입니다.

여러분도 혹시 하던 일이 어려워서 그 자리에 주저앉아 포기하고 싶어 진 적은 없나요? 아니면 이런 모습을 하고 있는 친구들을 본 적이 있나요? 힘들어 하는 친구들을 볼 때 용기를 내어 친구에게 칭찬 한마디를 하면 어떨까요?

지도 tip

학생이 어떤 것을 잘할 때 교사는 학생에게 칭찬을 한다. 주로 학생의 결과물을 보고 결과론적 측면에서 칭찬을 하는 경우가 많다. 이것도 필요하지만 과정적 측면에서 격려하는 교사의 자세도 필요하다.

그리고 칭찬 주간을 마련하여 짝이나 모둠원을 칭찬하기를 하는 것도 학생 자신을 긍정적으로 바라볼 수 있는 기회가 될 것이다.

(3) 고학년 수업의 예

학습 일시	20 . . . (요일 교시)	대상	5, 6학년	수업자	
학습 주제	가정과 학교에서 나를 소중히 여기기	교과	창의적 체험활동		
학습 문제	‘괜찮아’ 모둠책 만들기를 통해 실수를 할 때 “괜찮아”라고 말할 수 있도록 다짐한다.				

학습 단계(분)	교수-학습 활동	자료(▶) 유의점(유)
학습 문제 인식 분위기 조성(3′)	『괜찮아』 책 들려주기	▶『괜찮아』 (유) 책 내용의 일부를 듣고 이번 시간에 배울 내용과 연결한다.
▷ 동기 유발 - 『괜찮아』 책 내용을 듣고 책의 주제에 대해 이야기해 보기 ▷ 학습 문제 확인 ‘괜찮아’ 모둠책 만들기를 통해 실수를 할 때 “괜찮아”라고 말할 수 있도록 다짐한다.		
활동 1(12′)	『괜찮아』책 내용 분석하기	▶ 모둠별 『괜찮아』책 1권씩, 학습지 (유) 『괜찮아』책을 사전에 읽어 오게 한다.
▷ 책 속 상황, 주제, 느낀 점, 주인공의 특징을 모둠별로 정리 - 모둠원 네 명이 한 가지씩(상황, 주제, 주인공의 특징, 느낀 점) 담당하여 내용을 정리한다. - 정리가 끝나면 모둠원은 각자 맡은 부분을 돌아가며 다른 모둠원들에게 간단히 설명한다.		
활동 2(22′)	우리 모둠만의 ‘괜찮아’ 책 만들기	▶ 32절지 도화지, 8절지 도화지, 풀 (유) 각자 실수하였던 상황은 사전에 과제로 준비해 온다. (유) 모둠원들이 실수하였던 상황이 겹치지 않도록 사전에 조율한다.
▷ 우리 모둠만의 ‘괜찮아’ 책 만들기 - 모둠원 각자 실수한 상황을 정한다. - 32절지 도화지에 실수한 상황을 표현하는 그림을 모둠원 각자 한 개씩 그린다. - 실수한 상황 그림 아래에 “____야, ________해도 괜찮아. 너는 ______________________할 때 멋지단다”라고 적는다. - 8절지 도화지에 다한 순서대로 4장을 붙여서 모둠책을 완성한다.		
정리(3′)	수업 돌아보기	(유) 실생활에서 실수를 통해서 성장하는 것을 배운다.
▷ 오늘 활동을 통해 배운 내용 정리하기 - 실수를 했을 때 “괜찮아”라고 말할 수 있도록 연습한다. - 다른 모둠이 만든 책을 쉬는 시간이나 점심시간에 읽어 본다.		

■ 고학년 학습지

_____ 초등학교 ___ 학년 ___ 반 이름: ___________

활동1 『괜찮아』 책 내용 분석하기

	내용
상황	
주제	
주인공의 특징	
느낀 점	

활동 2 모둠별 '괜찮아' 책 만들기 연습하기

자신이 실수한 상황을 그림으로 그리기
______야, ____________________해도 괜찮아! 너는 ______________________할 때 멋지단다.

■ 학생 읽기 자료

책 속에서 더 찾아봐요!

책제목: 미움받아도 괜찮아(2017년 출판)

지은이: 황재연

그 림: 김완진

출판사: 인플루엔셜

4학년 예서와 함께 나를 찾는 과정이 담겨 있는 책이랍니다.

여러분이 보는 '지금의 나'의 모습은 어떠한가요? 친구들과 경쟁하며 비교하는 작은 내 모습이 보일 때 힘들지는 않나요? 이렇듯 경쟁심이 심한 어린이들은 자신의 가치를 원래보다 낮게 평가하는 경향이 있어요. 이 책을 읽고 여러분 각자의 진정한 가치를 깨닫고 성장할 수 있는 기회가 되었으면 좋겠어요.

책제목: 어린이를 위한 잠재력(내 안에 숨어 있는 힘)(2011년 출판)

지은이: 홍은경

그 림: 박지혜

출판사: 위즈덤하우스

여러분 안에 감추어진 자신의 능력이 궁금하지 않나요?

이 책은 주인공인 재영이가 6학년이 되어 만난 담임선생님의 도움으로 점점 자신의 숨겨진 능력을 발견해 가는 이야기랍니다.

이 책의 주인공처럼 여러분 안에 숨겨진 보석을 발견하는 기쁨을 누릴 수 있으면 좋겠습니다.

지도 tip

- '일주일 동안 한 친구 더 살펴보기' 코너 운영
  1. 교실 뒤에 있는 게시판에 8절지 도화지 한 장을 게시한다.
  2. 8절지 맨 위에 학생 중 한 명을 골라 이름을 쓴다.
  3. 일주일 동안 그 친구를 생각하며 고마운 점, 잘하는 점, 좋은 점 등을 포스트잇에 쓴다. 포스트잇에 위의 내용 중 1~2가지를 골라서 쓰고, 작성자 이름을 쓴다.

〈주의〉

1. 비난하는 글을 쓰지 않는다.
2. 일주일이 지나면 다음 순서의 학생 이름을 쓰고 다시 시작한다.
3. 서로를 알게 된 5월 이후에 시작한다.

■ 교사 읽기 자료

자존감 높여 걸림돌을 디딤돌로

자존감은 자기 스스로가 자랑스럽고 괜찮으며 가치롭다고 느끼는 감정이다. 자신에게 가지는 애착, 사랑, 신뢰, 존중과 같은 것이다. 그래서 자기 자신을 인정하고 인식하며 정당화하기 위해 노력한다. 긍정적인 자기개념은 우리의 생각과 행동에도 영향을 미친다. "삶이 살 만하고 좋다"라고 생각만 해도 삶이 그렇게 될 가능성이 더 많다. 반두라(Albert Bandura)는 자아효능감이라는 말로 자신이 어떤 일을 수행할 때 잘 해낼 수 있다고 스스로에게 믿음과 확신을 주는 능력을 설명한다.

낮은 자존감을 형성하는 배경에는 성장기에 부모의 잦은 비난과 정죄, 불우한 환경으로 인한 정서적인 결핍이나 학대 경험, 트라우마 등이 있다. 부모가 편애하거나 남과 비교해서 자녀를 있는 그대로 수용하기보다는 업적과 능력으로만 인정을 하였다면 그 자녀의 자존감은 낮을 수밖에 없다.

자존감이 낮은 사람은 대인관계에서도 다른 사람을 지나치게 의식하고 행동한다. 매사에 자기확신이 부족하다. 스스로를 의심하며 어떤 상황에서 무엇이 최선인지 결정하지 못하고 과거의 상처까지 끌어올린다. 작은 일에도 열등감으로 예민하게 반응하고 쉽게 화를 내며 시기 질투한다. 다른 사람을 비난, 정죄, 비평, 거부를 잘 한다.

또한 자신이 마음대로 조종할 수 있는 상대를 찾는다. 그래서 의존적인 관계를 유지하려고 한다. 사랑하는 사람을 통해서도 자신의 가치를 드높이려고 하고 상대를 독립된 인격체로 바라보지 못하고 자신이 성장과정에서 받지 못한 애정이나 관심, 인정받지 못한 것, 존중받지 못한 것들을 사랑하는 사람에게서 채우려고 애를 쓴다.

심리치료사 조지 버케이는 자신의 한계에 도전하지 않고 포기하는 사람을 '쇠사슬에 묶인 코끼리'에 비유한다. 서커스단의 코끼리는 어릴 때부터 말뚝에 묶인 쇠사슬에 매여 자라며 서커스 훈련만 받는다. 다 자라서 힘이 세고 충분히 말뚝을 벗어날 수 있게 되어도 코끼리는 말뚝 외의 세상은 존재하지 않는다고 생각한다. 상처가 고통스럽다고 해서 묻어두고 외면하면 코끼리의 쇠사슬이 되어 우리를 옭아맨다. 매일 점심은 다른 것을 먹으려고 하면서 왜 자신의 과거에 얽매여 성장을 지향하지 못하는지 자신의 걸림돌을 디딤돌로 활용할 수 있어야 한다.

자존감을 높이는 방법은 자기편이 되어 끊임없이 자신을 사랑하는 것이다. 나는 나를 좋아하는가? 나의 내면에서 들리는 진짜 욕구와 바람에 귀를 기울여야 한다. 나 자신의 팬이 되어 나를 보살피고 돌보고 성장하도록 해야 한다. 자존감이 높은 사람은 스스로를 부끄럽게 생각하지 않는다. 그의 힘과 에너지는 외부가 아니라 내면으로부터 나온다. 도전에 용기를 내어 직면하고 낯선 경험 앞에서도 두려움을 이겨내고 "나는 할 수 있어"라고 말한다. 그래서 자신의 삶의 목표를 지향하며 어려움도 넉넉히 극복하며 전진할 수 있다. 대인관계에서도 다른 사람들과 신뢰와 안정감을 형성할 수 있다. 또한 모든 사람에게 다 '좋은 사람'으로 남기는 어렵다는 것도 인정하는 사람이다. 새로운 사람을 만나는 것이 두렵지 않고 다른 사람들과 다른 의견을 당당하게 말할 수 있다. 자존감이 높은 사고와 행동은 타인에 공감하고 배려한다. 이 사회를 건강하게 유지시켜주는 활력이 된다.(김혜숙 백석대 교수)

출처: 「인천일보」(2017. 7. 5.)에서 발췌.

참고문헌

강윤정(2010). 교사 행동 및 학급풍토와 아동의 자기효능감. 석사학위논문, 경인교육대학교 교육대학원.

강진령(2008). 상담심리용어사전. 서울: 양서원.

김봉환, 강은희, 강혜영, 공윤정, 김영빈, 김희수, 선혜연, 손은령, 송재홍, 유현실, 이제경, 임은미, 황매향(2013). 진로상담-한국상담학회 상담학총서 6. 서울: 학지사.

김봉환, 정철영, 김병석(2006). 학교진로상담. 서울: 학지사.

김아영(1997). 학구적 실패에 대한 내성의 관련 변인 연구. 교육심리연구, 11(2), 1-19.

김영숙, 이재연 편역(1993). 아동을 위한 상담이론과 방법. 서울: 교육과학사.

김은실, 손현동(2015). 자존감 향상 프로그램-원리와 실제. 서울: 학지사.

김희진(2001). 대학생의 자아정체감이 진로태도성숙과 진로준비행동에 미치는 영향. 사회과학연구, 5, 369-393.

박미진(1999). 고등학생의 자기효능감과 내외통제성 및 진로결정수준과의 관계. 석사학위논문, 홍익대학교.

박용두, 이기학(2008). 사회적 지지, 자존감, 진로포부 간의 성차 모형 검증: 개인자존감과 집단자존감의 매개역할. 한국심리학회지: 여성, 13(3), 263-282.

심승원(2001). 아동이 지각한 사회적 지지와 자존감 및 공격성과의 관계. 석사학위논문, 이화여자대학교.

이은숙(2007). 리더십 코칭 프로그램이 아동의 자아효능감과 주도성 향상에 미치는 효과. 석사학위논문, 남서울대학교 대학원.

이차선(2000). 가정환경, 학교환경, 자존감이 청소년의 자아정체감 형성에 미치는 영향. 백록논총, 2, 109-136.

이현주(2012). 완벽주의와 진로결정수준의 관계에서 자아효능감과 진로결정수준의 관계에서 진로동기의 중재효과. 진로교육연구, 25(4), 199-220.

정옥분(2005). 부모교육. 서울: 학지사.

정윤경, 김가연, 김나라, 방혜진, 이윤진, 김진숙(2015). 학교 진로교육 목표 및 성취기준 개정 연구. 교육부·한국직업능력개발원.

조승우(1997). 초등학교 아동의 목표지향성과 자기조절학습전략 및 자기효능감과의 관계. 석사학위논문, 이화여자대학교 교육대학원.

홍향연, 유태명(2008). 중학생의 진로성숙도에 영향을 미치는 변인 분석-자아정체감을 중심으로. 한국가

정교육학회지, 20(3), 49-64.

Bandura, A. (1977). Self-efficacy: mechanism in human agency. *American Psychologist, 37*(2), 122-147.

Betz, N. E., & Luzzo, D. A. (1996). Career assessment and the Career Decision-Making Self Efficacy Scale. *Journal of Career Assessment, 4*, 313-328.

Betz, N. E., & Voyten, K. K. (1997). Efficacy and outcome expectations influence career exploration and decidedness. *The Career Development Quarterly, 46*, 179-189.

Brown, S. D., & Lent, R. W. (1996). A social cognitive framework for career choice counseling. *The Career Development Quarterly, 44*, 354-366.

Campbell, J. D. (1990). Self-esteem and clarity of the self-concept. *Journal of Personality and Social Psychology, 59*, 538-549.

Coopersmith, S. (1967). *The antecedents of self-esteem*. San Francisco: Freeman.

Farmer, H. S. (1985). Model of career and achievement motivation for women and men. *Journal of Counseling Psychology, 32*(3), 363-390.

Ginzberg, E. (1972). Restatement of the theory of occupational choice. *Vocational Guidance Quarterly, 20*(3), 169-176.

Leary, M. R., & Baumeister, R. F. (2000). The nature and function of self-esteem: Sociometer theory. In M. P. Zanna (Ed.), *Advances in experimental social psychology* (pp. 1-62). San Diego, CA: Academic Press.

Lent, R., Brown, S., & Hackett, F. (1994). Toward a unified social cognitive theory of career academic interests, choice, and performance. *Journal of Vocational Behavior, 45*, 79-122.

Mussen, P. H., Conger, J. J., Kagan, J., & Huston, A. E. (1990). *Child development and personality* (7th ed.). New York, NY: Harper & Row.

Pierce, G. R., Sarason, I. G., & Sarason, B. R. (1991). General and relationship-based perceptions of social support: Are you two constructs better than one? *Journal of Personality and social physiology, 61*(6), 1028-1039.

Rosenberg, M. (1965). *Society and adolescent self-image*. New York, NY: Princeton University Press.

Super, D. E. (1974). Vocational maturity theory: Toward implementing a psychology of careers in career education and guidance. In D. E. Super (Ed). *Measuring vocational maturity for counseling and evaluation* (pp. 9-21). Washington, DC: American Personnel and Guidance Association.

Tuckman, B. W. (1965). Developmental sequence in small groups. *Psychological Bulletin, 63*(6), 384.

6장

직업적 흥미의 탐색과 신장

임경희 · 배기연

일반적으로 아동의 흥미는 학습 상황에서 중요하게 작용하는 요인의 하나이다. 아동의 흥미는 학습에 대한 동기로 작용함으로써 학습 능률에 영향을 미치며 적성이나 학업성취에 의미 있는 영향을 준다. 더불어 아동의 흥미는 진로발달에도 중요하게 작용하는데, 초등학교 시기 아동은 다양한 활동을 통해 자신의 흥미와 취미를 탐색하면서 새로운 활동에 대한 흥미를 찾고 발달시켜 간다. 즉 아동은 이 과정을 통해 진로에 대한 인식을 확장하고, 다양한 일에 대한 자신감을 확립해 간다고 할 수 있다.

아동기는 진로 및 삶에 대한 기대와 포부를 키우는 시기이다. 아동기 진로발달의 특징 중 하나는 현실보다는 호기심과 상상, 공상, 즐거움, 재미를 통해 아동의 욕구가 표현된다는 것이다. 이 시기의 아동은 자신만의 기준과 욕구에 따라 직업에 대한 선호성을 가지며 또한 그 욕구의 변화에 따라 언제든지 변화 가능한 희망을 갖게 된다. 직업과 관련하여 아동의 흥미를 탐색하고 이를 발달시키도록 교육하는 것은 어릴 때부터 자신의 진로발달 방향에 대한 인식을 갖게 하는 데 도움이 될 뿐만 아니라 이후의 진로탐색과 진로성숙에 필수적이다.

1 흥미

1) 흥미의 의미

흥미(interest)는 어떤 종류의 활동 또는 사물에 대하여 특별한 관심이나 주의를 가지게 하는 개인의 일반화된 행동 경향을 말한다(장대운 외, 1996). 즉 개인이 자신에게 잠재적으로 가치 있다고 생각하는 것에 주의를 기울이고 그것을 향해서 나아가려는 일반적인 정서적 특성이다. 따라서 흥미는 어떤 일을 계속적으로 하게 하는 동기적인 성향이 있으며(권석만, 2008), 흥미에 따라 능력과 기술을 발휘하고 태도와 가치를 표현한다는 점에서 볼 때 가치와 관련이 있다. 가치가 자신의 기대나 소망에 기준하여 얼마나 중요한지를 나타내는 것이라면 흥미는 얼마나 좋았느냐에 따른 선호 방식이라고 할 수 있다(김옥희 · 김옥남, 2008).

흥미는 일상적인 용어로 사용될 뿐만 아니라 다양한 영역에서 포괄적인 개념으로 사용되고 있다. 흥미는 긍정적인 정서(즐거움)로 사용되기도 하고, 개인의 선호도나 태도, 가치와 같은 동기적인 신념으로 사용되기도 하며, 호기심과 같은 기질적인 구인으로 다루어지기도 하였다(Ainley & Ainley, 2011; Schiefele, 1999; Silvia, 2006).

학자들 간에 흥미에 대한 통일된 정의는 아직 없지만 정서로 보는 관점과 인지적 · 정서적 요인으로 구성되어 있다고 보는 두 가지 관점으로 나누어 볼 수 있다. 정서로 보는 관점에서는 흥미를 탐색, 주의, 학습과 관련된 정서적인 반응으로 정의하는 반면, 인지적 · 정서적 속성으로 보는 관점에서는 흥미는 개인과 환경의 상호작용을 통해 발생하는 동기적인 개념으로 정의하고 있다(Hidi & Renninger, 2006; Krapp, 2002; Schiefele, 1999).

후자의 경우처럼 개인과 환경의 상호작용을 통해 발생하는 동기적 개념으로 볼 경우, 흥미는 상황적 흥미와 개인적 흥미로 구분된다. 상황적 흥미(situational interest)는 자극이나 환경의 특성에 의해 즉각적으로 발생하는 상태를 의미하는 반면, 개인적 흥미(individual interest)는 특정 주제나 과제에 대해 개인이 가지는 비교적 지속적이고 안정적인 상태 및 성향을 일컫는다(우연경, 2012).

더불어 지식을 통해 촉발되는 인지적 흥미와 가치를 통해 촉발되는 정서적 흥미로 구분되기도 하고(Kintsch, 1981), 즐거움, 흥분 같은 정서관련 요소와 개인적인 의미와 관련이 있는 가치관련 요소로 구성되기도 한다(Schiefele, 1991).

2) 흥미의 발달과 영향 요인

개인과 환경의 상호작용을 통해 발생하는 상황적 흥미는 비교적 지속적인 특성을 가진 개인적 흥미로 발달한다. 그러나 상황적 흥미는 즉각적으로 발생하는 상태를 의미하므로 외부적인 요인이 사라졌을 때 유지되지 않을 가능성이 있다. 개인적 흥미는 개인이 가진 목표나 행동과 같은 자아체계와 관련된 흥미이기 때문에 쉽게 변하거나 발달하기 어렵다(Krapp, 2002).

상황적 흥미가 유지되거나 개인적 흥미로 발달하기 위해서는 정서, 가치, 지식, 유능감 등이 요구된다. 먼저 개인적 흥미 발달에는 정서 관련 요소와 가치 관련 요소가 중요한 역할을 한다(Hidi & Renninger, 2006; Linnenbrink et al., 2010; Schiefele, 1991). 학습자가 특정 내용이나 과제에 긍정적인 정서를 가지게 되면 개인적 흥미로까지 발달되지만 상황적으로 흥미를 느낀다 하여도 정서가 동반되지 않으면 흥미 유발이 어렵다. 더불어 학습자가 과제에 대해 가치를 부여하게 되면 해당 과제에 대해 반복적으로 참여하게 되고 이를 통해 상황적 흥미를 지속적으로 경험하게 되면서 장기적으로는 개인적 흥미로 발달할 수도 있다(Schiefele, 1999).

개인적 흥미로 발달하는 데는 지식과 유능감이 영향을 미친다. 특정 내용에 대한 지식이 축적되면 과제에 독립적으로 참여하게 되어 개인적 흥미로 발달하게 된다. 학습자는 자신이 알고 있는 영역에 더 흥미를 느끼고 흥미를 가진 영역에 대해서 더 전략적으로 접근한다. 특히 환경적인 요소가 개인의 사전 지식 또는 경험과 연결되면 시간이 지나도 유지되는 흥미 상태로 발달한다. 더불어 유능감은 흥미를 예측하는 요소로서 특정 교과나 활동을 잘한다고 느끼는 학습자는 해당 내용에 대해 흥미를 가지게 되며, 어떤 내용에 대해 흥미를 느꼈다고 하더라도 성공경험이 적거나 잘하지 못하는 과제에 대해서 흥미를 유지하기는 어렵다(우연경, 2012).

상황적 흥미와 개인적 흥미에 대한 이러한 논의는 초등학생의 흥미 유발과 지속을 위한 교육에 의미 있는 시사점을 갖는다. 저학년의 경우 고학년에 비해 흥미를 유발할 수 있는 학습 활동과 자료를 통해 상황적 흥미를 유발할 수 있는 활동들을 포함하는 것이 적절하며, 흥미가 차차 확립되어 가는 고학년의 경우 상황적 흥미 유발을 통해 학습 활동에 대한 지속적인 참여를 이끌어 냄으로써 개인적 흥미로 발달할 수 있도록 조력할 필요가 있다. 이를 위해서는 활동에 대한 지식을 습득하고 가치를 느낄 수 있도록 활동을 구성하는 것이 보다 바람직하다.

2 직업흥미

1) 직업흥미의 의미

직업흥미(vocational interest)는 '개인이 특정 직업에 대해 좋아하고 싫어하는 정도(Savickas & Spokane, 1999)'를 의미한다. 초등학생 진로발달 연구에서 직업흥미는 직업적 선호(vocational preference) 등의 용어와 혼용되고 있으며, 직업적 선호는 '자신의 능력이나 자원과 상관없이 특정 직업에 대해 매력을 느끼는 정도(Johnson, 1995)'를 의미한다. 즉 직업흥미란 사람들이 선호하여 그 직업이나 직업군이 포함하고 있는 활동을 취하려는 경향이며, 선호직업의 유형이라고 할 수 있다.

직업흥미는 직업선택과 직무 만족에 큰 영향을 미치는 자기탐색 변인으로서 직업에 있어서의 노력의 방향과 지속성을 결정짓는 내적 동기의 역할을 한다는 점에서 중요하다. 어떤 분야에 대한 능력이 다소 부족하더라도 흥미가 높으면 높은 동기와 만족감을 갖게 되므로 그 분야에서 성공할 확률이 높아진다(조붕환, 2011). 오랫동안 흥미는 직업선택에 있어서 중요한 특성으로 간주되어 왔으며 최근에는 직업선택에 있어서 가장 중요한 변인으로 고려되고 있다. 그 이유는 직업으로의 진입과 선택이 적성보다는 흥미에 의해 더 정확하게 예측되기 때문이다(Sharf, 2010). 더불어 흥미가 진로지도에서 강조되는 이유는 내담자가 어떤 직업이나 직무 활동을 좋아한다는 것은 그 직업에 대해 잘 알고 있거나, 그 직업 활동이 자신이 좋아하는 활동 중의 하나이거나, 그 직업 활동이 자신의 성격에 맞거나 또는 그 직업 활동을 잘할 수 있기 때문에 흥미가 있을 것이라는 가정에 기초하기 때문이다(안창규, 2000).

직업적 흥미는 재직 기간, 이직, 직업 만족, 직업 적응 등에 관한 훌륭한 예언 변인으로 알려져 있으며, 직업선택에 있어서도 높은 예언력을 보여준다. 또한 개인이 종사하는 직업에 대한 흥미 여부는 그 직업에 있어서 노력의 방향이나 지속성 또는 직무 만족도를 결정짓는 데 중요한 역할을 한다.

직업흥미와 관련하여 Holland는 흥미유형을 실재형, 탐구형, 예술형, 사회형, 기업형, 관습형의 여섯 차원의 육각형 모형으로 제시하면서, 사람들은 자신에게 친숙한 활동이나 특정 직업에 대해 흥미를 가지고 있으며, 이러한 흥미는 몇 개의 범주로 나눠질 수 있고, 한 개인이 특정 흥미유형을 가지고 있으면 그 유형에 속하는 어떤 특정 직업에도 흥미를 함께 나타낼 수 있다고 설명한다(김충기, 1995).

2) 직업흥미의 발달과 영향 요인

직업흥미는 다양한 경험과 더불어 자신의 동기, 포부, 필요 등과 밀접한 관계를 맺으며 점차로 학습된다(전용오, 2000). 흥미는 성장함에 따라 발전하고 변화한다. 어떤 분야에 대한 흥미는 개인으로 하여금 그 분야에 더 많이 관여하고 학습하게 함으로써 그에 대한 흥미를 더욱 높인다.

개인의 흥미는 성장함에 따라 변하지만 초등학교 저학년에서도 비교적 일관된 특정 흥미를 갖게 될 수 있다고 보는 관점이 있다(Alexander, Johnson, Leibham, & Kelly, 2008). 그러나 많은 연구들이 아동기에는 흥미의 변화가 많다가 아동이 성숙하면서 안정되는 경향이 있다고 가정한다. 또한 직업흥미는 시간에 따라 변화하고 분화되어 가는데 초등학교 때부터 중학교 때까지 점차적으로 안정화된다고 보기도 한다(Tracey, 2002).

아동기 초기에는 아동이 자신의 흥미와 능력에 대해 잘 인식하지 못하지만 아동기 말이 될수록 자신의 흥미와 능력을 인식해 간다. 보통 4~7세 사이의 흥미는 일반적으로 놀이와 관련된 흥미라고 할 수 있으며, 8세 이후에는 흥미 분화가 보다 현실화되면서 5학년 시기 때부터 자신의 흥미를 구체적으로 설명할 수 있게 된다(Schultheiss & Stead, 2004). 보통 학령기 아동의 흥미는 대개 15세 이전까지는 분화되지 않고 안정화되지도 않는다고 본다(Hartung, Porfeli, & Vondracek, 2004). 즉 흥미는 어릴 때는 구체적, 수동적, 단편적, 비항상적이고 미분화된 형태이지만 성장함에 따라 구체적인 것에서 추상적인 것으로, 수동적인 것에서 능동적인 것으로, 단편적인 것에서 체계적이고 종합적인 것으로, 비항상적인 것에서 항상적인 것으로 그리고 분화되지 못한 것에서 분화된 형태로 변화하게 된다(김봉환·정철영·김병석, 2006).

홀랜드 유형 분포를 활용할 때 우리나라 초등학교 고학년의 흥미유형은 남학생의 경우 현실형과 탐구형, 사회형이 많이 나타나고, 여학생의 경우는 예술형과 사회형이 많이 나타난다(이종범, 2005). 지용근(2004)은 초등학교 6학년을 대상으로 대부분의 흥미유형에서 여학생의 흥미 정도가 남학생보다 높게 나타나는데, 이는 차별적인 흥미의 발달이 남학생에 비해 여학생에게서 빠르게 나타나는 것을 보여주는 것이라고 보았다. 또한 공윤정과 박한샘(2009)은 흥미를 포함한 자기이해 정도가 초등학교 5학년에서 6학년까지 의미 있는 변화를 보이지 않는다는 연구 결과를 토대로, 초등학교 고학년 시기 흥미 발달 및 이해가 학년에 따라 차이가 드러날 정도로 빠르게 발달하지는 않는다고 보고 있다.

임경희(2013)는 초등학생의 진로흥미유형 분포에 대해 남학생은 탐구형〉예술형〉진취형의 순으로 나타나며, 여학생은 예술형〉사회형〉탐구형의 순으로 나타나고 있음을 보고하였다. 더불어 남녀 학생 모두 예술형이 가장 높은 비율을 차지하는데 비해 현실형은 가장 낮은 비율로 나타나고 있는데, 이는 최근 초등학생들에게서 화가, 가수, 디자이너, 연예인을 비롯한 예술형 직업을 선호하는 경향이 증가하고 자동차 정비, 농축산업, 건축 및 각종 설비기사와 같은 실재형 직업을 기피하는 경향이 반영된 것이라고 설명하고 있다.

3 직업적 흥미와 초등학생의 진로발달

수퍼의 진로발달이론에 의하면 아동기는 성장기(growth stage)로서 출생 후 14세까지이다. 성장기의 아동은 기본적인 욕구인 호기심을 가지고 직업에 대한 상상과 환상을 가진다. 이러한 호기심은 주변 환경에 대한 탐색을 유도한다. 이를 통해 아동은 성장함에 따라 가정, 학교, 부모, 또래관계 등을 통해 환경을 탐색함으로써 일과 자신의 흥미 및 능력에 대한 정보를 획득하게 된다(김봉환 외, 2010; Savickas, 2002; Sharf, 2010; Super, 1990, 1994). 성장기는 환상기(fantasy), 흥미기(interest), 능력기(capacity)의 하위 단계로 나뉜다. 환상기는 4~10세에 해당되며 초등학교 저학년 시기로 볼 수 있다. 이 시기는 아동의 욕구와 환상이 지배적인 시기이다. 이때 아동에게는 모든 필요와 욕구 중에서 가장 기본적인 것 중의 하나인 호기심이 중요하다. 호기심은 새로운 사물, 사람 또는 개념에 노출되었을 때 탐색 행동의 시발점이 되어 작동한다. 초등학교 고학년은 성장기의 하위 단계 중 흥미기(11~12세)에 해당한다. 이 시기에는 활동의 목표 및 내용을 결정하는 데 있어서 개인의 취향인 흥미가 중요시된다(김미숙, 2009; Sharf, 2010).

긴즈버그(Ginzberg, 1972)는 아동기를 환상기(fantasy period, 6~10세)와 잠정기(tentative period, 11~17세)로 보았다. 환상기의 아동은 현실적 여건이나 흥미, 능력 등과 같이 자신의 특징이나 가능성과는 무관하게 진로방향을 선택한다. 초등학교 고학년 시기에는 흥미, 능력, 가치관 등이 진로선택 과정에 사용되나 이 시기의 선택은 현실적 요인이 적절히 고려되지 않았기 때문에 잠정적이며, 잠정기는 흥미단계, 능력단계, 가치단계, 전환단계의 네 단계로 구분된다. 수퍼(Super, 1990, 1994)와 긴즈버그(Ginzberg, 1972)에 의하면 초등학교 저학년 아동은 환상기에 해당되고 고학년 아동은 흥미기 또는 잠정기의 흥미단계에 해당된다고 할 수 있다.

흥미의 발달은 탐색 활동과도 관련되어 있어서 학교 내외에서의 활동을 통한 흥미의 발달은 청소년기 진로의사결정을 돕는 중요한 단면이 된다. 아동이 새롭게 가지는 흥미에 관심을 가져 주는 일은 진로성숙에 도움이 되며, 생활에서 재미있는 일에 대해 이야기하는 것은 결국 진로계획에서 유용한 일이 된다. 아동이 좋아하는 것이 무엇인지를 알게 하고 흥미에 관심을 갖는 것은 이후 진로선택 과정에 필수요소가 된다(Sharf, 2010). 최근 직업사회의 급격한 변화에 따라 다양한 직업이 출현하거나 소멸하고, 진로선택의 범위가 폭발적으로 확장되고 있는 상황에서 기존 직업 활동에 대한 흥미를 탐색하는 활동만으로는 학생들의 진로발달을 효과적으로 조력하기 어려우며, 이러한 추세는 더욱 가속화될 것으로 보인다. 따라서 정해진 어떤 직업 활동에 국한하여 흥미를 파악하는 데에서 나아가 학생들의 일상생활과 학교 안팎에서의 다양한 활동을 통해 흥미를 탐색하고 신장시켜 가도록 장을 제공하고 탐색을 촉진하는 것이 무엇보다 중요하다.

더불어 초등학생의 흥미유형 분포에서 나타나고 있는 남학생과 여학생 간의 차이가 진로교육 장면에 어떤 의미를 갖는지 고려해 볼 필요가 있다. 최근 직업세계는 양성성이 요구되는 직업들이 더욱 많아지고, 한쪽 성에만 국한되었던 직업들이 많은 부분 양성에게 확대되고 있다. 특히 초등학교 진로교육에서는 성에 따른 고정관념이나 편견이 스며들지 않도록 유의해야 한다. 학습 및 일과 직업에 관련된 흥미를 탐색하는 다양한 활동을 할 때 전통적인 편견에 따른 성별 활동의 구분 없이 남녀 학생이 함께 참여할 수 있도록 기회를 제공해야 한다. 나아가 학생들이 성 편견으로 인해 활동에 참여하기를 꺼려하는 경우 참여를 격려함으로써 경험의 기회를 동일하게 제공하는 것이 바람직하다.

일반적으로 흥미의 탐색을 위해서는 표준화된 흥미검사를 사용하거나 직업카드를 활용할 수 있다. 흥미검사는 학문영역의 흥미를 측정하는 학습흥미검사, 직업분야에서의 활동에 대한 흥미를 측정하는 직업흥미검사, 일반적인 흥미를 측정하는 일반흥미검사 등이 있다.

먼저 흥미검사를 통해 자기가 가지고 있는 흥미를 알고자 할 때 유의할 점은 흥미검사에 나타난 한두 가지 흥미의 점수를 따지기보다 흥미의 전체적인 유형과 수준을 중심으로 전체적인 흥미도를 파악해야 한다는 것이다(김봉환·정철영·김병석, 2006). 흥미검사는 점수가 낮다고 해서 학생들이 열등감을 갖는 일이 적다는 점에서 상대적으로 부담 없이 실시할 수 있다. 흥미검사에는 대부분 관련된 직업명이 제시된다. 상대적으로 흥미가 높은 영역의 직업에 대하여 좀 더 상세한 정보를 탐색할 수 있으나, 검사에서 제시된 직업만이 개인에게 적합한 직업으로 해석하는 것은 부적절하며 보다 광범위한 직업탐색을 할 수 있는 계기로 활용하는 것이 적절하다. 반드시 검사 결과에 따라 제시된 직업을 탐색하는 활동이 뒤따라야 검사를 실시하는 목적이 달성된다.

다음으로 직업카드는 카드를 분류하게 하는 작업을 통해 직업흥미를 평가할 수 있는 도구이다. 현재 국내에는 한국고용정보원에서 발행한 청소년 직업카드를 비롯해 초등학생용, 중고등학생용, 성인용, 여성용 등으로 구분된 직업카드들이 활용되고 있다. 직업카드는 구입해서 활용할 수도 있고 교사나 상담자가 자신만의 카드를 만들어 사용할 수도 있다. 카드 분류에 사용되는 직업은 대부분 홀랜드 유형에 의해 기호화되어 있다. 직업카드 분류 활동을 통해 다양한 직업세계를 경험할 수 있고 직업정보를 구체적으로 탐색할 수 있다. 직업카드를 분류하는 것은 학생들의 흥미, 가치, 능력, 직업 선호 등을 분류하거나 우선순위를 매기는 데 도움이 된다. 직업카드는 교육 목적과 학생의 특성에 따라 여러 가지 방법으로 활용할 수 있다. 즉 직업카드를 활용해 게임이나 경매를 할 수도 있고, 직업흥미를 분석하거나 탐색하는 활동을 할 수도 있으며, 직업카드를 만드는 작업을 함께할 수도 있다. 직업카드 분류의 장점은 카드라는 도구를 통해 직업 탐색 활동에 좀 더 적극적으로 내담자를 유인할 수 있으며, 주어진 문항에 일괄적으로 응답하는 것보다 자신이 직접 흥미 있는 직업들을 분류하고 표현해 봄으로써 진로탐색에 주체적으로 참여시킬 수 있다는 데 있다(이재창 외, 2014).

4 직업적 흥미의 발전과 신장을 위한 학습 활동

1) 직업적 흥미의 발견 및 신장 수업 구성

(1) 직업적 흥미 관련 초등학교 진로교육 세부목표 및 성취기준

2015년 초등학교 진로교육 목표의 개정안에서 직업적 흥미와 관련된 세부목표와 성취기준은 대영역 'I. 자아이해와 사회적 역량 개발'에 속하며, 이 대영역은 긍정적 자아개념을 형성하고 자신의 흥미와 적성을 탐색하며 타인을 배려하고 의사소통하는 역량의 기초를 기르는 것을 주요 목표로 하고 있다. 직업적 흥미와 관련된 초등학교 진로교육 세부목표와 성취기준은 다음과 같다.

대영역	중영역	세부목표	성취기준
Ⅰ. 자아이해와 사회적 역량 개발	Ⅰ-1. 자아이해 및 긍정적 자아개념 형성	EⅠ 1.2 자신의 장점 및 특성을 찾아본다.	EⅠ 1.2.1 자신의 흥미와 적성을 찾아 자신의 특성을 알아볼 수 있다. (중학년 예시)
			EⅠ 1.2.2 자신이 잘하는 것과 좋아하는 것을 계발할 수 있도록 노력할 수 있다. (고학년 예시)
			EⅠ 1.2.3 자신의 장점을 통해 자신감을 갖고 행동할 수 있다. (저학년 예시)

(2) 학년별 활동의 구성

직업적 흥미를 발견하기 위해 다른 활동에 앞서 자신을 자세히 관찰하는 과정이 필요하다. 이를 위해 우선, 저학년 수업에서는 자신을 관찰하기(나의 겉모습, 성격)에서 시작하여 자신의 특징과 관련하여 자신이 생각하는 좋은 점에 대해 살펴보고 정리해 본다. 더 나아가 자신의 관점에서 끝나는 것이 아니라 가족이 본 나의 좋은 점, 친구가 본 나의 좋은 점 등을 듣고 자신에 대한 이해의 폭을 넓히도록 한다. 자신의 좋은 점 발견하기는 저학년에서 종결하는 것이 아니라 지속적으로 자신을 관찰하고 친구들과 가족의 이야기를 듣고 발견 및 성장시킬 수 있도록 지도한다.

저학년 수업에서는 자신의 특징을 큰 그림으로 이해했다면 중학년에서는 저학년에서 배운 내용의 토대 위에 자신의 좋은 점이 흥미와 적성에 어떻게 연결되고 있는지 구체적으로 살펴보는 과정이 필요하다. 먼저 자신의 흥미 찾기 수업을 위해 Holland의 흥미검사를 통해 자신의 흥미유형을 살펴본다. 여기서 주의해야 할 점은 흥미는 고정된 것이 아니라 시간이 지나면 바뀔 수도 있다는 가능성을 열어 두어야 한다. 그리고 만약 검사 결과와 자신의 흥미유형이 다르다면 개인상담을 통해 그 원인을 찾을 필요가 있다는 것을 교사는 인지하고 있어야 한다. 중학년 수업을 통해 자신이 가지고 있는 흥미에는 어떤 것이 있고 이 흥미를 앞으로 어떻게 발전시켜나갈 것인지 생각해 보도록 한다.

저학년, 중학년의 이런 활동 위에 고학년에서는 잘하는 것과 좋아하는 것을 더욱 구체적으로 살펴본다. 학생은 자신만의 포트폴리오(자기이해를 위해 잘하는 것, 좋아하는 것, 관심 있는 것 등을 정리해 두기)를 만들어 성장 및 발전해 가는 과정을 살펴보면서 지속적으로 자기 자신의 역량을 넓힐 수 있도록 지도한다.

2) 직업적 흥미 발견 및 신장 수업의 흐름

(1) 저학년 수업의 예

학습 일시	20 . . . (요일 교시)	대상	1, 2학년	수업자	
학습 주제	나의 장점 찾기	교과	창의적 체험활동		
학습 문제	나의 장점을 말한다.				

학습 단계(분)	교수-학습 활동	자료(▶) 유의점(㊌)
학습 문제 인식 분위기 조성 (5′)	뽀로로에 나오는 친구들의 장점 말해 보기	▶ ppt(에디, 뽀로로, 포비 그림) ㊌ 수업에 흥미를 유발하기 위해 뽀로로 등장인물의 장점을 말해 봄으로써 자신의 장점 찾기로 자연스럽게 연결한다.
▷ **동기 유발** - 에디, 뽀로로, 포비의 장점을 각각 한 가지씩 말해 본다. ▷ **학습 문제 확인** 학습 문제: 나의 장점을 말한다.		
활동 1(7′)	나의 특징 살펴보기	▶ 학습지 ㊌ 장점을 살펴보기 전에 자신을 자세히 관찰하는 시간을 가지도록 한다.
▷ **나의 얼굴, 성격을 자세히 살펴보기** - 나의 눈, 코, 입이 어떻게 생겼는지 적어 본다. - 나의 성격에 대해 2~3가지 적어 본다.		
활동 2(10′)	나의 장점은?	▶ 학습지 ㊌ 과제로 나의 장점을 3~4가지 정도 생각해 온다.
▷ **나의 장점 3~4가지 정리해 보기** - 나의 장점을 적거나 간단히 그려 본다.		
활동 3(15′)	짝이 본 나의 장점 찾기	▶ 학습지, 미니 마이크 ㊌ 친구의 장점을 이야기할 때 놀리지 않도록 지도한다. ㊌ '친구의 장점 생각하기' 주간을 사전에 만들어도 된다.
▷ **돌아가며 말하기** - 짝의 장점을 1~2가지 생각해 본다. - 짝의 장점을 서로 1~2가지씩 말해 주고 들은 내용을 학습지에 정리해 본다. - 왜 그렇게 생각했는지 이유도 물어본다. ▷ **짝과 이야기를 한 느낌 발표하기** - 짝과 이야기한 것 중 기억에 남는 것을 발표해 본다.		
정리(3′)	수업 돌아보기	㊌ 자신의 장점을 점점 더 개발하도록 노력한다.
▷ **오늘 활동을 통해 배운 내용 정리하기** - 짝의 장점을 이야기하고 느낀 점이나 지금 나의 장점을 발전시키기 위해 해야 할 일에 대해 이야기 나누어 본다.		

■ 저학년 학습지

_____ 초등학교 ___ 학년 ___ 반 이름: ___________

활동1 나의 얼굴, 성격을 살펴봐요.

내 얼굴 모습(눈, 코, 입 등)을 관찰하기		내 성격을 관찰하기	
눈		1	
코		2	
입		3	

활동2 나의 장점을 정리해 봅시다(쓰거나 간단히 그려도 됩니다).

1.
2.
3.
4.

활동3 짝이 말해준 나의 장점을 듣고 정리해 봅시다.

1.
2.
느낀 점

■ 학생 읽기 자료

책 속에서 더 찾아봐요!

책제목: 세상에서 가장 큰 집(2003년 출판)

지은이/ 그림: 레오 리오니

번 역: 이명희

출판사: 마루벌

친구들이 모두 같은 능력을 타고나는 것은 아닙니다. 어떤 친구는 수학 문제를 잘 풀고 다른 친구는 축구를 잘하거나 춤을 잘 추는 등 저마다 잘하는 것에는 차이가 있습니다.

내게 없는 점만 보고 속상해 하거나 기운 없이 지내기보다는 내가 잘하는 것이 무엇인지 더 살펴보면 어떨까요? 여러분이 자신 있는 부분에 대해 당당하게 이야기하면서 힘차게 지내봅시다.

지도 tip

• 나의 장점 책 만들기

학생들을 1년간 지도하면서 장기적 project로 '나의 장점 책 만들기'를 운영한다. 2~3주에 한 번 정도 꾸준히 5~15분 정도 시간을 마련해(장점 찾기 수업시간이나 창체시간 활용) 자신의 장점을 적거나 그려 본다. 매 시간마다 A4용지를 반으로 잘라서 나누어 주고, 맨 위에 날짜를 쓰고 새롭게 발견한 장점을 한 가지씩 써 보거나 그리는 시간을 가진다. 적은 학습지는 매 시간 황화일에 정리해 둔다. 마지막 수업시간에 1년 동안 적은 자신의 장점을 돌아보고, 적어둔 장점을 더 살리도록 다짐해 본다.

(2) 중학년 수업의 예

학습 일시	20 . . . (요일 교시)	대상	3, 4학년	수업자	
학습 주제	나와 흥미유형이 같은 친구와 비슷한 특성 찾기	교과	창의적 체험활동		
학습 문제	나의 흥미유형을 검사해 보고 나와 같은 흥미유형을 가진 친구들의 비슷한 점을 찾아본다.				

학습 단계(분)	교수-학습 활동	자료(▶) 유의점(㊞)
학습 문제 인식 분위기 조성(3′)	**요즘 내가 좋아하는 것에 대해 이야기하기**	㊞ 친구들마다 흥미가 서로 다름을 알도록 한다.
▷ **동기 유발** - 요즘 내가 제일 좋아하는 것에 대해 돌아가며 말해 본다. ▷ **학습 문제 확인** 학습 문제: 나의 흥미유형을 검사해 보고 나와 같은 흥미유형을 가진 친구들의 비슷한 점을 찾아본다.		
활동 1(5′)	**흥미유형 알아보기**	▶ 학습지, 색연필 ㊞ 검사 전에, 흥미유형 검사는 절대적인 것이 아니라 시간에 따라 변할 수 있음을 안내한다.
- 흥미유형 간이검사를 통해 나의 흥미유형을 찾아본다. - 같은 흥미유형이라도 개개인의 특성은 모두 다름을 설명한다.		
활동 2(15′)	**흥미기차 이름 짓기**	▶ A4용지, 매직펜, 학습지 ㊞ 유형에 맞는 이름을 정할 때 서로 비난하지 않고 다른 유형의 친구들 의견에 서로 비난하지 않도록 한다.
- 검사를 통해 나온 여섯 유형으로 자리를 정해 주고 모여 앉도록 한다. - 유형끼리 모여 유형의 성격이 잘 나타나게 기차 이름을 지어보도록 한다. 기차 이름을 지었으면 A4 용지에 기차 이름을 크게 적는다. - 친구들과 흥미유형의 비슷한 점을 이야기할 때 학생 자신의 성격을 이야기하기보다는 어떤 활동을 할 때 재미가 있고 더 하고 싶은지에 대해 이야기하도록 한다.		
활동 3(15′)	**서로 인사해요!**	▶ 학습지, ppt(활동 방법 및 주의사항) ㊞ 기차를 만들어 이동할 때 서로 부딪히거나 다툼이 생기지 않게 기차를 만들고 이동 시, 주의사항을 안내한다.
- 기차 이름이 쓰여진 종이를 든 친구가 맨 앞에 서서 기관사가 된다. - 같은 유형끼리 한 줄로 서서 앞 사람 어깨에 손을 올려 기차를 만들고 움직이면서 다른 기차를 만나면 인사하고 기차 이름을 지은 이유를 맨 앞 사람이 설명한다. - 2분이 지나면 뒤에 있는 학생이 앞으로 한 칸씩 오고 맨 앞자리에 있는 학생은 맨 뒤로 간다. 모든 학생이 자기 기차 유형 이름 및 그 이름을 선택한 이유를 골고루 발표할 수 있도록 한다. - 기차를 만들고 이동할 때 주의사항을 다같이 읽어보도록 한다.(모든 모둠 기차가 완성되면 움직이기, 뛰어다니지 말기, 걸어가면서 기차 이동하기, 돌아가면서 자기 유형 설명하기 등)		

정리(2′)	수업 돌아보기
▷ **오늘 활동을 통해 배운 내용 정리하기** - 오늘 수업을 통해 새롭게 알게 된 것에 대해 이야기 나누어 본다. - 자신의 흥미를 어떻게 발전시켜 나갈지 생각해 본다.	

수업 운영 지침

- 분위기 조성을 '요즘 내가 좋아하는 것에 대해 이야기하기'에서부터 시작한다. 이런 활동을 통해 자연스럽게 흥미라는 단어를 인지하도록 한다. 활동에서 '요즘'이라는 낱말을 활용하는 이유는 흥미는 시간과 환경에 따라 변할 수 있음을 설명하기 위해서이다.
- 분위기 조성 후, 활동 1에서 흥미유형 간이검사를 통해 자신의 흥미유형을 알도록 한다.
  학습지에 나오는 유형을 설명하면 뚝딱이(R, 현실형), 탐험이(I, 탐구형), 멋쟁이(A, 예술형), 친절이(S, 사회형), 씩씩이(E, 진취형), 성실이(C, 관습형)로 정리할 수 있다.
- 활동 2에서는 교실에 여섯 개의 코너를 만들어 같은 흥미유형끼리 모인다. 같은 흥미유형끼리 무슨 활동을 할 때 즐겁거나 신나는지 이야기를 통해 공통점 4~5가지를 찾아보고, 공통점이 잘 드러나게 팀별로 흥미유형 기차 이름을 만든다. 모든 유형의 이름이 완성되면 흥미유형 이름을 A4 용지에 크게 쓰고, 맨 앞 학생이 기차 이름표를 들고, 나머지 학생들은 차례로 어깨에 손을 올려 한 줄로 기차를 만든다.
- 활동 3에서는 활동 2에서 만든 기차들이 이동하면서 각 유형이 다른 다섯 유형을 만나 인사하도록 한다.

▷ **이런 수업도 있어요!**

활동 1 자신의 약점과 강점을 5개씩 써 보기
활동 2 자신의 강점 중 가장 큰 강점을 골라 써 보기
활동 3 비슷한 강점을 지닌 친구들이 모여 둥그렇게 앉아서 공통점을 1~2가지 적고 이야기 나눠 보기

■ 중학년 학습지

_____ 초등학교 ___ 학년 ___ 반 이름: ___________

활동1 흥미유형 표[1]를 보고 나의 흥미유형을 찾아봅시다.

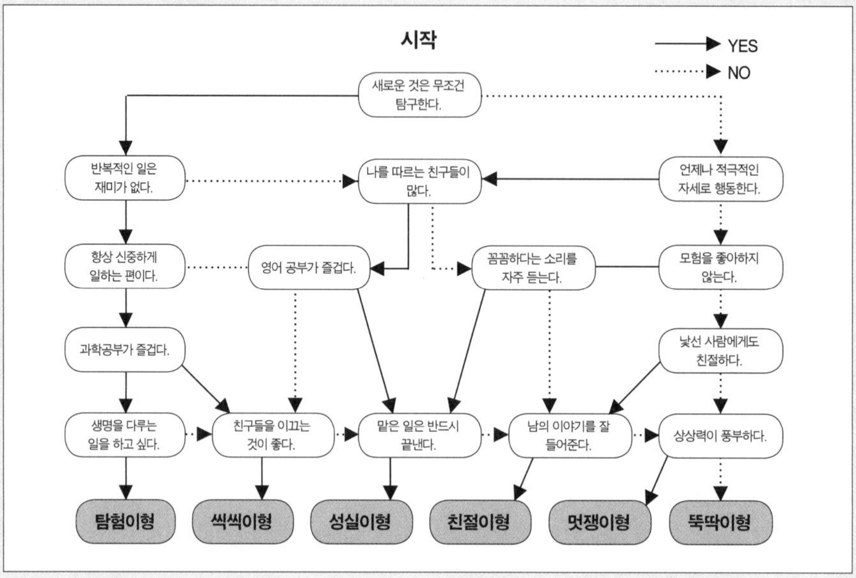

시작

YES

NO

새로운 것은 무조건 탐구한다.

반복적인 일은 재미가 없다.

나를 따르는 친구들이 많다.

언제나 적극적인 자세로 행동한다.

항상 신중하게 일하는 편이다.

영어 공부가 즐겁다.

꼼꼼하다는 소리를 자주 듣는다.

모험을 좋아하지 않는다.

과학공부가 즐겁다.

낯선 사람에게도 친절하다.

생명을 다루는 일을 하고 싶다.

친구들을 이끄는 것이 좋다.

맡은 일은 반드시 끝낸다.

남의 이야기를 잘 들어준다.

상상력이 풍부하다.

탐험이형 씩씩이형 성실이형 친절이형 멋쟁이형 뚝딱이형

활동2 흥미기차 이름을 지어봅시다.

우리 유형을 잘 나타내는 기차 이름과 이유를 적어봅시다.

우리 유형 기차 이름:
이유:

정리 활동을 하고 느낀 점을 적어봅시다.

1 출처: 남미숙 외(2015). 창의적 진로개발(개정판), 한국직업능력개발원.

■ 학생 읽기 자료[2]

명칭	유형 특성	관련 직업
뚝딱이	기술을 가진 사람들이 많고 사람들에게 유익한 기계나 장치를 만드는 것이 목표입니다. 뛰어난 운동선수도 여기에 해당됩니다.	운동선수, 농부, 비행기 조종사, 건축사, 프로게이머, 기관사, 우주비행사, 사육사 등
탐험이	관찰과 탐구를 잘하는 사람들이 많아요. 또한 책을 읽는 것을 좋아합니다. 어떤 사물이나 현상을 발견하는 것이 이들의 목표입니다. 그리고 과학이 발전할 수 있는 이론을 만드는 것도 목표입니다.	과학자, 의사, 약사, 천문학자, 한의사, 수의사, 기상연구원 등
멋쟁이	창의력이 뛰어나서 생각지도 못한 것을 만들거나 표현하는 사람들이 많아요. 개성이 강하고 자유로워요. 예술계에서 유명한 사람이 되는 것이 이들의 목표입니다. 사람들이 인정하는 독창적인 작품을 만들고 싶어 합니다.	가수, 발레리나, 마술사, 영화감독, 만화가, 작가, 연예인 등
친절이	사랑과 봉사를 실천할 줄 아는 사람들이 많은 유형이에요. 다른 사람의 잘못을 용서할 줄도 알고 모든 사람들을 평등하게 생각합니다. 사람들에게 도움이 되는 일을 하는 것이 이들의 목표입니다.	간호사, 교사, 사회복지사, 승무원, 아나운서, 헤어디자이너 등
씩씩이	씩씩하고 모험심이 강한 사람들이 많은 유형이에요. 사람들을 앞에서 이끄는 것을 잘합니다. 사회의 영향력 있는 지도자가 되는 것이 이들의 목표입니다.	경찰관, 사업가, 여행가, 변호사, 경호원, 외교관 등
성실이	항상 안전하게 행동하고 일을 순서대로 하는 사람들이 많아요. 무슨 일이든 꼼꼼하게 해서 실수가 적은 편입니다. 금융 쪽에서 전문가가 되는 것이 이들의 목표이고 서류를 읽고 해석하는 능력도 필요하답니다.	은행원, 사서, 비서, 공무원, 보석감정사 등

2 출처: 팝팝진로맵연구소(2014). 어린이를 위한 진로 오디세이 1. 팝팝북.

(3) 고학년 수업의 예

학습 일시	20 . . . (요일 교시)	대상	5, 6학년	수업자	
학습 주제	나를 홍보하기	교과	창의적 체험활동		
학습 문제	친구들에게 내가 좋아하는 것, 잘하는 것을 광고한다.				

학습 단계(분)	교수-학습 활동	자료(▶) 유의점(㊒)
학습 문제 인식 분위기 조성(3′)	**광고 살펴보기** ▷ **동기 유발** - 물건을 홍보하는 광고 영상을 살펴본다. - 물건의 어떤 점을 광고하고 있는지 이야기해 본다. ▷ **학습 문제 확인** 학습 문제: 친구들에게 내가 좋아하는 것, 잘하는 것을 광고한다.	▶ 광고 영상 ㊒ 광고 영상을 보면서 만약 나를 홍보한다면 어떻게 광고할 것인지 생각해 본다.
활동 1(5′)	**내가 좋아하는 것, 잘하는 것을 정리해 보기** - 학습지에 내가 좋아하는 것, 잘하는 것을 정리해 본다. - 모둠친구들에게 내가 잘하는 것을 물어보고 추가해서 정리해 본다.	▶학습지 ㊒ 친구들이 잘하는 것을 말할 때 장난으로 이야기하지 않도록 한다.
활동 2(30′)	**내 특징을 나타내는 광고지 만들기** - 자신의 특징(잘하는 것, 좋아하는 것)이 잘 드러나게 광고지를 16절지 용지에 만든다. - 형식은 만화, 시, 광고 문구, 캐릭터 등 다양하게 표현하도록 하고, 문장은 너무 길지 않게 정리하도록 한다. - 광고지를 다 만들었으면 광고지 아랫부분에 포스트잇을 붙이고 교실 뒤에 게시한다. - 일주일 동안 친구의 광고지를 살펴보고 3명에게 댓글을 달아주도록 한다. 댓글을 광고지 아랫부분에 붙어 있는 포스트잇에 작성한다. 댓글을 작성할 때는 작성자의 이름을 쓰고 댓글을 쓴다.	▶ 16절지 용지, 사인펜, 색연필, ppt(광고지 만드는 순서 설명), 포스트잇 ㊒ 다양한 광고지를 예시로 보여주면서 아이디어를 얻도록 도와준다. ㊒ 친구가 기분 나빠할 댓글은 작성하지 않도록 한다.
정리(2′)	**수업 돌아보기** ▷ **오늘 활동을 통해 배운 내용 정리하기** - 오늘 수업을 통해 새롭게 알게 된 것에 대해 이야기를 나눈다. - 앞으로 자신이 잘하는 것과 좋아하는 것에 대해 관심을 가지고 더욱 계발할 수 있도록 한다.	

■ 고학년 학습지

_____ 초등학교 ___ 학년 ___ 반 이름: ___________

활동1 내가 잘하는 것, 좋아하는 것 정리하기

내가 잘하는 것	내가 좋아하는 것
1.	1.
2.	2.
3.	3.
4.	4.
5.	5.
6.	6.

활동2 잘하는 것, 좋아하는 것을 광고지로 표현하기(계획 및 연습하기)

■ 학생 읽기 자료

좋아하는 일? 잘하는 일?

성공적으로 자신의 브랜드를 만든 사람들은 대부분 자신이 좋아하거나 잘할 수 있는 일에 승부를 걸었다. 그런 일을 하면 몰입이 잘되고, 즐거우며, 남들보다 쉽게 배우고, 더 잘할 수 있다. 당연히 큰 성과를 올리게 되고 그 분야에서 정상에 오를 수 있다.

과학자들에 의하면 자신의 재능에 맞게 일을 할 때 뇌세포가 그 일에 투입되어 몰입하므로 큰 성과를 낼 수 있다고 한다. 마이크로소프트를 설립한 빌 게이츠는 이렇게 말했다. "저는 세상에서 가장 신나는 직업을 갖고 있습니다. 저는 제가 좋아하는 일을 하고 있기에 열심히 하고 심취할 수 있습니다."

요즈음 자신이 좋아하는 일을 직업으로 삼고자 전보다 더욱 노력하며, 어렵게 잡은 직장도 좋아하는 일이 아니라고 생각되면 미련 없이 버리고는 자신이 좋아하는 일을 찾는 경향이 높아졌다. 그러나 자신이 좋아하는 일을 직업으로 택한 사람의 비율은 20%에 지나지 않는 것으로 한 조사에 의해서 밝혀졌다. 그리하여 이직률이 높아지고 1년도 안 돼 직장을 옮기는 일이 자주 일어나고 있다.

'이 어려운 현실 속에서 어떻게 해야 하는가?'라는 질문에 필자의 생각은 이렇다. 요즘 20~30대 청년들에게는 어떤 일이든지 비교와 경쟁을 동반해 자기 자신을 압박해 온다. 그리고 세상에 쉬운 것은 하나도 없다. 너무 약한 마음으로는 세상을 살아가기도 어렵다. 어차피 겪어야 할 일이라면 긍정적인 마인드로 자신이 조금이라도 잘할 수 있고 즐길 수 있는 일을 찾으려고 노력하고, 직 · 간접적인 경험을 통해 성공할 수 있는 확률을 조금씩 높여서 그 분야에 좀 더 경쟁력 있는 사람이 돼야 한다. 그러면 자신이 삶이 좀 더 가치 있고 심리적으로 안정되고 경제적으로도 풍요로워질 수 있다고 생각한다.(성제혁 아우라 대표)

출처: inside(2016. 11. 11.)에서 발췌.

질문: 여러분은 좋아하는 것과 잘하는 것 중에 어떤 쪽에 비중을 두고 직업을 선택하고 싶은가요?

■ 교사 읽기 자료

유 · 초등학교에서 자신의 이해의 의미

유·초등학교에서의 자신의 이해는 자신이 소중한 존재임을 인식하고 다른 사람들과 긍정적인 상호작용을 이루는 것이 중요하다는 수준에서 이루어진다. 유·초등학교 단계에서는 특성이 안정적이지 못하다는 점에서 객관적이고 과학적인 심리검사에 의존하여 특성을 알아내기보다는 다양한 활동을 통해서 특성을 만들어가는 과정이 더 바람직하기 때문이다. 즉 이 시기에 자신의 이해란 자신에 대해 긍정적으로 생각하고 구성할 수 있는 기회를 자주 제공함으로써 능력을 계발하는 것이 주된 목적이 됨을 의미한다.

또한 자신을 이해하고 형성해가는 과정에서 자연스럽게 주변의 사람들과 상호작용을 하게 되며, 상호작용의 결과가 자신에게 미치는 영향을 하나하나 짚어가면서 긍정적인 상호작용의 중요성을 터득하게 된다.

출처: 한국진로교육학회(2011)

참고문헌

공윤정, 박한샘(2009). 아동의 진로발달과 영향 요인. 진로교육연구, 22(2), 79-100.

권석만(2008). 긍정심리학. 서울: 학지사.

김미숙(2009). 초등학교 저·중·고 학년용 진로교육프로그램 개발 및 효과 검증. 안양대학교 대학원 박사학위논문.

김봉환, 정철영, 김병석(2006). 학교진로상담. 서울: 학지사.

김봉환, 이제경, 유현실, 황매향, 공윤정, 손진희, 강혜영, 김지현, 유정이, 임은미, 손은령 (2010). 진로상담이론–한국 내담자에 대한 적용. 서울: 학지사.

김옥희, 김옥남(2008). 중학생의 생애가치 구조모형 검증. 진로교육연구, 21(4), 143-159.

김충기(1995). 미래를 위한 진로교육. 서울: 양서원.

남미숙, 지화영, 김여경, 김태기, 김홍일, 박경아, 박부덕, 박은숙, 박정희, 이유진, 정은하, 장동진, 손정현, 박윤수(2015). 창의적 진로개발(개정판). 한국직업능력개발원.

안창규(2000). 진로교육과 개인의 특성과의 관계. 진로교육연구, 12, 25-50.

우연경(2012). 흥미 연구의 현재와 향후 연구 방향. 교육심리연구, 26(4), 1179-1199.

이재창, 조붕환, 최인화, 임경희, 박미진, 김진희, 정민선, 최정인, 김수리(2014). 상담전문가를 위한 진로상담의 이론과 실제. 서울: 아카데미프레스.

이종범(2005). 초등학생의 직업흥미와 직업포부 및 진로발달간의 관계분석. 농업교육과 인적자원개발, 37(3), 135-152.

임경희(2013). 초등학생의 다문화 여부와 성별에 따른 직업포부와 진로흥미 및 진로인식의 차이. 진로교육연구, 26(2), 67-89.

장대운, 김충기, 박경애, 김진희(1996). 청소년진로상담. 서울: 청소년대화의 광장.

전용오(2000). 효과적인 진로선택을 위한 진로흥미검사의 활용. 진로교육연구, 12, 83-98.

조붕환(2011). 다문화가정 초등학생의 학습흥미와 진로발달. 진로교육연구, 24(2), 219-245.

지용근(2004). 성역할 정체감과 부모의 양육태도가 초등학생의 진로흥미에 미치는 영향. 한국심리학회지: 상담 및 심리치료, 16(1), 71-88.

팝팝진로맵연구소(2014). 어린이를 위한 진로 오디세이 1.서울: 팝팝북.

한국진로교육학회(2011). 선진패러다임을 위한 진로교육의 이론과 실제. 경기: 교육과학사.

한상근(2010). 10살에 떠나는 미래 세계 직업 대탐험. 서울: 주니어중앙.

Ainley, M., & Ainley, J. (2011). A cultural perspective on the structure of student interest in science. *International Journal of Science Education, 33*, 51-71.

Alexander, J. M., Johnson, K. E., Leibham, M. E., & Kelly, K. (2008). The development of conceptual interests in young children. *Cognitive Development, 23*, 324-334.

Ginzberg, E. (1972). Toward a theory of occupational choice: A restatement. *Vocational Guidance Quarterly, 20*, 169-176.

Hartung, P. J., Porfeli, E. J., & Vondracek, F. W. (2005). Child vocational development: A review and reconsideration. *Journal of Vocational Behavior, 66*, 385-419.

Hidi, S., & Renninger, K. A. (2006). The four-phase model of interest development. *Educational Psychologist, 41*, 111-127.

Johnson, L. (1995). A multidimensional analysis of the vocational aspirations of college students. *Measurement & Evaluation in Counseling & Development, 28*(1), 25-44.

Kintsch, W. (1981). Aspects of text comprehension. *Psychology Bulletin, 35*, 777-787.

Krapp, A. (2002). An educational-psychological theory of interest and its relation to self-determination theory. In E. Deci & R. Ryan (Eds.), *The handbook of self-determination research* (pp. 405-427). Rochester, NY: University of Rochester Press.

Linnenbrink, E. A., & Pintrich, P. R. (2004). Role of affect in cognitive processing in academic contexts. In D. Y. Dai & R. J. Sternberg (Eds.), *Motivation, emotion, and cognition: Integrative perspectives on intellectual functioning and development* (pp.57-87). Mahwah, NJ: Lawrence Erlbaum.

Savickas, M. L. (2002). Career construction: A developmental theory of vocational behavior. In D. Brown & Associates (Eds.), *Career choice and development* (4th ed., pp. 149-205). San Francisco: Jossey-Bass.

Savickas, M. L., & Spokane, A. R. (1999). *Vocational interest: Meaning, measurement, and counseling use.* Palo Alto: Davies-Black Publishing.

Schiefele, U. (1991). Interest, learning, and motivation. *Educational Psychologist, 26*, 299-323.

Schiefele, U. (1999). Interest and learning from text. *Scientific Studies of Reading, 3*, 257-279.

Schultheiss, D. E. P., & Stead, G. B. (2004). Childhood career development scale: Scale construction and psychometric properties. *Journal of Career Assessment, 12*(2), 113-134.

Sharf, R. S. (2008). Applying career development theory to counseling (4th ed). 이재창, 조붕환, 안희정, 황미구, 임경희, 박미진, 김진희, 최정인, 김수리 역. 진로발달이론을 적용한 진로상담. 서울: 아카데미프레스(원전은 2006년 출판).

Silvia, P. J. (2006). *Exploring the psychology of interest.* New York, NY: Oxford University Press.

Super, D. E. (1990). A life-span, life-space approach to career development. In D. Grown, L. Brookds, & Associates (Eds.), *Career choice and development: Applying contemporary theories to practice* (2nd ed., pp. 197-261). San Francisco, CA: Jossey-Bass.

Super, D. E. (1994). A life-span, Life-space perspective on convergence. In M. L. Savickas & R. W. Lent (Eds.), *Convergence in career development theories* (pp. 63-74). Palo Alto, CA: Consulting Psychologists Press.

Tracey, T. (2002). Development of interests and competency beliefs: A 1-year longitudinal study of fifth-to eighth-grade students using the ICA-R and structural equation modeling. *Journal of Counseling Psychology, 49*, 148-163.

7장

직업가치의 이해와 교육

임경희 · 배기연

현대사회는 매우 다양한 가치가 인정을 받으며 공존하고 있다. 이러한 사회 분위기에서 아동은 어떤 가치가 중요하고 적절한 것인지를 판단하고 받아들이는 데 어려움을 겪을 수 있다. 아동기에 받아들이고 형성하는 직업에 대한 가치는 이후 청소년기와 성인기를 지나며 여러 모습으로 변화될 수 있으나 일정 부분 밑바탕을 흐르는 중요한 직업가치로 자리할 가능성이 높다. 초등학교 시기는 진로발달 단계상 진로결정을 준비하는 시기는 아니지만 인성의 대부분이 자리를 잡아가는 시기이므로 바람직한 직업가치를 형성하는 것이 매우 중요하다.

1 직업가치

1) 직업가치의 의미

가치관이란 일반적으로 어떤 방식으로 행동하는 것이 개인적 또는 사회적으로 좀 더 바람직한지에 대한 장기적으로 지속되는 믿음이며(한국고용정보원, 2006), 직업가치관은 직업이나 일에 국한하여 직업에 대해 가지고 있는 믿음과 신념이라고 할 수 있다. 직업가치는 흥미, 적성, 성격 등과 함께 직업선택에 있어 중요한 판단 기준으로 작용하며, 이는 일반적인 가치관과 밀접한 관계를 가진다(이재창, 2005).

직업가치를 직업을 통해 자신이 충족시키고자 하는 욕구나 실현하고자 하는 목표(임언·정윤경·상경아, 2001)로 정의하기도 한다. 브라운과 렌트(Brown & Lent, 1996)[1]는 원하는 최종 상태에 대한 방향을 제시하고 목표 설정에서 중심적인 역할을 한다는 점에서 가치가 진로결정과정에서 가장 중요하다고 본다. 렌트 등(1994)에 의하면 가치는

1 브라운과 렌트(Brown & Lent, 1996)는 진로선택과 직업만족에서 가치의 중요성을 강조하는 가치 중심적 접근 모델을 제안하였다. 이 모델에 의하면 흥미는 가치를 근거로 발전되므로 가치가 더 근원적이고 큰 영향을 미친다고 본다.

직업흥미 형성과정에 중요한 역할을 하며, 진로목표 및 목표추구 활동에 영향을 준다. 즉 흥미의 형성에는 가치가 많은 영향을 미치므로 직업가치는 직업흥미에 선행되는 주요 요인이 된다. 따라서 개인이 가진 직업가치와 욕구 수준은 그들이 향후 진출하게 되는 진로분야에 영향을 미친다. 예를 들면 성공 지향적 가치를 가진 사람은 성취를 강조하는 분야의 진로를 선택하는 경향이 있으며, 복지 지향적 가치를 가진 사람은 이를 충족시킬 수 있는 분야로 진로를 선택하는 경향이 있다(Judge & Bretz, 1992).

직업가치는 대체로 내적 직업가치와 외적 직업가치로 분류된다. 학자들에 따라 분류 기준의 세부적인 차이는 있으나 일반적으로 사회적 봉사, 타인과 더불어 일하는 것, 자신의 특성을 발휘할 수 있는 것 등을 중시하는 쪽은 내적 가치로 분류하고, 금전적인 보상이나 권력, 직업의 안정성 등을 중시하는 쪽은 외적 가치로 분류한다.

내적 직업가치는 직업자체의 가치나 중요성에 의미를 둔 것으로서 적성과 흥미 추구, 사회 헌신, 인간관계 중심주의, 이상주의, 자기표현 등을 포함하고, 외적 직업가치는 도구적 가치를 중시하는 것으로서 권력 추구, 금전 추구, 사회적 인식 중시, 안정 추구 등이 이에 포함된다(황매향 외, 2008). 개인은 누구나 내적 직업가치와 외적 직업가치 모두를 어느 정도씩 가지고 있지만 상대적인 비중에 따라 더 우세한 가치관을 갖고 있는 것으로 볼 수 있다.

커리어넷의 직업가치관검사에서 구분하는 내재적 직업가치와 외재적 직업가치의 하위 요인들이 갖는 특징과 직업선택에 대한 해석 예시를 참고해 볼 수 있다(표 7-1).

2) 직업가치의 발달과 영향 요인[2]

아동의 직업가치 발달에 관한 논의는 아동의 직업가치관의 변화 가능성과 추이에 관한 것과 아동의 직업가치에 영향을 미치는 요인에 관한 것으로 나누어 볼 수 있다.

---

2 직업가치의 발달과 영향을 미치는 요인에 관한 연구결과들은 대체로 어윤경(2008)의 연구에서 제시된 내용들을 재구성하여 제시하였다.

표 7-1 내적 직업가치와 외적 직업가치(예시)

구분	가치	특징 및 직업선택
내재적 가치지향	능력 발휘	자신의 능력을 충분히 발휘할 수 있을 때 보람과 만족을 느끼며, 자신의 능력을 충분히 발휘할 수 있는 기회와 가능성이 주어지는 직업을 선택하고자 함
	자율성	어떤 일을 할 때 규칙, 절차, 시간 등을 스스로 결정하기를 원하며 일하는 방식과 스타일이 자유로운 직업을 선택하고자 함
	자기 계발	새로운 것을 배우고 스스로 발전해 나갈 때 만족을 느끼며, 자신의 능력과 소질을 지속적으로 발전시킬 수 있는 직업을 선택하고자 함
	창의성	예전부터 해 오던 것보다는 새로운 것을 만드는 것을 좋아하며, 늘 변화하고 혁신적인 아이디어를 내며, 창조적인 시도를 하는 직업을 선택하고자 함
외재적 가치지향	보수	경제적 보상이 매우 중요하다고 생각하며, 자신의 노력과 성과에 대해 충분한 경제적 보상이 주어지는 직업을 선택하고자 함
	안정성	매사가 계획한 대로 안정적으로 유지되는 것을 좋아하며, 쉽게 해고되지 않고 오랫동안 일할 수 있는 직업을 선택하고자 함
	사회적 인정	다른 사람들로부터 자신의 능력과 성취를 충분히 인정받고 싶어 하며, 많은 사람들로부터 주목받고 인정받을 수 있는 직업을 선택하고자 함
	사회 봉사	다른 사람을 돕고 더 나은 세상을 만들고 싶어 하며, 사람, 조직, 국가, 인류에 대한 봉사와 기여가 가능한 직업을 선택하고자 함

출처: 커리어넷(www.career.go.kr) 직업가치관검사 결과 예시자료를 재구성함.

첫째, 아동의 직업가치는 아동기 이후로 안정적인 패턴을 보인다는 견해와 변화 가능하다고 보는 견해가 있다. 즉 직업가치관은 아동기부터 발달되며, 10대 이후 아동기에 형성된 직업가치관은 청소년기를 거치는 동안 비교적 안정적인 패턴을 보인다는 견해(Johnson, 2002; Madill et al., 2000)가 있는 반면, 개인의 직업가치에는 그 사회의 전통적인 문화, 관습이 반영되어 있으므로 현실적 여건과 밀접한 관계를 가지고 변화될 수 있다고 보는 견해도 있다. 저지와 브레츠(Judge & Bretz, 1992)는 직업가치가 가족, 학교, 직업, 환경뿐만 아니라 사회매체와의 상호작용을 통하여 점진적으로 발달한다고 본다.

둘째, 아동의 직업가치에 영향을 미치는 요인으로 성 또는 성역할, 가정 배경, 연령 및 성취동기 등에 관한 논의들이 있다. 먼저 성역할을 아동의 내·외적 직업가치관 결정요인으로 중시하는 연구들이 있다(Gottfredson, 2002; Burnett et al., 1995). 이는 성역할을 한 사회의 문화로서 아동의 직업가치에 영향을 미치는 것으로 보는 관점이다. 직업가치의 성차에 관한 초기 연구는 대체로 남성은 보수와 관련된 외적 직업가치 경향이 강한 반면, 여성은 관계형성을 통한 직업가치 경향이 강하다거나, 여학생은 일반적으로 내적 가치를 중요시하고 남학생은 외적 가치를 중요시한다고 제시하고 있다. 그러나 최근 연구들은 점차 성에 따른 직업가치관의 차이가 줄어들고 있으며, 여학생이 과거보다 보상을 받을 사회적 기회가 많아짐으로써 외적 가치에 비중을 두는 경향이 높아질 수 있다고 설명하기도 한다.

더불어 동기가 아동의 내·외적 직업가치관에 영향을 준다는 연구들이 있다. 이러한 연구들은 외적으로 동기화된 아동일수록 외적 직업가치관을 갖고 있으며(Baggiano et al., 1992), 성취동기와 진로성숙도가 높을수록 아동이 내적 직업가치관을 가진다고 보고하고 있다(이기학, 1992; 어윤경, 2008). 이러한 현상은 외적 동기화가 내부의 동기를 감소시키고 낮은 자기인식과 편협한 사고로 이어져 진로성숙도 수준을 낮추고 외적 가치관을 갖게 되는 것으로 설명하기도 한다.

또한 학생의 직업가치는 성별뿐만 아니라 가정 배경, 연령과도 일관성 있는 관계가 있다(이재창, 2000, 2005). 아동의 연령이 증가할수록 직업에 대한 가치가 외적 가치에서 내적 가치로 변화된다는 논의도 있는데(박소희, 2011; 이기학·한종철, 1998), 이러한 요인들이 아동이 현재 가지고 있는 직업가치에 어떤 과정과 내용으로 영향을 미치고 있는지 구체적으로 살펴봄으로써 직업가치 교육활동에 이를 반영할 필요가 있다.

2 직업가치와 초등학생의 진로발달

직업가치는 직업선택뿐만 아니라 직업생활을 하는 가운데 맞닥뜨리게 되는 어려운 상황에서도 포기하지 않게 하는 동기로도 작용한다. 자신의 가치에 맞는 직업에 종사하는 개인은 직업에 대한 만족도 또한 높다. 같은 일을 하더라도 어떤 사람은 큰 보람을 느끼며 의미 있는 일을 한다고 생각하는 반면, 또 다른 사람들은 별다른 가치나 보람을 느끼지 못하고 무의미하게 직업을 수행하기도 한다. 이는 사람들이 저마다 다른 가치를 추구하고 있기 때문으로 자신이 하는 일에 보람과 만족을 느끼는 것은 자신이 추구하고 있는 가치와 밀접한 관계가 있다(임경희 외, 2015). 즉 자신의 직업가치와 직업을 통해 추구할 수 있는 가치가 일치할수록 직업에 만족할 가능성이 높다(Pyne et al., 2002).

사람들은 직업을 통해 경제적인 안정을 이루고 사회 활동에 참여하며 자아실현을 한다. 즉 직업은 경제적 의미, 사회적 의미, 자아실현적 의미를 갖는다. 직업이 갖는 이러한 의미는 직업에 대한 생각, 일반적인 가치 또는 직업가치와 밀접하게 관련되어 있다. 특별히 자아실현적 의미와 같이 직업이 갖는 내적 가치를 추구할 때 일 자체에 대해 보람과 만족감을 느낄 가능성이 높다.

우리나라 통계청의 '한국의 사회지표 조사' 결과, 우리나라 사람들이 직업을 선택할 때 가장 중시하는 기준은 직업의 '안정성'이었으며, 수입〉발전성(장래성)〉보람(자아성취)〉명예(명성) 순으로 직업의 '안정성'과 '수입'을 중시한다는 의견이 압도적으로 높았다(한상근, 2010). 또한 직업을 갖는 이유에 대한 최근 조사에서는 '돈을 벌어 경제적으로 자립하기 위하여'가 가장 많았고 '자신의 가족을 위하여', '노후 대책을 위하여' 등으로 보고되었다.

이영현 등(2008)은 시대가 변화함에 따라 직업을 갖는 이유로 경제적 자립, 사회적 지위 확보, 노후 대책 등 경제적 목적을 더욱 중시하게 된 반면, 일 자체를 좋아해서, 사회구성원으로서 의무를 다하기 위해서 등의 목적은 비교적 약해졌다고 보고하였다. 즉 직업의 외재적 가치와 개인주의적 가치는 강화되고 있는 반면, 직업의 내재적 가치와 사회적 가치는 약화되고 있는 것이다.

더욱이 직업가치의 측면에서 볼 때 아동은 성인과 달리 직업에서 현실적으로 충족될 수 있는 것보다 보상에 대해 더 강한 욕망을 표현한다(Marini et al., 1996). 아동은 발달특성상 성인보다 외적인 직업가치를 중시하게 되기 쉽다. 그러나 그럼에도 불구하고 진로성숙 수준이 높은 아동은 내적 직업가치관을 소유하는 것으로 밝혀졌다(정현아, 2006; 한국고용정보원, 2004).

이는 바람직한 직업가치를 추구하고 형성하게 하는 직업가치 교육이 학령기 초기부터 이루어져야 함을 시사한다. 그러나 아동의 경우 발달특성상 구체적인 경험을 통한 교육이 효과적이고, 아동의 직업가치관과 진로목표의 수정은 노동시장과 성인의 직업역할을 실제로 경험할 때 보다 가능하다는 연구(Johnson, 2001)를 고려하면, 직업세계를 체험하는 진로교육 프로그램을 구성할 때 직업가치 형성을 도울 수 있는 내용을 포함시키는 것을 고려해 볼 수 있다.

일반적으로 학습 장면에서의 내적 학습 동기는 학습자가 자기주도적으로 노력하고 학습에 임하게 함으로써 학업수준과 성과에 긍정적인 영향을 주는 것으로 알려져 있다. 이와 마찬가지로 내적 직업가치는 직업 장면에서 스스로 노력하고 능동적으로 임하게 함으로써 개인의 직업만족에 긍정적인 영향을 준다. 그러나 초등학생 시기는 외적 동기가 강하게 작용하는 시기이므로 내적 직업가치를 추구할 수 있도록 의도적으로 안내하는 교육 활동이 요청된다.

이와 더불어 학생들이 다양한 직업가치를 탐색하고 확장시켜 가도록 하는 것도 중요한 부분이다. 현재의 직업가치가 어떤 과정을 거치면서 어떠한 사회적 특성이 반영되고 영향을 받아 형성되어 왔는지, 또 앞으로 변화되거나 확산될 수 있는 미래의 직업가치는 어떤 것이어야 하는지 등에 대해 논의하는 과정도 필요하다. 더불어 다양한 직업가치를 탐색하고 자신의 가치와 타인의 가치를 이해하는 경험을 함께 나누는 것도 직업가치 교육에서 다루어야 할 내용이라고 할 수 있다.

학생의 직업가치관 탐색을 위해 표준화된 가치관검사를 이용할 수 있다. 표준화된 직업가치관검사는 대체로 중학생 이상을 대상으로 개발되어 있으며, 초등학생용으로는 연구를 위해 개발된 직업가치관 질문지를 활용하거나 한국고용정보원의 직업가치관검사, 커리어넷의 직업가치관검사를 참고할 수 있다.

3 내적 직업가치 추구를 촉진하는 학급 활동

1) 내적 직업가치 추구 수업 구성

(1) 직업가치 관련 초등학교 진로교육 세부목표 및 성취기준

2015년 초등학교 진로교육 목표의 개정안에서 직업가치와 관련된 세부목표와 성취기준은 대영역 'Ⅱ. 일과 직업세계 이해'에 속하며, 이 대영역은 일과 직업의 의미와 역할, 직업세계의 다양성과 변화를 이해하고 일에 대한 긍정적이고 개방적인 태도를 형성하는 것을 주요 목표로 하고 있다. 직업가치 관련 초등학교 진로교육 세부목표와 성취기준은 다음과 같다.

대영역	중영역	세부목표	성취기준
Ⅱ. 일과 직업세계 이해	Ⅱ-2. 건강한 직업의식 형성	EⅡ 2.1 직업에 대한 긍정적인 태도를 형성한다.	EⅡ 2.1.1 자신의 일을 즐기는 직업인의 사례를 통해 좋아하는 일을 하는 것의 기쁨과 보람을 이해할 수 있다.
			EⅡ 2.1.2 자신이 직업을 가져야 하는 이유와 이를 통해 얻을 수 있는 긍정적 가치를 말할 수 있다.
		EⅡ 2.2 맡은 일에 최선을 다하는 태도를 기른다.	EⅡ 2.2.1 자신이 맡은 일에 최선을 다한 사람의 사례를 탐색할 수 있다. (중학년 예시)
			EⅡ 2.2.2 가정과 학교에서의 자신의 역할과 책임을 알아보고 최선을 다하는 태도를 기를 수 있다. (저학년 예시)
		EⅡ 2.3 직업에 대한 편견과 고정관념을 극복하여 개방적인 인식을 형성한다.	EⅡ 2.3.1 직업에 대해 떠오르는 생각을 통해 자신이 지닌 고정관념이나 편견이 무엇인지 설명할 수 있다. (고학년 예시)
			EⅡ 2.3.2 직업에 대한 편견과 고정관념을 극복한 사례를 통해 직업에 대한 개방적인 태도를 기를 수 있다.

(2) 학년별 활동의 구성 원리

일에 대한 올바른 직업의식을 형성하기 위해 저학년에서부터 집과 학교에서 자신이 맡은 일에 최선을 다하고 자신이 맡은 역할에 책임을 질 수 있도록 수업이 구성되어야 한다. 이를 위해 사회의 최소 단위인 가정에서 자신의 역할을 살펴본 후, 학교에서 나의 역할을 살펴보도록 한다. 그리고 이 역할을 가정과 학교에서 어느 정도 꾸준히 실천하고 있는지 서로 물어본다.

중학년에서는 우리 주변에 자신이 맡은 일에 최선을 다하는 사람들의 사례를 살펴봄으로써 학생 자신도 맡은 일에 책임감을 가지고 끝까지 해야겠다는 것을 다짐하도록 한다. 우리 주변이라고 하면 광범위할 수 있으므로 학교에서 일하시는 분으로 사례를 한정지었는데, 지역 상황에 따라 동네에서 일하시는 분을 사례로 정해도 무방하다.

고학년에서는 부모님이나 학교 및 사회에 의해 자신도 모르게 가졌던 직업에 대한 편견 및 고정관념을 생각해 보고 올바른 직업의식을 가지도록 수업을 구성하였다. 자신이 뽑은 직업을 광고함으로써 자신도 모르게 가지고 있었던 직업적 편견을 살펴보고 수정할 수 있는 기회를 마련하는 수업으로 구성하였다.

2) 내적 직업가치 추구 수업의 흐름

(1) 저학년 수업의 예

학습 일시	20 . . . (요일 교시)	대상	1, 2학년	수업자	
학습 주제	나의 역할 찾아보기	교과	창의적 체험활동		
학습 문제	집과 학교에서 내가 맡은 일에 대해 말하고, 최선을 다하는 태도를 가지도록 다짐한다.				

학습 단계(분)	교수-학습 활동	자료(▶) 유의점(㊒)
학습 문제 인식 분위기 조성(5′)	우리 동네와 학교 살펴보기	▶ ppt(동네와 학교 사진) ㊒ 동네와 학교를 사진을 통해 살펴봄으로써 이번 수업에 자연스럽게 연결되도록 한다.
	▷ **동기 유발** - 동네와 학교 사진을 살펴보고, 동네와 학교에서 일어나는 일을 각각 말해 본다. ▷ **학습 문제 확인** 학습 문제: 집과 학교에서 내가 맡은 일에 대해 말하고, 최선을 다하는 태도를 가지도록 다짐한다.	
활동 1(14′)	가족과 함께 있는 나 살펴보기	▶ 학습지, 색연필 ㊒ 집에서 어떤 역할을 하는지 '일주일 동안 나의 모습 살펴보기'를 사전에 과제로 부여한다.
	▷ **집에서 나는 어떤 역할을 하는지 살펴보기** - 어머니, 아버지를 도와드리는 것이나 동생을 돌보아주거나 하는 등의 역할을 떠올려 본다. - 집에서 나는 어떤 역할을 하는지 정리해 본다. - 집에서 어떤 역할을 하는지 각자 정리한 후, 짝과 이야기를 나누어 본다. (자신의 역할, 어느 정도 꾸준히 하고 있는지, 언제부터 했는지)	
활동 2(14′)	학교에 있는 나 살펴보기	▶ 학습지 ㊒ 1인 1역이 없을 경우, 급식 당번, 청소 당번 등을 활용해도 된다. ㊒ 친구의 이야기를 들으면서 궁금한 점은 질문을 하도록 한다.
	▷ **학교에서 1인 1역 살펴보기** - 학교에서 나의 1인 1역을 살펴본다. - 학교에서 나는 어떤 역할을 하는지 정리해 본다. - 짝과 학교에서 각자의 역할에 대해 이야기를 해 본다. (자신의 역할, 어느 정도 꾸준히 하고 있는지, 언제부터 했는지)	
정리(7′)	수업 돌아보기	㊒ 자신이 맡은 일에 최선을 다하도록 다짐하는 말을 학습지에 정리하고 다같이 읽도록 한다.
	▷ **오늘 활동을 통해 배운 내용 정리하기** - 오늘 수업을 통해 새롭게 알게 된 것에 대해 이야기 나누어 본다. - 집과 학교에서 맡은 일에 최선을 다하도록 다짐하는 말을 학습지에 적는다. - 각자 학습지에 적은 다짐하는 말을 다같이 읽어 본다. - 앞으로 집이나 학교에서 나에게 맡겨진 일에 대해 최선을 다하도록 다시 한 번 다짐해 본다.	

■ 저학년 학습지

_____ 초등학교 ___ 학년 ___ 반 이름: ___________

활동1 내가 집에서 하고 있는 역할은 무엇인가요?

예) 밥 먹기 전에 수저 놓기(일주일에 네 번)

1) 하는 역할?

2) 일주일에 몇 번 하나요?

활동2 내가 학교에서 하고 있는 역할은 무엇인가요?

예) 화분에 물 주기(일주일에 한 번)

1) 하는 역할?

2) 일주일에 몇 번 하나요?

정리 집과 학교에서 맡은 일을 잘하도록 다짐하는 말을 써 봅시다.

나___________은(는) 집에서 맡은 ___________________을(를) 꾸준히

하도록 노력하겠습니다. 나 ___________은(는) 학교에서 맡은 ___________

_________________________에 최선을 다하도록 노력하겠습니다.

(2) 중학년 수업의 예(2시간 연차시 수업)

학습 일시	20 . . . (요일 교시)	대상	3, 4학년	수업자	
학습 주제	자신이 맡은 일에 최선을 다하는 사람 살펴보기	교과	창의적 체험활동		
학습 문제	학교에서 일하는 사람들의 모습을 살펴보고 역할극으로 꾸민다.				

학습 단계(분)	교수-학습 활동	자료(▶) 유의점(유)
학습 문제 인식 분위기 조성(5′)	학교 살펴보기	▶ppt(학교 사진) ㊒ 학교 사진을 보면서 학교에 어떤 직업이 있는지 찾아보도록 한다.
▷ **동기 유발** - 학교 사진을 살펴봅시다. 사진 속에 보이는 곳은 학교에서 어디인가요? - 이것 외에 학교 안에는 어떤 공간이 있나요? - 여러분이 찾은 학교 공간에서 볼 수 있는 직업에는 무엇이 있나요? ▷ **학습 문제 확인** 학습 문제: 학교에서 일하는 사람들의 모습을 살펴보고 역할극으로 꾸민다.		
활동 1(10′)	도서관, 급식실에서 하는 일을 적어보기	▶학습지 ㊒ '도서관이나 급식실에 어떤 직업이 있는지 살펴보기'를 일주일 전에 과제로 부여한다.
▷ **도서관, 급식실 살펴보기** - 1~3 모둠은 도서관을 살펴보고 4~6모둠은 급식실을 살펴본다. - 도서관, 급식실에서 볼 수 있는 직업에 대해 모둠별로 이야기를 나눈 후 학습지 활동1에 정리한다. - 도서관, 급식실에서는 어떤 직업이 있고, 무슨 일을 하고 있는지 모둠친구의 이야기를 듣고 학습지에 정리한다.		
활동 2(30′)	도서관, 급식실에서 볼 수 있는 직업을 주제로 역할극 꾸미기	▶ 학습지 ㊒ 소외되는 모둠원이 없이 모든 모둠원이 참가하도록 한다. ㊒ 도서관, 급식실 대신 행정실, 보건실 등의 상황으로 바꿔서 수업을 진행해도 무방하다.
▷ **모둠별로 도서관, 급식실에서 볼 수 있는 직업을 주제로 역할극 꾸미기** - 각 모둠에 해설자, 각 장소에서(도서관, 급식실) 일하는 사람을 2~3명으로 구성하여 역할극을 꾸미고 각 인물당 대사를 3~4개 정도 만든다. - 도서관에서 볼 수 있는 직업은 사서교사로 한정되어 있으므로 사서교사가 하는 일(예, 책 분류 및 새로운 책 구매, 학생 독서교육, 독서감상문쓰기대회 계획 등)을 나누어 장면별로 역할극을 꾸밀 수 있다.		
활동 3(30′)	역할극 발표하기	▶ 학습지 ㊒ 다른 모둠이 발표를 할 때 어떤 점이 잘되었는지 관찰하면서 보도록 한다.
▷ **모둠별로 도서관, 급식실에서 볼 수 있는 직업을 주제로 역할극 발표하기**		
정리(5′)	수업 돌아보기	㊒ 수업이 끝난 후에 학교뿐만 아니라 우리 주변에서 최선을 다해 일하는 사람들에게 관심을 가지도록 한다.
▷ **오늘 활동을 통해 배운 내용 정리하기** - 오늘 수업을 통해 새롭게 알게 된 것에 대해 이야기를 나누어 본다. - 우리 주변에 자신이 맡은 일에 최선을 다하는 사람들이 있다는 것을 다시 한 번 느끼고 감사하는 마음을 가지도록 한다. - 나도 맡은 일에 최선을 다해야겠다고 다짐해 본다.		

■ 중학년 학습지

_____ 초등학교 ___ 학년 ___ 반 이름: ___________

활동1 먼저 도서관, 급식실에서 일하는 사람들의 직업을 손바닥 가운데 밑줄에 씁니다.
이 사람들이 어떤 일을 하는지 각 손가락에 한 가지씩 적어봅시다.

도서관

직업1: ______
직업2: ______
직업3: ______

급식실

직업1: ______
직업2: ______
직업3: ______

활동 2 자기가 맡은 역할극의 대사를 적어 봅시다.

■ 학생 읽기 자료

책 속에서 더 찾아봐요!

책제목: 커다란 일을 하고 싶어요.(2013년 출판)

지은이: 실비 니만 / 그림: 잉그리드 고돈 / 번역: 이주영

출판사: 책속물고기

어떤 직업은 중요하고 어떤 직업은 중요하지 않다고 나눌 수는 없답니다. 이 책을 읽고 직업에 대한 주인공의 생각과 여러분의 생각을 비교해 봅시다.

지도 tip

• 직업의 다양성 및 변화 인지하기

2017년 우리나라 직업 수는 11,993개이다.(참고: www.work.go.kr/consltJobCarpa/Srch/jobDic/jobDicintro.do)

앞으로 현재 있는 직업이 없어지기도 새롭게 직업이 생기기도 할 것이다. 따라서 교사는 워크넷의 한국직업사전, 커리어넷의 직업정보들을 수시로 검색하여 직업세계의 동향에 관심을 가져야 한다. 초등학생의 경우 다양한 직업세계에 대한 이해가 적은데, 교사는 학생들에게 우리 주변에 다양한 직업이 있다는 사실을 조언해 줄 필요가 있다. 이를 위해 '직업카드'를 이용한 수업을 통해 학생들이 직업의 다양성에 관심을 가지도록 지도한다.

• 초등학생용 간단 직업카드 활용법

1. 직업카드를 한 번 끝까지 살펴보고 분류하기
   1) 아는 직업, 모르는 직업으로 분류하기
   2) 좋아하는 직업, 선호하지 않는 직업, 관심 없는 직업으로 분류하기
2. 직업카드를 앞뒤로 읽고 모둠별 직업 스피드퀴즈하기
3. 직업카드에 없는 직업을 한 개 골라서 나만의 직업카드 만들기

(3) 고학년 수업활동의 예(2차시 연속수업)

학습 일시	20　.　.　.(　요일　교시)	대상	5, 6학년	수업자	
학습 주제	직업적 편견 살펴보기	교과	창의적 체험활동		
학습 문제	내가 가진 직업에 대한 편견을 살펴보고 정리하여 말한다.				

<table>
<tr><th>학습 단계(분)</th><th>교수-학습 활동</th><th>자료(▶) 유의점(㊒)</th></tr>
<tr><td>학습 문제 인식
분위기 조성(5′)</td><td>새로 생긴 직업의 사진을 보고 직업명 맞히기</td><td rowspan="2">▶ppt(새로운 직업 소개)
㊒ 새로운 직업에 대한 제시는 각 반 학생들이 관심 있는 분야로 바꿀 수 있다.</td></tr>
<tr><td colspan="2">▷ 동기 유발
- ppt 사진에 보이는 직업명은 무엇일까요?
- 이 직업이 하는 일이나 특징은 무엇일까요? 여러분이 생각하는 것과 일치할까요?
- 사진으로 추측한 직업명과 실제 직업명이 일치했나요?
- ppt에서 본 직업에 대한 여러분의 생각은 어떠한가요?
- ppt에서 본 직업에 대한 여러분의 생각과 실제 하는 일 사이에 차이는 없을까요?
▷ 학습 문제 확인
학습 문제: 내가 가진 직업에 대한 편견을 살펴보고 정리하여 말한다.</td></tr>
<tr><td>활동 1(30′)</td><td>직업 광고문 만들기</td><td rowspan="2">▶직업카드, 편지 봉투, 직업소개책, 컴퓨터
㊒ 팀은 두 명씩 나눈다.
㊒ 선택한 직업카드에 대한 정보가 부족할 수 있으므로 컴퓨터나 책에서 그 직업이 하는 일을 참고할 수 있도록 준비한다.
㊒ 광고문은 다양한 형식으로 작성하도록 한다.</td></tr>
<tr><td colspan="2">▷ 직업 광고문 만들기(30분)
- 두 명당 직업카드 한 개씩을 나누어 준다. 직업카드는 편지 봉투에 넣어서 준다.
- 봉투에 들어있는 직업카드를 열어 본다.
- 자신이 뽑은 직업이 중요함을 다른 사람에게 알리는 광고문을 만든다.
(광고문은 포스터, 뉴스 기사, 시 등으로 다양하게 표현하도록 한다.)
- 어떻게 발표할지 팀끼리 의논한다.
- 팀별로 발표를 준비하면서 뽑은 직업에 대해 가지고 있었던 편견이 무엇이 있었는지 팀끼리 이야기해 본다.</td></tr>
<tr><td>활동 2(25′)</td><td>직업 광고문 발표하기</td><td rowspan="2">㊒ 팀별로 직업 광고문을 발표할 때 자신이 가진 직업적 편견에 대한 생각을 정리하며 듣는다.</td></tr>
<tr><td colspan="2">▷ 직업 광고문 발표하기
- 팀별로 간략하게 발표를 한다.
- 자신이 여러 직업에 대해 잘못 생각했던 것이 무엇인지 생각하며 발표를 듣는다.</td></tr>
<tr><td>활동 3(15′)</td><td>직업에 대한 편견 살펴보기</td><td rowspan="2">▶ppt(직업적 편견 설명)
㊒ 역할극에서 수업이 끝나는 것이 아니라 직업적 편견에 대해 모둠으로 돌아가 다시 생각해 보는 기회를 가지도록 한다.</td></tr>
<tr><td colspan="2">- 편견의 뜻에 대해 교사의 설명을 다같이 듣고 이야기를 나눈다.
- 자신의 직업을 친구들에게 광고하는 데 어려웠던 점이나 내가 뽑은 직업에 대해 잘못 생각한 점(편견)에 대해 모둠별로 이야기를 나눈다.
- 모둠에서 나온 생각을 반 전체에서 이야기해 본다.</td></tr>
</table>

정리(5′)	수업 돌아보기	
▷ **오늘 활동을 통해 배운 내용 정리하기** - 학습지의 정리를 각자 적고, 다같이 읽는다. '각각의 직업은 ________________이다'라고 정의한다. - 수업 후 느낀 점(직업적 편견이 무엇이었는지, 앞으로 각각의 직업에 대해 바뀌어야 할 생각 등)을 말해 본다.		

수업 운영 지침

- 이번 수업은 2차시로 구성한다. 연속 2차시로 구성해도 되고, 각각 한 차시씩 두 번에 걸쳐서 수업을 진행해도 무방하다. 나누어서 수업을 할 경우에는 1차시는 컴퓨터실에서 직업카드를 뽑고 그 직업에 맞는 정보를 찾아 광고문이나 역할극을 준비하고 그 다음 차시에 광고문이나 역할극을 발표하고 직업에 대한 편견 살펴보기로 나누어서 수업을 진행한다.
- 분위기 조성으로 '새로 생긴 직업의 사진을 보고 직업명 맞히기' 활동을 통해 다양한 직업이 계속적으로 탄생하고 있음을 인지한다. 사진만으로 직업 맞히기를 통해 다양한 직업에 대해 열린 마음을 가지도록 한다. 또한 각각의 직업에 대한 각자의 생각을 점검해 본다.
- 활동 1은 팀이 뽑은 직업카드의 직업을 살펴보고, 그 직업에 대한 정보를 최대한 자세히 찾아보도록 한다. 직업 광고문을 발표할 때는 포스터, 편지글, 만화, 역할극 등으로 팀별로 다양한 형식을 이용하도록 한다. 친구들이 발표를 할 때 그 직업에 대한 잘못된 생각을 점검해 보도록 한다.
- 활동 3은 편견의 뜻에 대해 교사가 먼저 설명하고, 친구들의 직업 광고문의 발표를 듣고 본인이 가졌던 직업에 대한 편견을 정리해 보도록 한다. 정리 활동으로 '각각의 직업은 ________________이다'의 빈칸을 채워 봄으로써 다양한 직업세계에 대해 열린 마음을 가지도록 한다.

■ 고학년 학습지

_____ 초등학교 ___ 학년 ___ 반 이름: ___________

활동1 우리 팀이 받은 직업카드를 보고 직업이름을 써 봅시다.

직업이름:

활동2 우리 팀의 직업 광고지를 만들어 봅시다.

1. 직업이 하는 일

2. 직업을 가지기 위해 노력해야 할 점

3. 직업의 수입

4. 내 직업을 한마디로 소개하자면

_____________ 은(는) ____이다.

활동 3

직업이름	발표한 친구 이름	내가 그 직업에 대해 잘못 생각한 부분(편견)

정리

각각의 직업은 ____이다.

■ ppt- 분위기 조성 자료의 예

도그 워커

빅데이터 전문가

■ 학생 읽기 자료

서울 남성 1호 보건교사 탄생…"성 편견 깨고 좋은 교사 될게요."

"남자 보건교사라고 특별하다는 생각은 하지 않습니다. 성적 편견을 깨고 학생들의 몸의 외상뿐 아니라 마음의 병까지 관심 있게 지켜보는 보건교사가 되겠습니다." 2017년 3월 1일자로 서울 경복고 보건교사로 부임한 김찬현 교사는 전국 8번째이자 서울 '1호' 남성 보건교사다. 간호대를 차석 졸업한 김교사는 간호사와 보건교사의 길을 두고 고민하다 교생실습때 느꼈던 교직에 대한 매력 때문에 교사의 길을 택했다.

그는 30일 "병원과는 다르게 학교는 활기 넘치는 아이들을 만날 수 있다는 점과 보건실이라는 독립된 공간에서 의료인으로서의 능력을 펼칠 수 있다는 점이 매력으로 다가왔다"고 말했다.

김 교사는 "서울 1호 남성 보건교사라는 타이틀이 부담스럽기도 하다"면서도 "직업에 대한 성적 편견을 타파할 것"이라고 말했다. 그는 "간호대 재학 시절부터 이 목표는 내가 해내야 할 중요한 과업"이라고 덧붙였다.

그는 "남자라서 보건교사로 일하기 어렵지 않을까 우려하는 시선이 많지만 오히려 남자라 학생들에게 도움이 될 것"이라며 "아직은 학교에서 낯선 존재겠지만 곧 이런 시선을 불식할 수 있다고 확신한다"고 말했다. 김 교사는 "보건교사는 학교에서 그 어느 누구보다 학생 상태를 빠르고 정확하게 파악할 수 있다"며 "단순한 외상이나 질환뿐 아니라 마음의 병까지도 관심 있게 지켜보겠다"고 포부를 밝혔다.

출처: 「연합뉴스」(2017. 3. 30.).

■ 학생 읽기 자료

*** 아래 그림은 어떤 모습으로 보이나요?**

혹시 각각의 그림이 하나의 그림으로만 보이는 것은 아닌가요?
고개를 좌우로 돌려가면서 다시 한 번 다른 모습을 찾아보세요.
직업을 볼 때 우리도 이런 눈을 가지고 바라보는 것은 아닌지 한번 생각해 봅시다.

지도 tip

• 직업적 편견 깨기 활동의 예

학생들에게 직업적 편견을 깬 우리 주변 인물을 인터뷰하거나 인터넷 기사를 정리해 오기를 과제로 부여한다. 학생들이 한 과제를 토대로 직업적 편견을 깬 인물들의 이야기를 정리해 본다. 정리한 이야기를 발표하고, 그중의 한 인물을 정해서 편지쓰기를 하거나 모둠별 역할놀이를 한다. 이를 통해 직업적 편견을 깬 인물의 마음과 자신이 가졌던 직업적 편견을 점검해 보도록 한다.

참고문헌

박소희(2011). 진로태도성숙과 심리적 변인들과의 관계: 자기효능감, 직업가치, 주도성을 중심으로. 직업능력개발연구, 14(3), 307-331.

어윤경(2008). 아동의 내적·외적 직업가치관 결정요인 탐색-성, 성취동기, 진로성숙도를 중심으로-. 교육문제연구, 32, 119-141.

이기학(1992). 개인의 특성이 직업태도 성숙에 미치는 영향. 석사학위논문. 연세대학교.

이기학, 한종철(1998). 고등학생의 진로태도 성숙과 개인적 특성 및 심리적 변인들과의 관계. 한국심리학회지 : 상담 및 심리치료, 10(1), 167-190.

이영현, 김미숙, 정윤경, 김민수, 신유형(2008). 한국인의 직업의식과 직업윤리 실태-기업구성원의 직업의식과 직업윤리. 한국직업능력개발원.

이재창(2000). 진로교육과 개인의 특성 발견. 진로교육연구, 12, 1-24.

이재창(2005). 생활지도와 상담. 서울: 문음사.

임경희, 박미진, 정민선, 한수미, 이종범, 김진희, 홍지형, 문승태, 김수리, 최인화, 조붕환, 이인혁(2015). 직업기초능력 향상을 위한 자기개발과 진로설계. 서울: 학지사.

임언, 정윤경, 상경아(2001). 직업가치관 검사 개발 보고서. 한국직업능력개발원.

정윤경, 김가연, 김나라, 방혜진, 이윤진, 김진숙(2015). 학교 진로교육 목표 및 성취기준 개정 연구. 교육부·한국직업능력개발원.

정현아(2006). 초등학생을 위한 진로집단 프로그램이 진로인식도와 성취동기 향상에 미치는 효과. 석사학위논문, 전남대학교.

한국고용정보원(2004). 초·중·고·대 진로지도 프로그램 연구보고서. 한국고용정보원.

한상근(2010). 『직업관과 태도』. 진로진학상담교사 역량개발(2010). 교육과학기술부.

황매향, 선혜연, 김영빈(2008). 청소년의 직업가치 추구 변화. 제5회 한국청소년 패널 학술대회집.

Boggiano, A. K., Shields, A., Barrett, M., Kellam, T., Thompson, E., Simons, J., & Katz, P. (1992). Helplessness deficits in students: The role of motivational orientation. *Motivation and Emotion, 16*(3), 271-296.

Brown, S. d., & Lent, R. W. (1996). A social cognitive framework for career choice counseling. *The Career Development Quarterly, 44*, 354-366.

Burnett, J. W., Anderson, W. P., Heppner, P. P. (1995). Gender role and self-esteem: A consideration of environmental factors. *Journal of Counseling & Development, 73*, 323-326.

Gottfredson, L. S. (2002). Gottfredson's theory of circumscription, compromise, and self-creation. In D. Brown & Associates (Eds.), *Career choice and development* (4th ed., pp. 85-148.) San Francisco, CA: Jossey Bass.

Johnson, M. K. (2001). Change in job values during the transition to adulthood. *Work & Occupation, 28*(3), 315-345.

Johnson, M. K. (2002). Social origins, adolescent experiences, and work value trajectories during the transition to adulthood. *Social Forces, 80*, 1307-1341.

Judge, T., & Bretz, R. (1992). Effects of work values on job choice decisions. *Journal of Applied Psychology, 77*, 261-271.

Lent, R. W., Brown, S. D., & Hackett, G. (1994). Toward a unifying social cognitive theory career and academic interest choice, and performance [Monograph]. *Journal of Vocational Behavior, 45*, 79-122.

Madill, H. M., Montgomerie, T. C., & Stewin, L. (2000). Young women's work values and role salience in grade 11: Are there changes three years later? *Career Development Quarterly, 49*, 16-28.

Pyne, D., Bernes, K. B., Magnusson, K. C., & Poulsen, J. (2002). A description of junior high and senior high school students' perceptions of career and occupation. *Guidance & Counseling, 17*(3), 67-72.

8장

직업세계 이해와 역할 모델

정애경 · 박진영

직업세계의 탐색과 이해는 아동이 아동기뿐만 아니라 이후 청소년기, 청년기를 거쳐 성장하면서 지속적으로 수행하는 과업이다. 초등 시기 직업세계의 이해는 현재의 직업세계를 발판으로 이루어지지만, 아동이 직업을 갖게 될 시점을 고려한다면 직업세계 이해의 궁극적인 목표는 현재와 공존할 수 없는 미래의 직업세계에 대한 준비이다. 현대사회의 빠르고 급격한 기술의 발전과 이에 따른 산업구조와 직업의 변화를 고려해 보았을 때 아동이 성장하는 동안 발생하게 될 직업세계의 변화를 예측하는 것도 쉽지 않은 과제이지만, 이를 자라나는 아동에게 전달하고 아동이 준비할 수 있도록 조력하는 것은 훨씬 더 어려운 과제이다. 아동이 경험하는 다양한 진로발달 촉진 요인 중 역할 모델은 아동의 진로발달, 특히 직업세계의 이해에 긍정적인 역할을 할 수 있다.

1 초등 시기 직업세계 이해의 중요성과 역할

수퍼(Donald Super)는 자신의 진로발달이론에서 초등학교 시기에 해당하는 성장기(growth stage) 동안 아동이 성취해야 할 과제 중 하나로 직업세계에 대한 기본적인 이해를 강조하였다(Super, 1980). 이 시기 아동은 일과 직업에 관하여 비교적 중립적인 호기심을 가지고 있으며, 자신의 주변을 관찰하고 경험하면서 일의 세계를 의식적으로 또는 무의식적으로 학습한다. 또한 여러 진로이론에서는 아동기에 이루어지는 직업세계의 이해가 이후 직업세계의 탐색과 밀접한 관련을 맺는다고 주장한다. 갓프레드슨(Linda Gottfredson)의 제한타협이론에서는 직업선택이 힘, 성별, 사회적 지위, 흥미를 단계적으로 고려하는 과정을 통해 이루어진다고 본다. 또한 이 과정에서 획득한 경험 및 관찰을 토대로 수용할 만한 직업적 선택 영역을 인지적으로 표상하는 직업인지지도가 형성된다(Gottfredson, 2004). 아동의 진로 흥미와 선택은 아동기와 청소년기를 거치면서 직업의 성별 분포나 사회적 지위를 고려하여 자신이 수용 가능한 직업선택 영역이 직업인지지도에서 단계적으로 축소되는 제한과정을 통해 구체화된다. 연구에 따르면, 아동은 4~5세부터 꽤 정확하게 여성이나 남성이 전통적으로 많이 종사하는 직업군에 대해 보고할 수 있는 것으로 나타났다(Care, Deans, & Brown, 2007; Gottfredson, 2004). 적절한 진로교육이 이루어지지 않는 경우, 이러한 현실 직업세계에 대한 인식은 성역할 고정관념을 형성함으로써 어린 시절부터 직업인지지도에 반영되어 남녀 아동의 진로탐색을 제한할 가능성이 있다(Correll, 2001). 이와 비슷하게 아동은 직업 간 사회적 지위의 차이에 대해 어른과 비슷한 수준으로 인식하고 있으며, 이러한 인식은 계층사회화 과정을 통해 아동이 자신에게 어울리는 직업군을 미리부터 제한하여 진로를 탐색하게 함으로써 진로탐색에 영향을 미친다(Heppner & Jung, 2013). 비록 직업세계가 급격하게 변화한다고 할지라도 인간이 젠더(gender, 사회적 성)와 사회계층의 영향력에서 자유롭지 않은 한, 아동기에 이루어진 직업세계에 대한 기본적인 인식은 여전히 이후 진로발달에 중요한 영향을 미칠 것이다.

2 초등 시기 역할 모델의 중요성과 역할

역할 모델은 아동의 진로발달, 특히 직업세계의 이해에 긍정적인 역할을 할 수 있다. 역할 모델은 삶의 일부 영역에서 모방하고 싶은 가치를 지닌 사람(Pleiss & Feldhusen, 1995), 진로에서 이상적인 기준이나 본보기가 됨으로써 진로결정 및 진로설계과정에 직·간접적으로 영향을 주는 존경스럽거나 닮고 싶은 사람(Nauta & Kokaly, 2001; 안진아, 2008)으로 정의할 수 있다. 역할 모델은 실생활에서 지속적으로 대인관계를 통해 영향을 받을 수 있는 부모나 교사, 지인 등 주변 인물일수도 있지만, 역사 속의 인물이나 스포츠선수, 정치인 등처럼 도서·방송 등의 매체를 통해 아동이 알게 되고, 아동에게 간접적이고 일방향적으로 영향을 주는 인물일 수도 있다.

역할 모델은 경험이 많은 사람이 그보다 경험이 적은 사람에게 도움을 주고 영향을 미친다는 점에서는 멘토 혹은 멘토링과 비슷한 개념이다. 그러나 역할 모델은 아동이 역할 모델을 선택하는 과정에서 수행하는 역할이 보다 강조된다는 점에서 멘토링과 차이가 있다. 즉 역할 모델은 대상이 되는 사람의 어떤 영역을 적극적이고 주체적으로 모델링할 영역으로 지각하고 수용했을 때 발생하는 기능에 초점이 있다(Scandura & Ragins, 1993; 안진아, 2008). 따라서 역할 모델을 진로교육에서 활용할 때 역할 모델이 누구인가보다는 역할 모델의 영향력, 즉 아동이 역할 모델의 어떤 부분에 주목하고 무엇을 모델링할 영역으로 지각하는지에 초점을 맞추는 것이 필요하다.

역할 모델은 아동기 진로발달에 다양한 긍정적인 효과를 준다. 진로발달측면에서 수퍼(Super, 1980)는 역할 모델과 유사한 '주요 인물'이라는 개념을 통해 아동기 자아개념의 형성과 발달에 미치는 영향을 미치는 아동 주변의 인물들의 중요성에 대해 강조한 바 있다. 예를 들어 남자 유치원생 42%, 초등학교 2학년의 40%, 4학년의 47%, 6학년의 36%가 자신이 현재 선택한 진로와 유사한 직업에 종사하는 사람을 안다고 보고하였다(Trice, Hughes, Odom, Woods, & McClellan, 1995). 보다 본격적으로 역할 모델이 진로이론에서 논의되기 시작한 것은 반두라의 사회학습(인지)이론(Bandura, 1986, 1997)으로부터 영향을 받은 사회인지진로이론(Social Cognitive Career Theory; Lent, Brown, & Hackett, 1994)부터이다. 사회인지진로이론에서는 자신과 어느 정도 공통점을 가진 역할 모델이 성취하고 이루어내는 과정을 관찰하면서 내담자의 자기효능감이 증진되어 자신 또한 역할 모델처럼 해낼 수 있다는 믿음을 갖게 된다고 보았다. 어떤 분야에서 성공한 역할 모델을 관찰한 학생들은 그 분야에 대한 성취기대와 선호수준이 높아지는 것으로 나타났다(Scherer, Brodzinski, & Wiebe, 1991). 특히 사회인지진로이론에서는 역할 모델이 여성이나 소수민족, 장애인일 때 사회적 약자나 소수자인 아동과 청소년의 진로포부의 향상이나 진로장벽의 극복 등에 미치는 긍정적인 영향력에 주목하고 있다.

역할 모델은 아동의 진로뿐만 아니라 심리사회적 · 학업적 발달에도 긍정적인 영향을 준다. 역할 모델은 아동의 학업성취나 학업 포부(Zirkel, 2002), 적응 유연성과 심리사회적 안정감에 긍정적인 영향을 미친다(Hurd, Zimmerman, & Xue, 2009; Werner, 1995). 뿐만 아니라 아동이 많은 위험 요인에 노출되었다 하더라도 긍정적인 역할 모델이 아동의 자아탄력성을 증진시킴으로써 폭력 행동과 같은 부정적인 행동으로부터 아동을 보호하는 역할을 할 수 있다는 연구 결과도 있다(Aspy, Oman, Vesely, McLeroy, Rodine, & Marshall, 2004).

그러나 역할 모델이 언제나 긍정적인 영향만을 주는 것은 아니다. 반사회적이나 문제행동을 하는 부정적인 역할 모델은 관찰과 모방을 통해 아동의 공격적인 태도와 폭력 행동의 증가를 일으킬 수 있다(Hurd, Zimmerman, & Reischl, 2011), 진로연구에서도 역할 모델에 관한 아동의 관찰이나 정보가 정확하지 않거나 왜곡되었을 가능성에 대해서 이야기한다(Sharf, 2014). 특히 깁슨(Gibson, 2004)은 이러한 정확하지 않은 관찰과 정보는 아동의 욕구와 바람, 야망이 역할 모델을 통해 반영된 결과일 수도 있다고 언급한 바 있다.

3 초등 시기 역할 모델과 직업세계 이해를 다룰 때 주의할 점

초등 시기 아동에게 역할 모델이나 직업세계의 이해와 관련된 활동을 계획하고 다룰 때, 고려할 사항은 다음과 같다. 첫째, 아동의 인지발달을 고려하여 다양한 직업정보와 직업인의 역할을 다루는 것이 필요하다. 피아제에 따르면 이 시기 아동은 사고 활동이 구체적인 대상에 적용되는 과정을 통해 이루어지는 구체적 조작기에 해당되며 고학년 아동 중에는 언어적 명제를 가지고 사고 활동이 가능한 형식적 조작기에 다다르는 경우도 있을 수 있다. 아동기에는 대상이 실재하고 있다는 것을 아는 것이 이후 어느 발달 단계보다 중요하므로(Sharf, 2014) 아동이 다양한 직업군에 노출되고, 그 직업군에 속한 사람(역할 모델이건 아니건)을 안다는 것 자체가 진로발달에 의미 있는 활동이다. 특히 저학년 아동의 경우 어떤 직업에 흥미를 표현하는 것이 직무(하는 일)에 대한 진정한 흥미를 의미하는 것이 아니라 그 직업을 수행하기 위한 도구나 활동에 대한 흥미를 반영하는 것일 수 있다는 것을 염두에 두어야 한다(Sharf, 2014). 유아기에는 직업을 직업과 관련되는 장소, 복장, 장비 등을 중심으로 표면적으로 이해한다고 하면 아동기에는 점차 어떤 직업을 수행하기 위해 필요한 기술에 대한 이해를 넓혀가게 된다. 따라서 직업에 대한 소개나 역할 모델에 관한 탐구 역시 해당 직업에 대한 표면적이고 구체적인 정보(즉 아동이 이해할 수 있는 수준에서의 직업에서 요구하는 작업 활동, 기술, 직업 수행과정에서의 기본적인 절차 등)에 초점을 맞추어 다루는 것이 효과적이다.

이와 같은 맥락에서 초등 시기에 역할 모델과 직업세계에 대한 이해를 다룰 때 구체적인 직업선택이나 장기적인 진로계획과 결부시켜 교육하는 것은 그 교육적 효과가 미미할 수 있다. 인지능력 중 시간 조망 능력은 진로계획에 있어 핵심적인 능력 중 하나이다. 그러나 만 4세에서 8세 아동의 경우 미래 사건에 대한 아동의 지각은 객관적으로 존재하는 것이 아니라 사건이 묘사되는 방식에 영향을 많이 받는다(Friedman, 2002). 즉 만 9세 미만의 아동에게는 시간 조망이 불가능한 것은 아니지만 인지적으로 쉬운 과제는 아니다. 이는 아동에게 6개월, 6년이란 미래 시간을 인지하고 표현하는 능력이 있다고 해서 아동이 6개월과 6년의 차이를 성인과 같은 수준으로 인지적으로 처리하기는 아직 어렵다는 것을 의미한다(Sharf, 2014). 그러므로 저학년 아동에게 역할 모델과 직업세계에 대해서 다루면서 장래 직업을 갖기 위해 필요한 진학 및 진로 계획을 세우도록 하는 것은 인지적으로 거의 불가능한 과제다. 아동기에는 역할 모델을 통해 현재 이해할 수 있는 정도로 직업세계에 대한 기본적인 정보를 얻고, 역할 모델의 긍정적인 부분에 주목하고 흥미를 가질 수 있도록 돕는 것이 보다 중요한 과제이다. 어떤 직업에 도달하기까지의 구체적인 과정을 이해하고 계획을 세우는 것은 시간 조망 능력이 성숙되는 시기인 청소년기에 단계적으로 다루는 것이 바람직하다. 다만 현재에 초점을 두어 아동이 할 수 있는 일-학업 능력 및 건강, 사회성 발달의 중요성 등을 강조할 수는 있을 것이다.

둘째, 초등 시기 직업세계의 이해과 역할 모델의 설정은 아동이 고려하는 직업적 대안 영역을 넓히는 방향으로 이루어지는 것이 좋다. 교사는 진로교육을 통해 아동이 이미 알고 있거나 흥미를 보이는 직업에 관한 정보나 활동뿐만 아니라 아동이 성장 과정에서 아직 접해보지 못했거나 흥미를 느껴볼 기회가 부족했던 다양한 직업군에 대한 정보 및 활동이 제공되도록 계획할 수 있다. 우선 학교나 교실에서 기존 직업박람회나 진로캠프 등을 통해 자주 소개되고 다루었던 직업인이나 직업이 있다면 주로 어떤 직업이었는지 파악하고, 다루었던 직업군 사이에 특정한 경향성이 발견된다면 이에 대한 대안적 접근을 고민하는 것이 필요하다. 예를 들어 홀랜드 직업성격유형(RIASEC)에 비추어 볼 때, 진로체험활동에서 예술형이나 연구형 직업이나 인물을 중심으로 소개되었다면, 실재형이나 관습형 등 다른 유형에 속하는 직업이나 인물을 소개할 수 있도록 하는 것이다. 앞서 소개한 제한타협이론에서 강조했듯이 아동이 성역할 고정관념이나 성별 분포("이 직업은 남자/여자만 하는 직업이야"), 사회적 지위("나는 이 정도 수준이 어울려")를 고려하여 구체적인 경험이나 정보 없이 직업대안영역을 제한했을 가능성을 염두에 두는 것이 필요하다. 이 경우 직업세계의 변화를 다루면서 성역할 고정관념이나 사회적 지위에 대한 압력 등을 극복하고 자신이 원하는 길을 찾은 구체적인 사례로서 역할 모델이 될 만한 인물들을 소개할 수 있다. 교사는 이를 통해 직업세계의 변화가 경제체제나 산업·기술의 진보뿐만 아니라 여러 개척자들에 의해서도 이루어진다는 것 또한 강조하면서 긍정적인 역할 모델 형성을 조력할 수 있다. 한편 다양한 교육 및 진로탐색의 기회가 부족한 지역이나 가정환경일수록 아동이 아는 직업세계나 아동의 역할 모델이 방송 매체나 SNS 등을 통해 접했던 직업군이나 주변에서 흔히 만나고 관찰할 수 있는 인물 등으로 한정될 가능성이 높다. 우선 아동이 직업에 관심을 가지고 흥미를 보였다는 사실을 격려하면서 구체적인 탐색이 가능하도록 인지 발달을 고려한 촉진적인 질문(무엇이 그 역할 모델/직업에 관심을 갖게 만들었는지, 어떤 일을 하는지, 역할 모델의 어떤 점이 훌륭하다고 생각하는지 등)을 제공할 수 있다. 또한 아동에게 직업카드를 활용하여 다양한 직업군을 소개하면서 현재 관심 있는 직업과 비슷한 다른 직업들 혹은 흥미 있는 직업과 가장 반대의 직업 등을 탐색하고 정보를 찾고 그 둘을 비교해 볼 수 있도록 해도 좋다.

셋째, 직업세계를 탐색하는 과정에서 아동의 현재 능력(신체적, 인지적, 정서적, 예술적 능력)을 기준으로 제한하지 않도록 한다. 아동은 이후 성장과정을 통해 자연스럽게 (필요하다면) 능력을 고려하게 된다. 수퍼의 진로발달이론에 따르면, 성장기의 가장 마지막 단계인 능력기는 만 11세에서 14세로 자신의 능력에 대한 감각을 키우는 시기로 이 시기에 이르러서야 아동은 자신의 능력을 비추어 과제수행 가능성 및 능력을 비교적 객관적으로 평가하기 시작한다(Howard & Walsh, 2010, 2011). 비록 아동기 초기부터 자신이 없고 자존감이 낮은 아동이 관찰되기는 하지만, 이는 부모 등의 주된 양육자나 교사, 또래의 부정적인 평가와 상호작용의 영향이라 보는 것이 타당하다. 따라서 아동의 성장가능성을 고려했을 때, 현재 능력을 고려하여 탐색을 제한하는 진로교육은 득보다 실이 더 클 가능성이 많다. 따라서 아동의 현재를 기준으로 직업세계에 대한 흥미나 탐색을 제한하는 것보다는 오히려 흥미를 발판 삼아 개발해야 하는 능력을 강조하는 것이 보다 교육적이다. 다만 아동이 현재 관찰되는 발전 가능성에 비해 낮은 포부 수준을 보이면서 제한적인 진로탐색을 하는 경우, 진로탐색의 확장에 초점을 맞춰 교사의 좀 더 적극적인 개입이 필요하다.

마지막으로 아동이 직업세계를 이해하는 데 있어 현재의 직업세계를 기반으로 하되, 직업세계의 변화 가능성에 대해서도 아동이 생각해 볼 수 있도록 안내하도록 한다. 이 장의 서두에서도 밝혔듯이 긱 경제(gig economy)와 과학기술의 발전은 산업구조를 빠르게 변화시키고 있고 이는 직업세계의 변화와도 밀접한 영향을 미치고 있다. 비록 교육의 내용으로 미래에 일어날 구체적인 직업세계의 변화를 가르칠 수는 없지만, 과학기술의 발전으로 인한 여러 직업의 흥망성쇠를 구체적인 사례로 제시함으로써 아동의 흥미를 끌고, 변화할 직업세계를 바라보는 아동의 상상력을 자극할 수 있다. 한편 직업세계의 변화는 단순히 변화하는 산업경제구조만이 아니라 교육의 확대로 인한 여성 노동인구의 증가, 국가 간(혹은 도시-비도시 간) 노동인구의 유출과 유입 등 사회의 변화와도 깊은 관련이 있다. 따라서 아동이 미래 직업세계를 이해하는 데 있어 앞으로 사라지고 새롭게 생겨날 직업들을 생각해 보는 것만큼이나, 다양한 사회의 변화가 직업세계에 미치는 영향이나 아동이 꿈꾸고 기대하는 사회 변화나 직업세계의 변화에 대해서도 함께 다루는 것도 중요한 함의를 가질 수 있다. 예를 들어 일과 관련하여 긍정적으로 변화를 이끌어냈던 제도적 개선이나 사건, 이러한 변화를 위해 힘써왔던 역사적인 인물들(성역할 고정관념에 도전한 사례, 아동노동착취 및 노예제도 금지 등)을 소개할 수 있다. 또한 다양한 문화와 언어를 사용하는 한국인과 외국인이 많아지고, 의료기술의 향상으로 노인 인구가 증가하는 등의 사회현상을 직업세계와 관련지어 생각해 보도록 안내할 수 있다. 마지막으로 시민교육과 관련하여 미래 사회에서의 직업이 어떤 역할을 했으면 좋겠는지 아동 눈높이에서 생각할 수 있도록 도울 수 있을 것이다.

4 초등 시기 역할 모델과 직업세계의 이해를 돕는 학급 활동

1) 역할 모델과 직업세계 이해 수업 구성

(1) 역할 모델과 직업세계의 이해 관련 초등학교 진로교육 세부목표 및 성취기준

2015년 초등학교 진로교육 목표의 개정안에서 직업세계 이해와 관련된 세부목표와 성취기준은 대영역 'Ⅱ. 일과 직업세계 이해'에 속하고, 역할 모델의 활용은 'Ⅲ. 진로탐색'에 속한다. 역할 모델과 직업세계의 이해 관련 초등학교 진로교육 세부목표와 성취기준은 다음과 같다.

대영역	중영역	세부목표	성취기준
Ⅱ. 일과 직업세계 이해	1. 변화하는 직업세계 이해	EⅡ 1.2 일과 직업의 다양한 종류와 변화를 이해한다.	EⅡ 1.2.1 생활 속의 다양한 직업을 찾아보고 각 직업이 하는 일을 설명할 수 있다.(중학년 수업 예시)
			EⅡ 1.2.2 현재의 직업들이 변화해 온 모습을 이해할 수 있다.
	2. 건강한 직업의식 형성	EⅡ 2.3 직업에 대한 편견과 고정관념을 극복하여 개방적인 인식을 형성한다.	EⅡ 2.3.1 직업에 대해 떠오르는 생각을 통해 자신이 지닌 고정관념이나 편견이 무엇인지 설명할 수 있다.(저학년 수업 예시)
			EⅡ 2.3.2 직업에 대한 편견과 고정관념을 극복한 사례를 통해 직업에 대한 개방적인 태도를 기를 수 있다.
Ⅲ. 진로탐색	2. 직업정보의 탐색	EⅢ 2.1 여러 가지 방법으로 직업정보를 탐색하고 수집한다.	EⅢ 2.1.1 책, TV, 인터넷 등에서 접한 다양한 직업에 대해 탐색할 수 있다.
			EⅢ 2.1.2 존경하거나 닮고 싶은 인물의 직업경로를 알아본다.(고학년 수업 예시)

(2) 학년별 활동의 구성

역할 모델과 직업세계의 이해를 위하여 진로주간을 운영한 사례를 보여주고 각 학년별로 가능한 수업지도안을 구상하였다. 진로주간 운영은 각 초등학교에서 매년 실시

해야 하는 활동이다. 진로주간에는 직업세계 이해를 위하여 강연형 진로체험활동, 진로 심리검사, 진로집단상담 등이 다양하게 구성될 수 있다. 이 장에 이어 9장에 나오는 진로체험활동에서도 연결되는 내용으로 참조할 수 있다.

저학년은 성별에 따라 하는 일이나 직업이 정해지지 않았음을 보여주는 성평등 교육을 수업으로 구성하였다. 저학년 아동이 흔히 갖는 성과 관련한 고정관념을 이야기하면서 학생들 스스로 의식하지 못하였던 부분들(색깔에 대한 고정관념, 직업에 대한 고정관념, 성역할에 대한 고정관념 등)을 함께 이야기해 볼 수 있도록 수업지도안을 마련하였다. 한 번의 수업으로 이러한 고정관념이 사라지기는 어려우므로 수업 이후 가정이나 주변 환경 속에서 성평등적인 모습을 찾아보거나 실천할 수 있도록 지도하는 것이 필요하다.

중학년에서는 생활 속에 다양한 직업이 있고 직업이 하는 일을 말할 수 있다는 학습목표를 성취하기 위하여 직업카드를 활용하여 수업을 구성하였다. 직업카드는 시중에 다양한 종류가 나와 있는데 단순히 많은 직업명이 나온 직업카드를 고르기보다는 직업에 대한 설명이 초등학생들이 이해하기 쉬운 용어로 서술되었는지를 교사가 확인해 보고 구입하면 좋다. 또한 직업카드 활동은 한 차시 수업이 아니라 3~5차시 연계 수업이 가능하므로 전체 활동을 위해 어느 정도의 시간을 활용할지를 미리 계획하고 준비하면 더욱 유용할 것이다. 중학년 아동들이 구체적 조작물을 가지고 수업을 했을 때 더욱 흥미를 갖고 참여하는 것에 착안하여 직업카드를 활용하여 다양한 직업명과 직업이 하는 일을 퀴즈형식으로 풀어보게 하였다.

고학년에서는 자신의 역할 모델을 단순히 찾는 것에 그치지 않고, 역할 모델과 자신의 비슷한 점을 찾아보고 역할 모델이 어떻게 어려움을 이겨냈는지를 살펴보고 자신의 어려움을 어떻게 이겨낼지 고민해 보도록 수업을 구성하였다. 이때 교사는 각 역할 모델이 어떠한 노력을 하여 지금의 위치에 오르게 되었는지 노력한 점에 초점을 두어서 역할 모델의 성공 요인을 찾아보게 한다. 또한 교사는 학생들 스스로 꿈을 위해 어떠한 준비와 노력을 하고 있는지 돌아보게 함으로서 자신의 진로를 탐색하고 준비할 수 있는 의지를 고취시킨다.

2) 직업세계 이해 수업의 흐름

(1) 저학년 수업의 예

학습 일시	20 . . . (요일 교시)	대상	1, 2학년	수업자	
학습 주제	성평등 교육	교과	창의적 체험활동		
학습 문제	남녀가 하는 일이 따로 있지 않다는 것을 알고 만화로 표현한다.				

학습 단계(분)	교수-학습 활동	자료(▶) 유의점(㉴)
학습 문제 인식 분위기 조성(5′)	남자·여자 신발주머니 살펴보기	㉴ 신발주머니가 없다면 학생들의 가방, 필통 등을 들어 살펴보게 할 수 있다.
	▷ **동기 유발** · 복도 신발장 남자 · 여자 신발주머니 살펴보기 · 남자의 신발주머니는 주로 무슨 색깔이 많나요? · 여자의 신발주머니는 주로 무슨 색깔이 많나요? · 만약 남자인 철수가 핑크색 신발주머니를 가져왔다면 뭐라고 이야기했을까요? ▷ **학습 문제 확인** 학습 문제: 남녀가 하는 일이 따로 있지 않다는 것을 알고 만화로 표현한다.	
활동 1(15′)	'답게답게' 애니메이션 보기	▶ http://www.kigepe.or.kr/sub03/search_view.asp?Board_CD=19&seq=14&SearchField=&Keyword=답게답게&page=
	▷ **한국양성평등교육진흥원에서 제작한 '답게답게' 애니메이션(15분 정도) 시청** – 보고 나서 OX 퀴즈를 한다는 것을 미리 안내하여 학생들의 집중도를 높인다. – 동영상이 잘 작동되는지 수업 전에 미리 확인하고 안 될 경우를 대비하여 다른 동영상을 찾아 놓는다. http://tv.naver.com/genderequality에는 성평등과 관련된 다양한 동영상이 제시되어 있으므로 학생 수준에 맞게 교사가 미리 확인하여 동영상을 준비한다.	
활동 2(5′)	OX 퀴즈	▶ 활동지 ㉴ 한글을 잘 읽지 못하는 경우, 교사가 PPT의 글을 읽어줄 수 있다
	▷ **애니메이션을 보고 나서 OX 퀴즈 풀기** – 머리 위에서 손으로 OX모양을 만들며 10개의 퀴즈를 풀어 본다. – 하나의 퀴즈를 풀고 나서 교사가 추가 설명을 해 주면 더욱 좋다.	
활동 3(10′)	성평등 만화 그리기	▶ 활동지, 색연필, 사인펜 ㉴ 성역할 고정관념, 편견 등 용어를 설명하기보다 누구나 할 수 있다는 점에 초점을 둔다.
	▷ **남자와 여자가 평등하게 할 수 있다는 것을 만화로 그려 보기** – 남자와 여자가 평등하게 하는 장면을 떠올려 본다. – 말풍선을 이용하여 이야기를 만들어 본다. – 성평등 만화를 그려 본다.	
정리(5′)	수업 돌아보기	
	▷ **오늘 활동을 통해 배운 내용 정리하기** – 오늘 수업을 통해 느낀 점이 있으면 이야기 나누어 본다. · 오늘은 남자와 여자가 하는 일이 다르지 않다는 것을 배웠어요. 남자라는 이유로, 여자라는 이유로 해야 할 일이 정해진 것이 아니지요. 남자든 여자든 각자가 잘하고 진짜로 하고 싶은 일을 찾으면 성별에 관계없이 할 수 있다는 것을 배웠어요. 만약 학교나 집에서 "넌 여자니까 이렇게 해야 해! 넌 남자니까 이렇게 하는 거야!"라는 말을 듣는다면 여러분은 어떻게 대답할 수 있을지 생각해 봅시다.	

■ 저학년 활동지

_____________학년도 진로주간(1~2학년용)

_____ 초등학교 ___ 학년 ___ 반 이름: ___________

활동1 '답게답게' 동영상을 보고 다음 문제에 맞으면 O, 틀리면 X표시하세요.

(1) 아기는 여자가 돌봐야 한다.____________________( )

(2) 남자는 유치원 선생님이 될 수 있다.____________________( )

(3) 남자가 분홍색 옷을 입는 것은 이상한 일이다.____________________( )

(4) 과학자, 경찰, 군인은 남자가 어울린다.____________________( )

(5) 남자가 슬프다고 우는 것은 창피한 일이다.____________________( )

(6) 여자는 축구선수가 될 수 있다.____________________( )

(7) 집에서 요리는 엄마가 해야 한다.____________________( )

(8) 여자는 얌전해야 하고 남자는 씩씩해야 한다.____________________( )

(9) 집안일을 할 때 온 가족이 함께한다.____________________( )

(10) 남자는 축구를 하고 여자는 소꿉놀이를 해야 한다.____________________( )

활동 2 '답게답게' 동영상을 보고 위의 OX 퀴즈를 하며 새로 배운 점이나 느낀 점을 아래 4컷의 만화로 표현해 보세요.

(2) 중학년 수업 예시

학습 일시	20 . . . (요일 교시)	대상	3, 4학년	수업자	
학습 주제	직업카드로 다양한 직업 알기	교과	창의적 체험활동		
학습 문제	다양한 직업명과 직업이 하는 일을 말한다.				

학습 단계(분)	교수-학습 활동	자료(▶) 유의점(유)
학습 문제 인식 분위기 조성(5′)	등굣길에 만난 사람들	㊒ 나의 생활 주변에 다양한 직업인이 있음을 알도록 한다.
▷ 동기 유발 - 오늘 학교 등굣길에 만난 사람들을 떠올려 보고 어떤 직업인들이 있었는지 이야기 나눈다. · 아침에 집에서 나와 본 사람들은 누가 있나요? · 안전지도요원 선생님, 교장선생님, 학교보안관님, 청소부 아저씨/아주머니 등 또 누가 있나요? ▷ 학습 문제 확인 학습 문제: 다양한 직업명과 직업이 하는 일을 말한다.		
활동 1(7′)	직업카드 살펴보기	▶ 직업카드 4인 1세트 ㊒ 직업카드를 찬찬히 살펴볼 수 있는 시간을 준다. 이때 교사는 여러 관련 직업을 아우르는 대표직업명에 대해 간단히 설명한다. 또한 비어 있는 카드에 새로운 직업카드를 만들 수 있다고 안내한다.
▷ 다양한 직업명 살펴보기 - 4인 1조 모둠 책상을 만들고 직업카드를 직업명이 보이도록 깔아 놓는다. - 직업카드 한 세트를 4명이서 나눠서 책상 위에 깔아 놓고 책상 위에 어떤 직업명이 있는지 살펴본다. 내 책상뿐만 아니라 친구들 책상 위에 카드들을 살펴본다. - 직업카드를 살펴보고 다음과 같은 활동을 하도록 안내한다. · 내가 알고 있는 직업이 있는지 찾아보세요. 친구들에게 그 직업을 간단히 설명해 보세요. · 직업카드 중 내가 관심 있는 직업이 있는지 찾아보세요. · 처음 보는 직업이 있다면 카드를 뒤집어서 뒷면의 직업에 관한 설명을 읽어 보세요. · '야구선수'가 직업카드에 없다구요? 그러면 어디에 속할까요? 네, 맞아요. 운동선수라는 직업에 야구선수, 축구선수가 다 포함된답니다. 직업의 종류가 많기 때문에 비슷한 직업들은 묶어서 그렇게 카드 한 장에 나타낸답니다. · '스튜어디스'라는 직업이 보이나요? 왜 없을까요? '스튜어디스'는 여자 승무원을 말하는 영어예요. 남자 승무원도 있어서 '항공기 객실승무원'이라는 이름으로 카드에 적혀 있답니다. · 그래도 내가 관심 있거나 아는 직업카드가 없다면, 비어 있는 카드를 사용하여 앞면에 직업명을 적고 뒷면에 직업 설명을 적어 봅시다.		

활동 2(23′)	직업카드 퀴즈놀이	▶ 직업카드 4인 1세트, 활동지

▷ **직업카드 퀴즈놀이하기**

- 모둠에서 2명씩 짝을 지어서 직업카드 퀴즈놀이를 한다.
  - · 자, 이제 직업카드 퀴즈놀이를 해 봅시다. 책상 위에 직업카드를 잘 모아서 각자 손에 들어 보세요. 모둠에서 2명씩 짝을 지으세요. 짝과 퀴즈놀이를 할 겁니다. 뒷면에 보면 직업이 하는 일이 적혀 있어요. 그 직업의 글자수를 말하고 하는 일을 읽어주고 직업명을 맞히는 거예요. 직업명을 짝이 맞히면 그 직업카드를 짝의 앞에 내려놓습니다. 만약 1분 동안 직업명을 맞히지 못하면 그 직업카드는 문제를 낸 사람 앞에 내려놓습니다. 이렇게 15분 동안 더 많은 직업명을 맞히는 사람이 이기는 놀이입니다. 이제 한번 해 볼까요?

▷ **활동지로 정리해 보기**

- 활동지에 소감을 정리하고 발표하여 본다.

㊓ 15분 동안 한 번 퀴즈놀이를 하여도 좋고, 모둠에서 짝과 한 번 그리고 앞뒤로 앉은 친구와 한 번 더 진행하면 더 많은 직업명을 접할 수 있다.

정리(5′)	수업 돌아보기

▷ **오늘 활동을 통해 배운 내용 정리하기**

- 오늘 새로 알게 된 점이 무엇인지 이야기 나눠 본다.
  - · 오늘은 직업카드를 가지고 다양한 직업명을 알아보고 그 직업이 하는 일을 퀴즈 형식으로 알아보았습니다. 여러분 주변에서도 다양한 직업을 찾을 수 있고 또 그동안 모르고 있었던 많은 직업이 있다는 것도 알게 되었어요. 그런데 세상에는 정말 많은 직업이 있고 새로운 직업도 계속해서 생긴답니다. 여러 직업에 관심을 가지고 살펴보면서 그중에서 내가 진짜 하고 싶은 일을 찾아가도록 합시다.

㊓ 모든 직업이 하는 일을 다 알 수는 없지만, 다양한 직업이 있다는 것을 알고 관심을 갖고 찾아볼 수 있도록 한다.

■ 중학년 활동지

직업카드 퀴즈놀이하기

______ 초등학교 ____ 학년 ____ 반 이름: ______________

1. 직업카드 중에서 내가 이미 잘 알고 있었던 직업이름을 3~5개만 적어 보세요.

2. 직업카드 중에서 직업이름은 알고 있었는데 그 직업이 하는 일은 잘 몰랐던 직업을 2~3개만 적어 보세요.

3. 직업카드 퀴즈놀이를 통해 새로 알게 된 직업은 무엇인가요?

4. 친구들과 직업카드 활동을 하면서 어떠했는지 느낌을 써 보세요.

(3) 고학년 수업활동의 예

학습 일시	20 . . . (요일 교시)	대상	5, 6학년	수업자	
학습 주제	역할 모델을 찾고 노력한 점 찾기	교과	창의적 체험활동		
학습 문제	나의 역할 모델을 찾아 나와 비슷한 점, 다른 점을 찾아보고 내가 노력할 점을 말한다.				

학습 단계(분)	교수-학습 활동	자료(▶) 유의점(㊒)
학습 문제 인식 분위기 조성(5′)	선생님의 역할 모델 이야기하기	▶ 사진 ㊒ 교사의 경험은 학생들에게 가장 호기심 어린 이야기가 될 수 있다. 자신의 역할 모델을 이야기해 주고 사진이 있는 경우 보여주면 더욱 좋다.
	▷ 동기 유발 - 선생님의 역할 모델 이야기 나누기 · 역할 모델이라는 말을 들어본 적이 있나요? 역할 모델이란 무슨 뜻일까요? · 선생님도 역할 모델이 있어요. 선생님이 어렸을 때 만났던 OOO선생님이에요. 그 선생님을 보고 선생님도 친절하게 가르쳐 주는 교사가 되어야겠다고 생각했어요. 오늘은 여러분의 역할 모델에 대해 선생님과 함께 생각해 보아요. **▷ 학습 문제 확인** 학습 문제: 나의 역할 모델을 찾아 나와 비슷한 점, 다른 점을 찾아보고 내가 노력할 점을 말한다.	
활동 1(10′)	나의 역할 모델 찾기	▶ 활동지, 역할 모델 직업카드 ㊒ 만약 관심 인물이 같을 경우 친구들이 같이 작업을 하여도 좋다.
	▷ 역할 모델을 찾아 나와 비슷한 점, 다른 점 찾아보기 - 역할 모델 직업카드를 모둠원끼리 책상 위에 깔아 보고, 나의 역할 모델을 찾아본다. - 역할 모델 카드 뒷면에 그 인물과 관련된 정보를 읽어 본다. - 나와 비슷한 점, 다른 점을 찾아 활동지에 쓴다.	
활동 2(10′)	역할 모델의 노력한 점 찾기	▶ 활동지, 역할 모델 직업카드 ㊒ 인물 정보를 더 찾고 싶을 때는 교실의 PC나 태블릿을 활용할 수 있다.
	▷ 내가 고른 역할 모델의 노력한 점을 찾아 정리하여 소개하기 - 내가 고른 역할 모델의 노력한 점, 어려움을 극복한 점, 사회에 미친 영향 등을 정리해 본다. - 모둠의 친구들에게 소개한다.	
활동 3(10′)	내가 노력할 점 찾기	▶ 활동지 ㊒ 학생들이 지금 노력하고 있는 점을 찾기 어려워할 수 있다. 아주 작은 점이라도 찾아볼 수 있도록 교사가 예를 들어도 좋다.
	▷ 내가 노력할 점, 내가 가진 어려움 등 탐색해 보기 - 내가 꿈을 위해 지금 노력하고 있는 것이 있다면 작은 것이라도 쓴다. - 내가 현재 가지고 있는 어려움이 무엇인지, 없다면 앞으로 어떤 어려움이 생길 수 있는지 예상해 본다. - 내가 조금 다르게 시도해 보거나, 노력할 점을 찾아 쓴다.	
정리(5′)	수업 돌아보기	㊒ 자신의 활동지를 교실 뒷면에 게시하여 실천 의지를 높인다.
	▷ 오늘 활동을 통해 배운 내용 정리하기 - 오늘 수업을 통해 느낀 점이 있으면 이야기 나누어 본다. · 오늘 여러분은 각자의 역할 모델을 역할 모델 직업카드를 통해 찾아보았어요. 그리고 그 역할 모델의 성공 요인을 찾아보고 나와 비슷한 점을 찾아보았지요? 여러분이 지금 어렵다고 생각하는 것을 그분들도 겪었을 거예요. 그분들이 어떻게 어려움을 이겨내려고 노력했는지를 잘 기억하고 여러분도 지금부터 작지만 할 수 있는 일을 찾아서 실천한다면 잘 해낼 수 있을 거라고 선생님은 믿어요. 오늘부터 작은 것이라도 실천할 수 있겠지요?	

■ 고학년 활동지

_____ 초등학교 ___ 학년 ___ 반 이름: ___________

활동1 역할 모델 직업카드에서 내가 역할 모델로 삼고 싶은 사람을 한 명 찾아보세요.

나의 역할 모델	
이 사람을 뽑은 이유	
나와 비슷한 점	
나와 다른 점	

활동2 나의 역할 모델의 성공 요인 찾기

노력한 점	어려움을 이겨낸 점	사회에 미친 영향

활동3 내가 노력할 점은?

내가 지금 노력하고 있는 점	나의 어려움	내가 조금 다르게 해 볼 점

■ 학년별 진로주간 계획서의 예

____________학년도 진로주간 운영 계획

_____ 초등학교

I. 목적

1. 개인의 소질과 적성을 고려하고 학생의 발달 단계에 맞는 진로교육을 체계적으로 실시하여 다양한 직업세계와 정보화 사회에 맞는 생애 설계 능력을 배양한다.
2. 학생들이 자기이해를 바탕으로 자신의 적성과 능력에 알맞은 진로를 능동적으로 탐색하고 선택할 수 있는 능력과 태도를 기른다.
3. 다양한 일과 직업에 대한 올바른 개념을 정립함으로써 올바른 직업관을 갖도록 한다.
4. 다양한 진로정보 수집 활동을 통하여 학생 개개인에게 직업선택의 안목을 길러준다.

II. 세부계획

1. 기 간: 20____년 ____월 ____일~20____년 ____월 ____일
2. 대 상: 1학년~6학년 전교생을 대상으로 학년 특성에 맞게 운영함
3. 교과와 통합 또는 창의적체험활동 시간을 활용하여 학생들 모두 참여하여 정보를 수집할 수 있는 기회를 가지도록 한다

가. 성평등 진로교육(1~2학년)

1) 일 시: 20____년 ____월 ____일~20____년 ____월 ____일
2) 한국양성평등교육진흥원에서 제작한 15분 정도의 '답게답게' 애니메이션을 보고 나서 성평등 진로교육 OX퀴즈 및 활동지를 작성하도록 하여 직업에 성역할 고정관념을 없애도록 지도한다.

나. 푸드스타일리스트 직업체험(3학년)

1) 일 시: 20____년 ____월 ____일~20____년 ____월 ____일
2) 대 상: 3학년
3) 강서진로직업체험센터와 연계하여 각 반에 2시간씩 까나페만들기를 통해 푸드스타일리스트 직업을 체험하고 직업이 하는 일을 말할 수 있도록 한다.
4) 예산: 재료비 ________원 * ___명=___________원
   강사료 ___반 * ________원=___________원

다. MMTIC 성격검사를 통한 진로체험(4학년)

1) 일 시: 20____년 ____월 ____일~20____년 ____월 ____일

2) 대 상: 4학년

3) MMTIC 성격검사를 통해 자신의 학습 스타일, 진로에 대해 탐색해 보고, 검사 후 그룹작업을 통해 각 성향별 차이점을 알고 서로를 이해할 수 있는 시간을 갖는다.

4) 예산: 검사지 ________원 * ____명=__________원

OMR 및 프로파일 10부 1세트__________원 * ___세트=__________원

택배비 ________원 《총액》__________원

라. 직업카드를 활용한 진로교육(5학년)

1) 일 시: 20____년 ____월 ____일~20____년 ____월 ____일

2) 대 상: 5학년

3) 교과와 통합하여 직업카드를 활용하여 학생들에게 다양한 직업세계가 있다는 것을 알게 하며 직업이 하는 일을 좀 더 심도 있게 배울 수 있도록 한다. 특히 초등학생이라는 특성에 맞게 구체적 조작을 할 수 있도록 직업카드를 가지고 놀이를 통해 다양한 직업이 있고 직업이 하는 일을 말로 설명해 보는 활동을 할 수 있도록 한다.

4) 예산: 직업카드 ________원 * ___세트=_________원

마. 집단상담을 활용한 진로교육(6학년)

1) 일 시: 20____년 ____월 ____일~20____년 ____월 ____일

2) 대 상: 6학년 각 반 4차시씩

3) 학부모 상담자원봉사자를 활용하여 8~10명 내외의 집단으로 구성하여 상담을 실시한다. 자신의 진로에 대해 깊이 있게 탐구해 보는 기회로 삼고 직업세계를 알아보는 활동을 통해 직업에 대한 올바른 가치관을 갖고 미래에 자신이 가질 직업에 대해 탐구하도록 한다.

4) 예산: 자원상담자 강사료 ____________원 * ____명 * ____일=_________원

자원상담자 점심 식비 __________원 * ____명 * ____끼=_________원

행사 진행비(간식비) __________원

■ 학생 읽기 자료

다음 사례들을 읽고 떠오르는 생각을 친구들과 이야기 나눠 봅시다.

이야기 1[1]

축구선수 지소연이 축구 종가 잉글랜드 진출의 꿈을 이뤄냈다.

지소연의 에이전트에 따르면 "지소연이 잉글랜드 축구 클럽 첼시 레이디스와 2년 계약을 맺었으며 현재 구단의 발표만 남은 상황이다"라고 전했다.

첼시 레이디스는 현재 지소연의 구체적인 연봉과 계약 조건을 공개하지 않았지만 지소연에게 구단 역사상 최고 대우를 해 준 것으로 전해졌다. 또한 이는 잉글랜드 여자축구를 통틀어서도 최고 수준인 것으로 알려졌다.

이야기 2[2]

김재환(31) 씨는 울산 최초의 남자 유치원 교사다. 지난해 실시한 임용시험에 합격해 지난 2일 울산 동구 꽃바위유치원으로 발령받았다. 김 씨는 "유치원 교사가 되겠다고 했을 때 '남자가?'라는 주위 반응도 있었지만, 오히려 희소성이 있어서 좋다. 유치원에선 남자선생님이 많이 없어서 크고 작은 배려도 받는다. 그만큼 조심해서 행동하려고 노력한다"고 말했다.

김 씨는 "처음 아이들을 맡을 때는 '학부모들이 혹시 남자 교사라서 거칠거나 섬세하지 못하다고 불안해 하면 어떻게 하나' 걱정도 했었지만, 오히려 든든하게 믿고 맡길 수 있어서 좋다는 학부모들이 많아서 힘이 났다"고 9일 밝혔다. 특히 남자 어른과 좋은 관계를 맺는 경험이 아이들에게 도움이 되었다는 의견이 많다고 전했다.

교사로서 목표는 아이들이 행복한 삶을 사는 데 도움을 주는 사람이 되는 것이다. 김 씨는 "'교육에서 가장 중요한 것은 삶을 경험한다는 것이 행복하다는 것을 알게 해주는 것이다'는 명언을 좋아한다"며 "특수반 아이들이 살아간다는 것이 행복하다고 느낄 수 있도록 도와주고 싶다"고 강조했다.

1 학교진로교육프로그램(SCEP) 창의적 진로개발 활동지(p.157) 내용을 재구성함

2 「연합뉴스」(2016. 3. 9.). 울산 첫 유치원 남자 교사 김재환 씨 요약.

참고문헌

교육부, 한국직업능력개발원(2015). 학교진로교육프로그램(SCEP) 창의적 진로개발. 개정판 초등학교.

안진아(2008). 역할모델 및 다중역할계획에 대한 태도와 진로포부의 관계: 여대생을 대상으로. 이화여자대학교 석사학위논문.

Aspy, C. B., Oman, R. F., Vesely, S. K., McLeroy, K., Rodine, S., & Marshall, L. (2004). Adolescent violence: The protective effects of youth assets. *Journal of Counseling & Development, 82*, 268-276.

Bandura, A. (1986). *Social foundations of thought and action: A social cognitive theory*. Englewood Cliffs, NJ: Prentice Hall.

Bandura, A. (1997). *Self-efficacy: The exercise of control*. San Francisco, CA: W. H. Freeman.

Care, E., Deans, J., & Brown, R. (2007). the realism and sex type of four-to five-year-old children's occupational aspirations. *Journal of Early Childhood Research, 5*(2), 155-168.

Correll, S. J. (2001). Gender and the career choice process: The role of biased self-assessments. *American Journal of Sociology, 106*(6), 1691-1730.

Friedman, W. J. (2002). Children's knowledge of the future distances of daily activities and annual events. *Journal of Cognition and Development, 3*(3), 333-356.

Gibson, D. E. (2004). Role models in career development: New directions for theory and research. *Journal of Vocational Behavior, 65*, 134-156

Gottfredson, L. S. (2004). Using Gottfredson's theory of circumscription and compromise in career guidance and counseling. In S. D. Brown and R. W. Lent (eds.), *Career development and counseling: Putting theory and research to work* (pp. 71-100). New York, NY: John Wiley & Sons.

Heppner, M., & Jung, A. (2013). Gender and social class: Powerful predictors of a life journey. In W. B. Walsh, M. Savickas, & P. J. Hartung (Eds.), *Handbook of vocational psychology* (4th ed., pp. 81-102). New York, NY: Routledge. http://dx.doi.org/10.4324/9780203143209

Howard, K. A., & Walsh, M. E. (2010). Conceptions of career choice and attainment: Developmental levels in how children think about careers. *Journal of Vocational Behavior, 76*(2),

143-152.

Howard, K. A., & Walsh, M. E. (2011). Children's conceptions of career choice and attainment: Model development. *Journal of Career Development, 38*(3), 256-271.

Hurd, N. M., Zimmerman, M. A., & Reischl, T. M. (2011). Role Model Behavior and Youth Violence: A Study of Positive and Negative Effects. *Journal of Early Adolescence, 31*(2), 323-354.

Hurd, N. M., Zimmerman, M. A., & Xue, Y. (2009). Negative adult influences and the protective effects of role models: A study with urban adolescents. *Journal of Youth and Adolescence, 38*, 777-789.

Lent, R. W., Brown, S. D., & Hackett, G. (1994). Toward a unifying social cognitive theory of career and academic interest, choice, and performance. *Journal of Vocational Behavior, 45*, 79-122.

Nauta, M. M., & Kokaly, M. L. (2001). Assessing role model influences on students' academic and vocational decisions. *Journal of Career Assessment, 9*(1), 81-99.

Pleiss, M. K., & Feldhusen, J. F. (1995). Mentors, role models, and heroes in the lives of gifted children. *Educational Psychologist, 30*(3), 159-169.

Scandura, T. A., & Ragins, B. R. (1993). The effects of sex and gender role orientation on mentorship in male-dominated occupations. *Journal of Vocational Behavior, 43*(3), 251-265.

Scherer, R. F., Brodzinski, J. D., & Wiebe, F. (1991). Examining the relationship between personality and entrepreneurial career preference. *Entrepreneurship & Regional Development, 3*(2), 195-206.

Sharf, R. S. (2014). *Applying career development theory to counseling* (6th ed.). Cengage Learning.

Super, D. E. (1980). A life-span, life-space approach to career development. *Journal of Vocational Behavior, 16*(3), 282-298.

Trice, A. D., Hughes, M. A., Odom, C., Woods, K., & McClellan, N. C. (1995). The origins of children's career aspirations: IV. Testing hypotheses from four theories. *The Career Development Quarterly, 43*(4), 307-322.

Werner, E. E. (1995). Resilience in development. *Current Directions in Psychological Science, 4*(3), 81-84.

Zirkel, S. (2002). Is there a place for me? Role models and academic identity among white students and students of color. *Teachers College Record, 104*(2), 357-376.

9장

진로체험활동을 통한 직업세계 탐색

정애경 · 박진영

1 초등 시기 직업체험의 의미

전통적으로 체험은 교육에서 중요한 활동으로 인식되어 왔다. 피아제(Piaget)는 개인과 환경의 상호작용을 강조하였으며, 듀이(Dewey) 또한 학습과정에서 경험의 중요성을 역설한 바 있다(이동혁, 2016; 조성심 · 주석진, 2010). 경험의 전환을 통해 학습이 이루어진다는 콜브(Kolb, 1984)의 경험학습모형은 개인의 감정, 지각, 행동, 사고 간의 상호작용을 통해 학습이 구성되기 때문에 아동이 학습과정에서 구체적인 경험을 할 수 있도록 돕고자 한다. 반두라(Bandura)의 사회학습(인지)이론에서는 성공경험이나 대리경험이 아동의 자기효능감을 증진시키는 역할을 한다고 보았다(Bandura, 1986, 1997).

진로교육에서도 체험의 중요성은 폭넓게 다루어지고 있다. 반두라 이론의 영향을 받은 사회학습진로이론(Krumboltz, 1994)과 사회인지진로이론(Rent, Brown, & Hackett, 1996, 2002)은 각각 삼각 상호작용(환경, 개인적 요인, 행동 간 상호작용)과 자기효능감에 주목하여 진로이론을 창안하였으며, 공통적으로 진로경험(진로관련 체험활동과 학습활동)과 진로행동에 주목한다. 사회학습진로이론은 특정 직업이나 진로를 선호하게 되는 과정에서 개인의 이전 학습경험이 중요한 영향을 미친다고 가정하므로 직업이나 진로와 관련된 학습경험을 강조한다. 특히 경험 활동의 목적을 자기 자신과 직업세계에 대한 긍정적이고 구체적이며 정확한 상(像)을 그릴 수 있도록 자료를 제공하는 것으로 보았다. 크럼볼츠(Krumboltz)의 초기 연구들은 진로체험활동의 긍정적인 효과를 강조하였는데, 진로체험프로그램을 통해 실제 작업환경이나 그 비슷환 환경에서 관련된 직무를 체험해 본 고등학생들은 책 등과 같은 간접경험을 통해 진로정보를 접한 학생들에 비해 해당 진로에 대한 높은 흥미를 보고하였다고 밝혔다(Krumboltz, 1970; Krumboltz, Baker, & Johnson, 1968).

한편 사회인지진로이론에서는 학습경험이 일어나는 구체적인 맥락과 학습경험의 결과가 아동의 결과기대나 자기효능감에 미치는 영향에 더 많은 관심을 기울인다. 사회인지진로이론에 따르면, 여학생이 남학생에 비해 과학 · 기술 · 공학 · 수학(STEM)분야의 진로를 선택하지 않는 이유는 남학생과는 다른 학습경험(역할 모델의 부재, 낮은 빈도의 칭찬과 격려 등)으로 인한 낮은 결과기대와 자기효능감의 영향, 그 결과 낮게 형성된 흥미 때문이다(Hackett & Betz, 1981). 이와 같은 가설을 지지하는 연구 결과들이 축적되면서 미국에서는 여자 청소년이나 소수 인종·민족 청소년을 대상으로 긍정적인 STEM분야 학습경험을 제공하는 프로그램에 대한 국가적인 지원이 있어 왔고, 사회적 변화를 일궈냈다(White House, 2016). 이처럼 사회인지진로이론에서는 학습경험에 영향을 미치는 개인적 요인(젠더, 인종, 장애 등)과 환경적 요인(사회경제적 조건, 문화) 등에 관심을 가지고 긍정적인 학습경험을 돕고 부정적인 학습경험이 진로에 미치는 영향을 최소화하고자 한다(Thompson & Dahling, 2012).

2 진로체험활동 유형

진로체험활동에는 다양한 활동들이 포함되는데, 크게 현장체험 여부에 따라 직접체험활동과 간접체험활동으로 나뉘며, 직접체험활동은 다시 구체적인 업무수행 관여 여부에 따라 구분된다(김기헌·유홍준·오병돈, 2014; 이동혁, 2016). 예를 들어 직접체험활동은 직업이 실제로 수행되는 현장이나 유사한 현장에 아동이 직접 찾아가 직업 및 진로와 관련된 활동을 관찰하거나 경험해 볼 수 있는 활동을 의미하며, 여기에는 직장 견학, 전공학과 체험, 직업훈련기관에서의 훈련체험 등이 포함된다. 반면 간접체험활동은 매체나 인터넷 등을 활용한 직업정보 수집이나 시청각자료 활동, 직업인의 초청 강연이나 인터뷰 등과 같이 직업이 실제로 수행되는 공간이 아닌 장소에서 간접적으로 직업과 관련된 특성을 체험할 수 있는 활동을 의미한다. 직접체험활동도 그 활동이 실제 업무와 얼마나 유관하게 이루어지는가에 따라 구분할 수 있다. 예를 들어 직접체험활동은 현장 견학처럼 직업 현장을 방문하지만 관광을 하듯이 지켜보는 낮은 수준의 업무 관여로 이루어진 체험활동, 실제 업무를 수행하지는 않지만 직장에서 직업인의 업무 수행을 근거리에서 관찰하는 직무 관찰(job shadowing)과 같이 중간 수준의 업무 관여를 할 수 있는 체험활동, 또는 일정 기간 실제 직장에서 직업과 관련된 실제 업무를 수행하는 인턴십이나 도제제도 등 높은 수준의 업무 관여를 하는 직접체험활동 등으로 분류될 수 있다.

『진로체험매뉴얼』(교육부·한국직업능력개발원, 2016a)은 학교에서의 진로체험활동을 현장진로체험, 직업실무체험, 현장 견학, 강연·대화, 학과 체험, 진로캠프 등의 여섯 가지 활동으로 제안하고 있다. 『초등학교용 진로체험 교육과정 길잡이』(교육부·한국직업능력개발원, 2016b)에서는 초등학교에서는 진로발달 단계를 고려하여 현장 견학형, 강연·대화형, 교과연계를 통한 진로체험을 제공하도록 권고하고 있다. 특히 진로발달 단계가 올라갈수록 아동이 경험하는 진로체험의 현장성과 구체성이 높아질 필요가 있으며, 학생의 진로목표와 체험 간의 연계성이 높아지도록 진로체험활동을 구성하도록 강조하고 있다(교육부·한국직업능력개발원, 2016b).

3 초등 시기 진로체험활동의 목적과 구성[1]

초등 시기 아동에게 진로체험활동을 통한 직업세계 탐색활동을 계획하고 다룰 때, 고려할 만한 사항은 다음과 같다. 첫째, 진로체험활동은 아동이 긍정적으로 결과기대와 자기효능감을 형성할 수 있는 방향으로 구성되어야 한다. 반두라는 자기효능감의 형성을 돕는 정보원으로서 과거 성공경험, 대리 학습, 사회적 설득, 긍정적인 생리적·정서적 경험을 꼽았다(Bandura, 1997). 따라서 진로체험활동을 계획할 때, 이와 같은 자기효능감의 네 가지 정보원을 고려하여 체험활동이 이루어질 수 있도록 준비한다면 도움이

1 이 절의 내용은 '사회학습이론에서 본 진로체험활동'(정애경, 2016)의 관련 내용 일부를 토대로 초등 시기에 적합하게 재구성한 것임.

될 것이다. 구체적으로 살펴보면, 아동이 작은 성취경험을 할 수 있도록 고안된 구체적인 수행 활동, 숙련된 성인의 수행 과정 관찰 등과 같은 대리 학습 경험, 교사나 인솔자의 격려 및 지지와 같은 사회적 설득, 활동 수행 과정 중의 재미나 흥분 등과 같은 긍정적인 생리적·정서적 경험 등이 진로체험활동을 통해 제공될 수 있도록 활동을 구성할 수 있다.

둘째, 진로체험활동은 진로탐색활동을 촉진하는 하나의 수단으로서 진로체험활동의 목적이나 기대되는 결과가 아동의 흥미와 진로결정 등을 어떤 방향으로 이끌기 위한 것은 아니라는 것을 분명히 해야 한다. 크럼볼츠는 미래의 예측 불가능성을 강조하면서 진로결정 자체가 중요하지 않다는 입장을 견지하는데(Krumboltz, 2015), 같은 맥락에서 진로체험활동 또한 진로를 결정하기 위한 활동이 아닌 탐색하기 위한 활동으로 접근하고 있다. 따라서 진로체험활동의 목적은 아동이 다양한 직업군에 대해 더 잘 알게 되고 새로운 가능성을 탐색하는 것이다. 이는 진로체험활동이 반드시 그 진로에 대한 흥미의 증가나 직업선택으로 이루어지지 않을 수 있다는 것을 전제로 한다. 진로체험활동을 통해 아동이 해당 진로에 대한 흥미가 생기는 것은 환영할 일이지만, 아동이 체험활동 이후 흥미를 느끼지 못한다고 할지라도 흥미의 탐색과 변별차원에서 여전히 진로체험활동의 의의를 발견할 수 있다.

셋째, 진로체험활동은 한국 사회에서 진로장벽이나 부족한 사회적 지지로 인해 탐색이 어렵거나 아동이 긍정적인 자기효능감 및 결과기대를 형성하기 어려운 분야를 중심으로 이루어지는 것이 바람직하다. 한국 사회에서 부모나 교사의 기대나 선호에 의해 진로탐색이나 선택이 제한되거나 대중매체에서 다루어진 직업이 크게 인기를 끌고 주목을 받는 등 진로탐색에 있어서 외부 환경의 영향이 큰 편이다(김은영, 2002; 김장회·김계현, 2009). 또한 국가 간 양성평등 지수(145개국 중 115위, World Economic Forum, 2015)나 장애인 인권 실태 조사(보건복지부, 2009, 2011)에서도 드러나듯이 여전히 많은 분야에서 여성이나 장애인 등 사회적 소수자에 대한 차별이 있고 취업 또한 소득이 낮은 직종이나 돌봄 노동 등에 편중되는 경향을 보인다. 따라서 진로체험활동이 사회적으로 인정받고 선호되는 직종에 국한되어 실시되거나 혹은 반대로 전통적으로나 관습적으로 선택되었던 직종으로 한정되어 이루어진다면, 오히려 진로체험활동을 통해 사회 불평등 및 불균형을 지속하고 강화할 가능성이 있다. 따라서 교사는 진로체험활동을 계획할 때 자원과 기회의 차이를 고려하여 가정이나 지역사회를 통한 체험활동의 기회에서 소외되어 있는 아동들의 교육적 필요를 우선적으로 고려하는 것이 필요하다. 특히 자원이나 사회적 역할 모델이 부족하여 간접학습의 경험조차 제한된 아동(장애아동, 저소득층 아동 등)에게는 진로체험활동의 효과가 좀 더 클 가능성이 높다. 그러므로 진로체험활동을 계획할 때, 학급 학생들의 기존 학습경험과 사회적 조건 등을 고려하여 진로체험활동을 통해 아동이 긍정적인 학습경험을 하거나 새로운 진로를 탐색할 수 있도록 조력하는 것이 필요할 것이다.

마지막으로 진로체험활동 참여 전후로 아동에게 활동과 관련된 진로교육을 제공함으로써 진로체험활동이 이벤트성 행사에 머무르지 않고 아동의 진로발달에 보다 긍정적인 영향을 미칠 수 있도록 도울 수 있다. 현재 학교 여건상 대부분의 진로체험활동은 1회성 단기 행사로 계획되고 실시될 가능성이 크다. 체험활동과 관련된 별다른 교육적 개입이 제공되지 않는다면, 체험활동에 참여한 많은 아동들은 수업 외 활동이 제공하는 재미나 즐거움만을 기억하고 보고할 확률이 높다. 따라서 체험활동 전이나 후에는 간단하더라도 아동이 활동에서 경험하는 내용과 진로(자기와 직업세계 탐색 및 이해)를 연결지어 생각할 수 있도록 조력하는 것이 필요하다. 예를 들어 체험활동에 참여한 아동에게 그 활동을 통해 어떠한 것을 경험했는지 직업세계나 자기 자신에 대해 새롭게 배운 것이 있다면 무엇인지를 확인하고 나누는 과정을 가질 수 있다. 이런 과정을 통해서 아동은 자신의 경험을 인지적으로 되돌아 볼 기회를 갖게 되고, 다른 아동의 경험을 들으면서 자신이 생각하지 못했던 부분에 대한 간접경험 및 대리 학습을 할 수도 있다. 뿐만 아니라 교사도 아동에게 있을지 모르는 진로나 직업에 대한 부정확한 정보나 인지적 왜곡을 검토하고 바로잡을 기회로 활용할 수 있다.

4 직업체험을 위한 학급 활동

1) 진로체험활동 수업 구성

(1) 진로체험활동 관련 세부목표 및 성취기준

2015년 초등학교 진로교육 목표의 개정안에서 직업적 흥미와 관련된 세부목표와 성취기준은 대영역 'Ⅲ. 진로탐색'에 속하며, 다양한 체험활동을 통해 직업을 이해한다는 세부목표와 직접 관련된다. 진로체험활동과 관련된 초등학교 진로교육 세부목표와 성취기준은 다음과 같다.

대영역	중영역	세부목표	성취기준
Ⅲ. 진로탐색	2. 직업정보의 탐색	EⅢ 2.2 다양한 체험활동을 통해 직업을 이해한다.	EⅢ 2.2.1 체험활동의 의미와 구체적인 방법을 알 수 있다.(고학년 수업 예시)
			EⅢ 2.2.2 다양한 체험활동을 통해 알게 된 직업의 특징과 소감에 대해 말할 수 있다.(저, 중학년 수업 예시)

(2) 학년별 활동의 구성

저학년 학생들을 인솔하여 진로체험을 하기는 학교 현장에서 쉽지 않다. 따라서 본 수업에서는 학생들이 각자 직업과 관련된 물건을 준비하여 보고, 그 물건과 관련된 직업명을 말해 보고, 그 물건을 어떻게 사용하는지를 이야기함으로써 그 직업이 하는 일을 말해 볼 수 있도록 구성하였다. 학생들에게 부모의 직업과 관련된 물건을 가져오도록 안내할 수도 있지만, 만약 서로 다른 직업으로 인해 학생 간 위화감이 형성될 우려가 있다면, 교사가 활동에 필요한 다양한 직업과 관련 물건을 지정하여 가져오도록 안내할 수도 있다.

교실을 떠나 직업 현장을 방문해 보는 활동은 진로체험활동의 중요한 구성요소이다. 중학년에서는 학생들이 진로체험을 한 뒤 '즐겁고 재미있었다'는 정서적 반응뿐만 아니라 아동 자신과 그 직업에 대해 새로 알게 된 점을 구체적으로 정리하면서 앞으로 어떤 직업 및 진로관련 활동이 더 하고 싶은지를 생각해 볼 수 있도록 수업을 구성하였다. 중학년 수업안은 학생이 진로체험을 통해 ① 진로체험의 경험이 진로와 관련해서 어떻게 유용했는지를 교사와 함께 확인하고 ② 앞으로 직업 및 진로를 선택할 때 관련 체험활동을 수행하는 것이 도움이 된다는 것을 배울 수 있도록 구성하였다. 교사는 이 수업안을 통해 아동이 체험활동으로 단순히 '이 직업이 나와 맞다, 맞지 않다'를 결정하는 것이 아니라 체험활동의 의미와 유용성에 대해 생각할 수 있도록 도와줄 수 있다.

고학년에서는 대표적인 진로체험활동기관인 잡월드를 방문하기 전에 학생들이 사전 계획을 세우고 지켜야 할 일들을 스스로 정리하여 보도록 구성하였다. 청소년체험관과 진로설계관은 초등학생들이 잡월드에 가서 가장 많이 방문하는 곳이다. 청소년체험관은 학생들이 비슷한 직업군끼리 묶여 있는 거리를 지나며 각 직업들을 체험할 수 있고 진로설계관은 간단한 심리검사와 진로프로그램을 운영하는 곳이다. 청소년체험관에서 자료를 제공하는 직업명을 살펴보면 초등학생들에게 어려운 직업도 있는 만큼 초등학교 고학년이 방문하기에 적합하다. 학생들이 방문 전에 어떠한 직업을 체험할 수 있는지 살펴보고 가능하다면 처음 들어보는 직업이 있는지, 어떠한 일을 하는 직업인지를 미리 한 번 찾아볼 수 있게 한다면 진로체험이 더욱더 효과적이다. 또한 진로설계관도 직업카드를 제외한 간단한 심리검사는 초등학교 고학년도 참여할 수 있다. 본 수업을 통하여 학생들의 체험 동기를 높이고, 체험활동 중 지켜야 할 점을 미리 알려줌으로써 학생들이 보다 의미 있고 안전하게 진로체험학습을 할 수 있도록 도울 수 있다.

2) 진로체험활동 수업의 흐름

(1) 저학년 수업활동의 예

학습 일시	20 . . . (요일 교시)	**대상**	1, 2학년	**수업자**	
학습 주제	다양한 직업에서 사용하는 물건 살펴보기	**교과**	창의적 체험활동		
학습 문제	다양한 직업에서 사용하는 물건을 직접 살펴보고 그 물건과 관련된 직업을 말한다.				

학습 단계(분)	**교수-학습 활동**	**자료(▶) 유의점(㊌)**
학습 문제 인식 분위기 조성(5′)′	**'내가 먼저 가야 해요' 노래 부르기** ▷ **동기 유발** - '내가 먼저 가야 해요' 노래 부르며 율동하기 ▷ **학습 문제 확인** 학습 문제: 다양한 직업에서 사용하는 물건을 직접 살펴보고 그 물건과 관련된 직업을 말한다.	▶'내가 먼저 가야 해요' mp3 ㊌ 직업과 관련된 물건을 집에서 가져올 수 있도록 사전에 안내한다.
활동 1(5′)	**무엇에 쓰는 물건일까요?** - 소화기와 청진기를 보여주며 어떤 직업인이 쓰는 물건일지 이야기 나눠 본다. · 이 물건은 누가 쓰는 것일까요? · 어디에 어떻게 쓰는 물건일까요? 손 들고 발표해 봅시다.	▶ 소화기, 청진기 ㊌ 가능한 한 모둠에 소화기 1개, 청진기 1개가 있도록 준비한다.
활동 2(15′)	**물건 탐색 후 무슨 직업인지 맞히기** ▷ **물건 탐색 후 무슨 직업인지 맞히기** - 책상 위에 자기가 가져온 물건을 놓는다. - 3분 동안 친구들의 물건을 돌아가며 만져보고 탐색해 본다. - 친구들의 물건을 보고 떠오르는 직업명을 학습지에 쓴다. - 모둠친구들에게 자신의 물건이 무슨 직업인과 관련 있는지 퀴즈를 내고, 그 물건을 어디에 어떻게 사용하는 것인지 발표한다. - 학습지에 친구들의 발표 내용을 적는다.	▶ 활동지 ㊌ 학생들이 직업과 관련된 물건을 집에서 가져올 수 있게 한다. 예를 들어 경찰 모자, 요리사 앞치마 등의 의상도 가능하고 한약 달이는 기구, 경찰 경광봉, 모종삽 등의 소품도 가능하다.
활동 3(10′)	**이야기 나누기** ▷ **자신의 물건과 퀴즈 반 친구들 앞에서 해 보기** - 모둠에서 잘한 친구를 한 명씩 뽑는다. - 각 모둠에서 한 명씩 자신의 물건과 학습지를 들고 나와 같은 방법으로 퀴즈를 한다. - 직업명을 맞힌 후 어떻게 사용하는 것인지 발표한다.	▶ 활동지, 실물화상기 ㊌ 모둠별로 1~2명씩 할 수 있다. 이때 실물화상기로 물건을 크게 보여주면 더 좋다.

정리(5′)	수업 돌아보기	㊌ 다양한 직업명과 함께 어떠한 물건을 가지고 일을 하는지 연결하여 생각해 보도록 한다.
▷ **오늘 활동을 통해 배운 내용 정리하기** - 새로 들어 본 직업이름이 있는지 이야기 나누기 - 친구들이 가져온 물건 중 기억에 남는 것 이야기 나누기		

수업 운영 지침

- 교사가 좀 더 다양한 직업군의 모습을 보여주고 싶다면, 홀랜드(Holland) 직업성격유형(RIASEC 코드)에 맞게 준비물을 구성하고 학생들이 아래 물품을 가져오도록 안내할 수 있다.

	관련 직업(관련 물건)	가져올 수 있는 학생 이름
R	운동선수(야구 베이스), 경찰관(경찰 경광봉), 기술자(공구), 건축가(설계도)	
I	의사(청진기), 한의사(경혈 손모형), 대학교수(학술지), 연구원(현미경)	
A	음악가(악기), 만화가(4B연필), 헤어디자이너(가위가방), 메이크업아티스트(메이크업 키트)	
S	교사(분필), 간호사(주사기), 레크레이션강사(풍선펌프), 항공기승무원(구명조끼)	
E	프로듀서(슬레이트), 판사(판사봉), 기자(마이크), 기업고위임원CEO(명패)	
C	공인회계사(회계장부), 공무원(파일철), 사서(책 바코드), 은행원(계산기)	

■ 저학년 활동지

_____ 초등학교 ___ 학년 ___ 반 이름: __________

활동1 친구들이 가져온 물건을 살펴보고 관련 직업이 무엇일지 써 봅시다.
퀴즈활동 후에는 친구의 발표를 듣고 어디에 어떻게 사용하는 물건인지 적어 봅시다.

친구이름	물건이름	관련 직업	어디에 어떻게 사용하는 물건인가요?
예) 김철수	파일철	회사원	회사에 문서들을 모아 놓아요

정리 활동을 하고 새로 알게 된 점, 느낀 점을 적어 봅시다.

(2) 중학년 수업활동의 예(직업현장 체험활동 이후 연계)

학습 일시	20 . . . (요일 교시)	대상	3, 4학년	수업자	
학습 주제	진로체험의 필요성 알기	교과	창의적 체험활동		
학습 문제	나와 직업에 대해 새로 알게 된 점을 말하고 진로체험의 필요성을 안다.				

학습 단계(분)	교수-학습 활동	자료(▶) 유의점(㊌)
학습 문제 인식 분위기 조성 (5′)	**직업현장을 체험해 본 경험 나누기** ▷ **동기 유발** - 어린이박물관, 키자니아, 여의도 소방안전체험전 등에서 직업에 대해 체험한 경험을 발표하여 본다. · 어디에 가서 무슨 직업을 체험했나요? · 그 옷을 입고 불을 꺼 보니 어떠했나요? · 내가 생각했던 직업의 모습과 비슷한 점과 다른 점이 있었나요? - 부모의 직장에 가서 본 경험이 있다면 이야기 나누어 본다. · 혹시 부모님의 직장에 가 본 경험이 있나요? · 부모님이 하시는 일을 보니 어떠했나요? · 그 직업이 하는 일이 어떻게 보였나요? ▷ **학습 문제 확인** 학습 문제: 나와 직업에 대해 새로 알게 된 점을 말하고 직업체험의 필요성을 안다.	▶ 어린이박물관 등의 사진을 보여주면 좋다. ㊌ 부모의 직장에 가보지 않은 경우가 많을 수 있으므로 어린이박물관, 키자니아 등의 이야기를 먼저 물어보도록 한다.
활동 1(15′)	**나와 직업에 대해 KWL 차트 만들기** ▷ **KWL 차트에 나와 직업에 대해 써 보기** - 'K: 내가 이미 알고 있었던 것, W: 내가 알고 싶은 것, L: 내가 새로 알게 된 점'이라고 뜻을 설명한다. - 내가 새롭게 알게 된 점이 있는지 쓴다. - 학생들이 어려워하면 예를 보여줄 수 있다. - 모둠친구들에게 돌아가며 이야기 나눈다. - 모둠에서 한 명씩 대표로 나와서 발표한다.	▶ 활동지 ㊌ KWL 차트는 국어, 사회시간에 많이 활용하는 방법이다. 가능하다면 직업체험 전에 이미 알고 있는 것과 알고 싶은 것을 미리 써보게 하는 것도 좋다.
활동 2(15′)	**직업체험이 필요한 이유 알기** ▷ **이 직업이 나와 잘 맞는지 알아보기** - 푸드스타일리스트 직업이 나와 잘 맞는지 혹은 잘 맞지 않는지 체크하기 - 잘 맞다고 혹은 잘 맞지 않다고 생각한 이유를 써 보기 · 선생님에게는 그 직업이 여러분과 잘 맞는지, 잘 맞지 않는지가 중요하지 않아요. 여러분이 오늘 체험을 통해서 '직업을 선택할 때 이렇게 미리 조금 체험을 해 보면 나랑 잘 맞는지, 맞지 않는지를 알 수 있구나'를 아는 것이 더 중요하답니다. 그리고 또 다음에 같은 직업을 체험해 보면 그때 다른 결과가 나올 수도 있어요. 그러니 다양하게 체험을 해 보는 것이 중요하답니다. - 직업체험이 필요한 이유를 생각하고 발표하기	▶ 활동지 ㊌ 한 번의 경험으로 나와 맞다, 잘 맞지 않다를 파악하기 어려울 수 있다. 지금의 판단 결과가 중요한 것이 아니라 체험을 통해 판단을 할 수 있는 계기가 된다는 점을 강조한다.
정리(5′)	**내가 하고 싶은 직업체험 이야기 나누기** ▷ **내가 하고 싶은 직업체험 이야기 나누기** - 내가 관심 있는 직업과 어떤 직업체험을 하고 싶은지 발표하기	㊌ 학생들이 자유롭게 상상할 수 있도록 한다.

■ 중학년 활동지

_____ 초등학교 ___ 학년 ___ 반 이름: ____________

활동1 나와 직업에 대해 KWL 차트를 만들어 봅시다.

	나	직업 — 푸드스타일리스트
이미 알고 있었던 것 (K)	예) 나는 요리를 좋아한다.	예) 처음 들어 보는 직업이다.
알고 싶은 것 (W)	예) 내가 까나페를 잘 만들지 궁금하다.	예) 푸드스타일리스트가 어떤 직업인지 궁금하다.
새로 알게 된 점 (L)	예) 나는 요리하는 것은 좋아하는데, 칼질하는 것은 아직 어려웠다. 연습이 필요한 것 같다.	예) 요리를 하는 것도 중요하지만 접시에 예쁘게 담아서 맛있게 보이는 것도 중요하다는 것을 알았다.

활동2 ________에 알맞은 말을 생각하여 넣어 보세요.

푸드스타일리스트는 나와 잘 (맞았다/맞지 않았다). 왜냐하면 ____________________________

____ 때문이다.

이렇게 직업체험을 해 보니 ______________________________이(가) 도움이 되었다.

내가 관심 있는 직업 ____________이(가) 있다면 ______________을(를) 해 보고 싶다.

(3) 고학년 수업활동의 예(잡월드 방문과 연계하여 운영)

학습 일시	20 . . . (요일 교시)	대상	5, 6학년	수업자	
학습 주제	진로체험 사전 계획세우기	교과	창의적 체험활동		
학습 문제	잡월드 방문 사전 계획을 세우고 진로체험 시 지켜야 할 일을 말한다.				

학습 단계(분)	교수-학습 활동	자료(▶) 유의점(㊓)
학습 문제 인식 분위기 조성(5′)	우리가 갈 곳은?	▶잡월드 동영상 30초 http://www.koreajobworld.or.kr/company/boardCompView.do?menuId=91&bid=9&idx=28489
▷ 동기 유발 - 우리가 갈 곳이 어디인지 동영상(30초)을 통해 알아본다. - 가 본 경험이 있는지 어떤 곳일지 친구들과 이야기해 본다. ▷ 학습 문제 확인 학습 문제: 잡월드 방문 사전 계획을 세우고 진로체험 시 지켜야 할 일을 말한다.		
활동 1(15′)	잡월드 방문 사전 계획 세우기	▶ 활동지
▷ 내가 체험해 보고 싶은 직업과 그 직업 예상해 보기 - 각 거리마다 있는 직업 중에 내가 체험해 보고 싶은 직업과 그 직업 예상해 보기 - 관심 있는 직업이 여러 개라면 가능한 각 거리마다 하나씩 골고루 체험해 볼 수 있도록 안내한다. - 체험할 직업들을 고르고 학생들이 예상한 내용을 발표한다. - 친구들과 실제 잡월드에 가서 어떻게 이동할지 동선을 짜 본다. ▷ 진로설계관에서 내가 하고 싶은 검사 골라 보기 - 내가 하고 싶은 검사를 미리 고르고, 그 검사를 하고 싶은 이유를 생각해 본다. - 예상시간을 계산하여 동선을 짜 본다.		㊓ 컴퓨터실 사용이 가능하다면 학생들이 잡월드 홈페이지에 들어가서 직접 찾아보게 하여도 좋다.
활동 2(15′)	진로체험을 가서 우리가 지켜야 할 점 알아보기	㊓ 교사는 순시지도하면서 모둠별로 '이때는 어떻게 해야 할까?'라고 물어보면서 다양한 생각을 촉진한다.
▷ 지켜야 할 점 역할극으로 표현하기 - 각 모둠별로 다른 상황을 준다(버스에서, 점심시간에, 청소년체험관에서, 진로설계관에서, 복도 등 이동시에, 핸드폰 사용 규칙 등). - 각 상황별로 '하지 말아야 할 행동, 이렇게 행동해요'를 역할극으로 표현한다. - 마지막으로 우리들의 선서를 하고 잘 지키겠다고 다짐한다.		
정리(5′)	진로체험 동기 높이기	㊓ 학생들이 자유롭게 상상할 수 있도록 한다.
▷ 시간탐험대: 집에 돌아오는 버스 안에서 어떤 기분일까요? - 돌아오는 버스 안에서 어떤 기분이 들지 상상해 보기 - 그렇게 하기 위해서는 우리가 어떻게 해야 할지 이야기해 보기		

■ 고학년 활동지

_____ 초등학교 ___ 학년 ___ 반 이름: ___________

활동1 청소년체험관에서 체험하고 싶은 직업을 고르고 하는 일을 예상해 봅시다.

체험 가능한 직업	체험하고 싶은 직업과 하는 일 예상하기
〈공공 서비스의 거리〉 항공기조종사, 항공기승무원, 응급구조사, 소방관, 판사, 검사, 변호사, 물리치료사, 의사, 간호사, 경호원, 한의사, 여행상품개발원, 직업군인, 검찰수사관, 사회복지사, 대테러전문가, 산업보안전문가, 국가사이버안전요원, 국제범죄전문가, 해외정보전문가, 병첩전문가 〈경영 금융의 거리〉 상품기획자, 증권중개인, 여론조사전문가, 금융자산운용가	
〈문화 예술의 거리〉 조명기사, 음향 및 녹음기사, 패션모델, 패션코디네이터, 요리사, 푸드스타일리스트, 메이크업아티스트, 화장품개발연구원, 미용사, 성우, 한지공예가, 점토공예가, 아나운서, 기상캐스터, 방송기술감독, 방송기자, 촬영기사, 영상·녹화 및 편집기사, 패션디자이너, 시각디자이너/북디자이너, 신문기자, 문화재보존원, 게임개발프로듀서	
〈과학 기술의 거리〉 우주비행사, 과학자, 우주관제센터 관제요원, 건축목공, 전기안전기술자, 기계공학자, 통신공학자, 전자공학자, 환경연구원, 모터스포츠미케닉, 랠리드라이버, 자동차공학기술자, 자동차디자이너, 에너지공학기술자, 생명공학연구원, 건축가, 소프트웨어개발자, 공간정보연구원, 측량기술자	

활동2 진로설계관에서 할 수 있는 검사 중 내가 하고 싶은 검사를 고르고 그 이유를 써 보세요.

- 흥미퀘스트(나만의 흥미 별자리)/재능스펙트럼(나만의 두뇌지도)
- 초등학생 진로인식검사
- 내가 찾는 나의 흥미/직업카드야 놀자/대결 직업정보 배틀/직업정보여행 등

3) 지역사회와 연계한 진로체험활동

(1) 교내 진로체험활동: 푸드스타일리스트 진로체험(3학년)

- 지역 내 진로진로체험을 제공할 수 있는 센터(진로진로체험센터 등)와 연계하여 각 반에 2시간씩 까나페만들기를 통해 푸드스타일리스트 직업을 체험하고 직업이 하는 일을 말할 수 있도록 한다. 보통 체험활동의 경우 2~3시간 연차시로 수업을 구성하는 경우가 많다. 담임교사는 강사와 사전에 시간을 조정하여 실습이 가능하도록 연차시로 구성하도록 한다.
- 각 지역의 진로진로체험센터를 확인하고 해당 아동의 수준에 맞는 진로체험프로그램이 있는지 매달 확인한다. 담당자와 재료비, 강사비등을 확인하여 학교 예산을 책정하고 학교에 강사를 초청하여 학생들이 체험할 수 있도록 한다.
- 교사는 강사에게 해당 학년의 초등학생들의 발달 수준과 특성을 사전에 설명하고 수업 내용을 사전에 확인하여 해당 학년의 학생들에게 적절한지 조정을 하는 작업이 필요하다. 가능하다면 해당 담임교사도 수업에 같이 참여하여 학생들이 진로체험을 잘 따라가는지 순시지도하는 것이 좋다.
- 활동 후 일기나 소감문으로 무엇을 배우고 느꼈는지 정리해 보도록 안내하고 가정에서도 부모님이나 형제자매들을 위해 한 번 더 해 보도록 안내할 수 있다. 선택과제지만 자신의 흥미와 적성에 잘 맞는 친구들은 즐겁게 할 수 있을 것이다.
- 지역에 따라 이용이 가능한 진로진로체험센터가 아직 개소하지 않았거나 이용이 어려운 경우가 있을 수 있다. 이 경우 창의인성교육넷 사이트(표 9-1)를 참고하여 해당지역에서 가능한 진로체험정보를 찾아볼 수 있다. 혹은 지역의 소방서나 경찰서에 진로체험이 가능한지 기관 협조를 구하여 체험활동을 할 수도 있다(저자가 서울의 경우 진로진로체험센터 목록을 정리하여 표 9-1과 같이 제시하였다). 또한 관련 기사를 읽기 자료로 제시하였다.

표 9-1 서울시 진로진로체험센터 목록

지역구	진로진로체험센터명	웹사이트 주소
강남구청	나래꿈터	http://www.gyyc.kr/ysnarae/
강동구청	상상팡팡	http://blog.naver.com/edugd
강서구청	드림로드	http://gsjob.or.kr/main.html
구로구청	구로진로진로체험지원센터	http://www.gurojinro.com
금천구청	꿈꾸는 나무	해당 구청 문의
광진구청	해봄	http://www.haebom.or.kr
노원구청	상상이룸센터	http://www.sangsangirum.net/
도봉구청	꿈여울	http://www.dobongdream.or.kr
동대문구청	와락	http://www.warak.or.kr
동작구청	두드림	http:/www.youthdream.kr
마포구청	희망나래	http://www.mhmnr.or.kr
서대문구청	바람	http://www.myway1318.or.kr
서초구청	서초구진로진로체험지원센터	해당 구청 문의
성동구청	성동 진로진로체험지원센터	해당 구청 문의
성북구청	미래창창	http://www.sbcareer.or.kr
송파구청	꿈마루	http://www.songpaggoommaru.co.kr
양천구청	내일그림	http://www.yangcheon.go.kr/jinrodream/jinrodream/main.do
영등포구청	나비	http://www.1318nabi.org
용산구청	미래야	http://www.miraeya.or.kr
은평구청	열린아지트	http://www.woori1318.or.kr/
중구청	드림톡톡	http://blog.naver.com/j_youth
중랑구청	중랑드림하이	해당 구청 문의
진로체험관련 정보	창의인성교육넷(크레존)	http://www.crezone.net/

(2) 교외 진로체험활동

- 현장체험학습 계획서를 작성하여 학생들이 그 지역에서 진로체험을 할 수 있는 곳으로 가서 다양한 직업군을 체험하도록 한다.
- 체험기관으로는 키자니아(서울, 부산), 한국잡월드(경기도 성남), 키즈 앤 키즈(서울), EBS 리틀소시움(대구) 등이 있으며 마포 진로박람회 등 지역에서 실시하는 진로박람회를 다녀올 수도 있다.

■ 교사 읽기 자료

고성소방서, 꿈과 희망 키워주는 어린이 진로체험 교실

[고성=환경일보] 최선호 기자 = 강원고성소방서(서장 진형민)는 지난 9일 소방서 대회의실과 차고 앞에서 초등학생 29명을 대상으로 진로체험 교실을 운영했다. 어린이 진로체험교실이란 소방관에 대해 알아보고 여러 가지 실습을 해 보며 소방관을 이해해 보는 과정이다. 이날 체험교실은 소방관의 직업 소개, 소방관이 되기 위한 조건, 소방 차량 및 장비 종류, 주수 및 구조 장비 체험 순으로 진행했다. 또 강원119신고 앱을 홍보하여 각종 사고발생 시 해당 앱의 필요성에 대해 알렸다. 진형민 고성소방서장은 "학생들에게 직접 몸으로 느끼고 들을 수 있는 입체적인 진로탐색 기회를 제공하여 소방에 대한 꿈을 키울 수 있는 좋은 기회였다"고 말했다.

출처: 「환경일보」(2017. 08. 11.).

■ 고학년 진로체험활동 계획서 예

________학년도 ___학년 진로체험을 위한 현장학습 계획

_____ 초등학교

I. 목적

1. 학생들이 자기이해를 바탕으로 자신의 적성과 능력에 알맞은 진로를 능동적으로 탐색하고 선택할 수 있는 능력과 태도를 기른다.
2. 잡월드의 청소년체험관에서 자신의 소질과 적성에 맞는 활동을 선택하여 진로체험활동에 참여할 수 있다.
3. 잡월드의 직업세계관에서 다양한 직업의 종류와 미래의 직업에 대해 체험할 수 있다.

II. 세부계획

1. 기 간: 20__년 __월 __일____ 08:40 ~ 16:00
2. 대 상: 5학년 희망자
3. 장 소: 잡월드(13553 경기도 성남시 분당구 분당수서로 501, 전화: 1644-1333)
4. 관련 교과와 단원
   가. 국어 2. 견문과 감상을 나타내어요(견학하면서 보고 듣고 느낀 점 표현하기).
   나. 체육 5. 여가 활동(생활 속에서 장래 직업과 관련 있는 활동 체험하기)
   다. 실과 4-2. 기술과 발명의 기초(직업을 통해 기술과 발명의 발전과정 알기)
   라. 창체. 자신의 흥미와 소질 찾아보기, 다양한 직업이 있음을 알기, 다양한 진로체험활동에 참여하기
5. 사전지도계획
   가. 일 시: 각 반의 창의적 체험활동 시간
   나. 내 용: 교통안전 지도, 질서 지도, 위험한 놀이하지 않기, 성폭력예방 지도 등
6. 현장학습일정
7. 사후지도계획
   견학을 하면서 보고 듣고 느낀 점 표현하기, 학습지를 통한 반성 및 정리 활동
8. 소요경비 근거 산출
   가. 교육 활동비: _______원
   나. 버스 임차료: _______원

___학년 한국잡월드 현장체험학습 안내

안녕하십니까? 학부모님들의 가정에 사랑이 가득하기를 기원합니다. 20__학년도 __학년 교육과정 운영과 관련하여 학생들이 개개인의 소질과 잠재력을 계발, 신장하기 위해 자신에게 적합한 진로를 탐색, 선택하여 체험하고자 다음과 같이 현장체험학습을 실시합니다. 현장체험학습이 잘 이루어질 수 있도록 학부모님들의 많은 협조를 부탁드립니다.

일 시	20__.00.00. __, 08:00~16:00 (출발 및 도착 시간 등은 변동 가능) ※ 사전 안전 교육 : 20__.00.00. __, 학급별 실시 예정
장 소	한국잡월드: 경기도 성남시 소재
대 상	__학년 ___명, 담임교사 __명
경 비 **(학생 1인당)**	________원 ※ __월 __일 ___까지 스쿨 뱅킹 계좌에 입금 부탁드립니다.
	1. 교통비: ________원 2. 체험비: ________원
일정	(아래 일정표 참조) ※ 세부 일정은 교통 상황 등에 따라 변동될 수 있습니다.
준비물	점심 도시락, 물, 필기도구, 멀미약, 비닐봉지 등

일 정	활동 시간
08:40~09:40	학교 출발
09:40~11:00	청소년체험관 1회 차 체험
11:00~12:00	직업세계관 체험
12:00~13:00	맛있는 점심 식사
13:00~14:20	청소년체험관 3회 차 체험
14:20~15:00	진로설계관 체험
15:00~16:00	한국잡월드 출발, 학교 도착

20___년 ___월 ___일

ㅇ ㅇ 초 등 학 교 장

■ 진로체험 운영 4단계 체크리스트

출발 전 확인	확인	메모
• 체험처의 특성에 따라 변동 사항이 있을 수 있으므로 출발 전에 체험처의 상황 확인 - 학교에서는 학생/인솔자/일터 멘토의 연락처 확인 - 언제나 체험처의 상황이 파악될 수 있도록 비상연락망 마련	□	
• 인솔자 중에서 일기 변화 또는 일정 변동 등 현장 상황 변동에 대한 안내와 신속한 대처를 지휘할 수 있는 현장 책임자 지정	□	
• 임대 버스가 계약 차량과 동일 차량임을 확인하고 운전자에게 차량안전점검표 요구 - 운전자가 직접 작성한 안전 점검 목록 확인 - 계획된 이동 경로를 준수하며 이동 중이라도 문제가 발견되면 학교와 회사에 이 사실을 알린 후 이동 중지	□	
• 학생들의 승·하차 질서와 차량 내 기본생활습관 지도 - 인솔자는 학생들의 승·하차 질서 지도, 안전띠 착용 확인 등 점검	□	
체험활동 전 확인	**확인**	**메모**
• 학생들의 체험활동에 적합한 복장 및 장비(모자, 장갑 등) 착용 여부 확인 - 체험처의 활동에 맞는 복장을 갖추도록 확인 및 지도 - 휴대금지물품 소지여부 확인 및 관리	□	
• 일터 멘토(현장 실무 담당자)의 설명을 듣고, 질의·응답할 수 있는 시간 확보 - 체험 전 실무자를 통해 작업의 특징과 안전 수칙 등 교육 실시 - 비상상황 발생 시 대피요령 및 응급처치요령 교육 실시	□	
• 학생들에게 체험활동 중에 사고 발생 시 즉시 인솔자에게 알리도록 안내	□	
• 체험 내용과 관련하여 안전장치 및 안전시설 확보·확인 - 비상구, 소화기 등의 기본 사항 외에 체험 내용과 관련하여 환풍기 등의 시설과 구급약 등의 물품이 준비되어 있는지 재점검	□	
체험활동 중 확인	**확인**	**메모**
• 인솔자는 체험활동 시 현장지도 - 인솔자는 현장 도착에서 귀교(귀가) 지도까지 학생들과 동행 - 수시로 인원 점검하여 이탈자 예방 및 확인	□	
• 체험활동 시 안전성이 확보되지 않은 장비는 학생이 직접 다루지 않도록 지도 - 안전이 확보되지 않은 장비는 사용방법 설명, 일터 멘토 시연 등 간접체험을 통해 대체하도록 지도	□	
• 인솔자는 체험활동 중 일어난 사고(미끄러짐, 까짐, 데임 등 포함)를 파악하여 신속하게 구급조치	□	
• 사전에 계획하고 협의된 일정대로 안전한 체험활동 실시 - 활동 후 정리와 귀교(귀가) 시간 고려하여 체험활동 시간 확인 및 조율	□	
• 특별한 관심과 관리가 필요한 학생 수시 관찰 - 건강 및 교우관계에서 배려해야 할 학생 수시 확인	□	
체험활동 후 확인	**확인**	**메모**
• 체험활동 중 다친 학생이 있는지 최종 확인 - 경미한 상처라도 학부모에게 안내하고 적절한 조치	□	
• 도착예정시간과 장소를 지켜 종례 후 전원 귀가 조치 - 활동 정리 후 상급자에게 귀가 조치 결과 및 사후 보고	□	

참고문헌

교육부, 한국직업능력개발원(2016a). 진로체험매뉴얼. 세종: 한국직업능력개발원

교육부, 한국직업능력개발원(2016b) 초등학교용 진로체험 교육과정 길잡이. 세종: 한국직업능력개발원.

김기헌, 유홍준, 오병돈(2014). 진로체험의 효과: 진로성숙도와 학업성취도. 직업교육연구, 33(3), 19-36.

김은영(2002). 한국 대학생 진로탐색장애검사(KCBI)의 개발 및 타당화 연구. 한국심리학회지: 상담 및 심리치료, 14(1), 219-240.

김장회, 김계현(2009). 미래의 직업 세계에 대한 인식: 초, 중, 고, 대학생 비교 분석. 상담학연구, 10(1), 323-340.

박은정, 이유리, 이성훈(2016). 부모의 소득계층별 청소년의 사회자본이 진로정체감에 미치는 영향: 중학교 3 학년을 중심으로. 청소년학연구, 23(5), 237-263.

보건복지부(2009). 장애인생활시설 이용 장애인의 인권실태. 서울: 보건복지부.

보건복지부(2011). 장애인생활시설 이용 장애인의 인권실태. 서울: 보건복지부.

이동혁(2016). 진로선택이론에서 본 진로체험활동: 홀랜드 이론 및 진로정보처리이론. 진로체험활동에 대한 이론적 탐색, 2-15. 세종: 한국청소년정책연구원 세미나자료집 16-S24.

정애경(2016). 사회학습이론에서 본 진로체험활동: 사회학습진로이론, 사회인지진로이론. 진로체험활동에 대한 이론적 탐색, 36-49. 세종: 한국청소년정책연구원 세미나자료집 16-S24.

조성심, 주석진(2010). 체험활동중심 진로교육 집단프로그램이 고등학생의 진로준비행동에 미치는 효과분석. 진로교육연구, 23(3), 47-64.

Bandura, A. (1986). *Social foundations of thought and action: A social cognitive theory*. Englewood Cliffs, NJ: Prentice Hall.

Bandura, A. (1997). *Self-efficacy: The exercise of control*. San Francisco, CA: W. H. Freeman.

Hackett, G., & Betz, N. (1981). A self-efficacy approach to the career development of women. *Journal of Vocational Behavior, 18*, 326-339.

Heppner, M., & Jung, A. (2013). Gender and social class: Powerful predictors of a life journey. In W. B. Walsh, M. Savickas, & P. J. Hartung (Eds.), *Handbook of vocational psychology* (4th ed., pp. 81-102). New York, NY: Routledge. http://dx.doi.org/10.4324/9780203143209

Kolb, D. A. (1984). *Experiental learning*. Englewood cliffs. NJ: Prentice-Hall.

Krumboltz, J. D. (1994). Improving career development theory from a social learning perspective. In M. L. Savickas & W. B. Walsh (Eds.), *Handbook of career counseling theory and practice* (pp. 55-80). Palo Alto, CA: Consulting Psychologists Press.

Krumboltz, J. D. (2009). The happenstance learning theory. *Journal of Career Assessment, 17*(2), 135-154.

Krumboltz, J. D. (2015). Practical career counseling applications of the Heppenstance Learning Theory. In P. Hartung, M. Savickas, & B. Walsh (Eds.), *APA Handbook of Career Intervention, Volume 2: Applications. APA handbooks in psychology*, (pp. 283-292). Washington DC: American Psychological Association.

Krumboltz, J. D. (Ed.). (1970). *Job experience kits.* Chicago, IL: Science Research Associates.

Krumboltz, J. D., Baker, R. D., & Johnson, R. G. (1968). Vocational problem-solving experiences for stimulating career exploration and interests: Phase II. Washington, DC: US Office of Education.

Lent, R. W., Brown, S. D., & Hackett, G. (1996) Career development from a social cognitive perspective. In D. Brown, L. Brooks, & Associates (Eds.). *Career choice and development* (3rd ed., pp. 373-421). San Francisco, CA: Jossey-Bass.

Lent, R. W., Brown, S. D., & Hackett, G. (2002). Social congnitive career theory. In D. Brown & Associates (Eds.). *Career choice and development* (4th ed., pp. 255-312). San Francisco, CA: Jossey-Bass.

Thompson, M. N., & Dahling, J. J. (2012). Perceived social status and learning experiences in social cognitive career theory. *Journal of Vocational Behavior, 80*(2), 351-361.

White House (2016). Women in STEM. Retrieved from the White House website https://www.whitehouse.gov/administration/eop/ostp/women (July 1, 2016).

World Economic Forum (2015). Global Gender Gap Report. Retrieved from the website http://reports.weforum.org/global-gender-gap-report-2015/ (July 1, 2016).

10장

목표지향성과 그릿

황매향 · 박진영

진로는 '요람에서 무덤까지'의 여정으로 표현될 만큼 어린 시절부터 시작되는 과업으로 초등학교 시기에도 진로와 관련된 중요한 목표설정과 실천이 이루어져야 한다. 목표설정은 무엇을 목표로 정할 것인가도 중요하지만, 어떻게 목표를 세우고 그 목표를 달성하기 위해 어떻게 실천하며, 그 과정에서 발생하는 어려움을 어떻게 극복하는가가 더 중요하다. 목표설정이 중요한 이유는 목표설정을 통해 현재의 행동이 달라지기 때문인데 목표만 세우고 목표성취를 위한 노력을 기울이지 않는다거나 장벽에 부딪혔을 때 포기하고 만다면 목표설정은 아무런 의미가 없다. 따라서 목표성취에 대한 관심을 계속 유지하고, 어떤 어려움이 있어도 목표성취를 위해 노력을 기울이는 태도인 그릿(grit)이 목표설정에서 중요한 개인적 역량이라고 할 수 있다.

1 초등학교 시기 목표설정의 의의

진로의 여정은 생애초기부터 시작되고 초등학교 시기에 진로와 관련된 중요한 목표설정과 실천이 이루어져야 한다. 우리나라 진로교육에서도 다음과 같이 초등학교 시기에 어떤 일을 계획하고 실천하는 것의 중요성을 이해해야 함을 강조한다.

> '하루하루 하는 일들이 진로의 핵심(Gysbers, 2014)[1]'이라는 말처럼 진로를 개발하기 위해서는 진로계획을 세우고 실천하는 노력이 선행되어야 한다. 그러나 이러한 태도는 하루아침에 형성되는 것이 아니므로 초등학교 시기부터 이러한 태도를 키워나가는 것이 필요하다. 따라서 초등학교 시기에는 계획을 세워 일을 진행해 나가는 것의 중요성을 인식하고, 평소에 일상의 사소한 여러 가지 일에 대해서도 계획을 세워 실천해 나갈 수 있는 태도를 형성할 수 있도록 한다. (출처: 교육부(2016), 2015 학교 진로교육 목표와 성취기준, p. 32)

1 출처인 『2015 학교 진로교육 목표와 성취기준』에 인용한 문헌의 서지 사항이 표시되어 있지 않아 확인할 수 없으나 Gysbers, Heppner 및 Johnston의 공저인 *Career Counseling: Holism, Diversity, and Strengths*에서 인용한 것으로 보임.

다른 시기와 달리 아동기에는 아직 진로와 관련해 무궁무진한 가능성이 있고, 장래 희망에 있어 초등학생들은 이제 겨우 환상기를 벗어난 상태이다. 따라서 초등 시기에 미래에 갖게 될 직업을 명확히 결정하는 것은 오히려 발달에 걸림돌이 될 수도 있다. 즉 초등 시기의 목표설정은 장래 희망을 직업으로 규정하는 것이라기보다는 목표설정의 중요성에 대한 인식, 목표설정과 실천을 통한 계획과 실천의 과정에 대한 이해, 여러 가지 유혹과 어려움에도 불구하고 목표를 향해 정진하는 역량의 함양 등에서 더 큰 의의가 있을 것이다. 그리고 여기에서의 목표는 먼 미래가 아니라 자신의 인지적 발달 단계에 맞게 설정되어 일상생활 속에서 역량을 습득해야 한다. 이제 막 초등학교에 입학한 아동이라면 해당 수업시간 정도, 학년이 올라가면서 하루, 일주일 정도로 늘어나, 고학년이 되어서야 한 달, 한 학기, 방학 정도의 좀 더 긴 기간 동안의 목표설정이 가능할 수 있다. 또한 얼마나 긴 호흡의 목표를 설정할 것인가는 아동의 연령만이 아니라 아동의 개인적 특성에 따라서도 달라질 수 있다는 점도 염두에 두어야 한다.

2 목표를 이루게 하는 힘으로서의 그릿

1) 그릿의 의미

누구나 사회적 성공을 이루기 원하고, 무엇이 사회적 성공을 이끄는 요인인가에 대한 탐구는 오래 전부터 있어 왔다. 그 가운데 비교적 최근 소개되어 많은 관심을 끌고 있는 개인적 특성 중 하나가 그릿[2](grit)이다. 그릿은 펜실베이니아 대학교의 덕워쓰(Angela L. Duckworth) 교수가 제안한 개념으로 "장기적 목표를 향한 집념과 열정(perseverance and passion for long-term goal)"으로 정의되는데, 구체적으로 상황적 어

2 끈기, 투지 등으로 번역되기도 했지만 최근에는 영어를 그대로 읽어 표기하는 그릿으로 사용하고 있음.

려움에도 불구하고 포기하지 않고 끝까지 버티는 힘을 의미한다(Duckworth, Peterson, Matthews, & Kelly, 2007). 그리고 그릿은 자신이 이루고자 하는 과제에 대한 관심을 바꾸지 않고 유지해 나가는 흥미 유지(consistency of interest)와 긴 시간에 걸쳐 꾸준히 노력을 기울이는 것과 관련된 노력 지속(perseverance of effort)의 서로 구분되는 2개의 구인으로 구성된다(Duckworth & Quinn, 2009). 어렵고 도전적인 과제를 해내기 위해서는 그 목표에 대한 흥미를 계속 유지하고 장벽이나 좌절이 있더라도 포기하지 않고 목표 성취를 위해 꾸준히 노력하는 그릿이 그 어떤 개인의 특성보다 성취에 대한 예언력이 높다.

2) 그릿의 효과

그릿은 선천적인 지적 능력보다 쉽게 단념하지 않고 끈질기게 버티는 특성이 탁월한 수행을 예측한다는 것에 근거하고 있다. 그릿이 소개되기 이전부터 의지(will), 지구력(persistence), 인내력(perseverance), 성실성(conscientiousness) 등이 성공을 예언하는 중요한 성격으로 확인되었고, 지연된 만족감(delayed satisfaction)의 종단적 효과를 보여준 마시멜로 실험(Mischel, Shoda, & Rodriguez, 1989)은 일반인들에게까지 잘 알려져 있다. 그릿은 덕워쓰 교수의 미국육군사관학교 중도탈락 연구를 통해 제안되었는데, 미국육군사관학교 학생들의 중도탈락을 가장 잘 예언해 주는 것은 지능을 비롯한 지적 역량이 아니라 그릿이라는 개인적 성격 특성임을 확인했다. 이후 여러 실증적 연구를 통해 그릿을 가진 사람은 그릿을 가지지 않은 사람에 비해 사회적인 성공을 이루게 됨을 확인하였다. 예를 들면 그릿은 다른 요인들의 영향력을 통제하고도 긴 교육 연한, 대학생들의 높은 학점, 전국철자법대회 수상 등 다양한 성취를 유의하게 예언했다(Duckworth et al., 2007). 그리고 그릿이 높은 교사가 맡은 학급 학생들의 학업성취도가 더 높게 나타났고(Duckworth & Eskreis-Winkler, 2015), 학생들이 힘들어하는 것으로 알려진 컴퓨터 프로그래밍 강의에서도 높은 그릿을 가진 학생들의 학점이 더 높았다(Wolf & Jia, 2015). 우리나라에서 수행된 연구에서도 그릿은 여러 가지 성취관련 지표를 예언함이 확인되었는데, 그릿은 외국어고 학생들의 학업성취도(이수란·손영우, 2013), 개방대학 학생들의 학교생활적응(하혜숙·임효진·황매향, 2015), 영재학생들의 교육만족도(주영주·김동심, 2016) 등을 높이는 것으로 나타났다.

3) 그릿의 증진

그릿의 효과가 검증되면서 그릿을 어떻게 높일 것인가에 대한 교육적 처치들이 다양하게 제안되고 있다. 학생들의 그릿을 이끌어 내는 것은 무엇인가에 답하려는 노력을 정리하면 다음과 같다.

첫째, 뇌발달적 측면에서 그릿의 발달 및 발휘의 증진에 대해 고려해 볼 수 있다. 계획, 반응 제지, (정보처리의) 작업기억, 주의력 등을 포함하는 목표지향 행동에 필요한 인지활동인 실행기능을 담당하는 대뇌피질 영역인 전두엽은 그릿과 밀접히 관련된 뇌 영역이라고 할 수 있다. 미국에서 수행된 뇌발달에 대한 종단연구 결과에 따르면 전두엽의 발달이 가장 활발한 시기는 청소년 시기로 여아는 11세, 남아는 12세 6개월까지 전두엽의 신경세포가 수없이 많은 새로운 연결망을 생성하고 이후 몇 년 동안 대부분이 다시 가지치기를 통해 사라지는데 많이 사용되고 강화를 받는 연결망만이 남게 된다(Giedd et al., 1999). 즉 아동기와 청소년기에 어떤 경험을 하는가에 따라 그릿의 발달이 달라질 수 있다. 그릿을 발휘하는 전두엽의 발달을 촉진할 수 있는 환경의 조성이 중요한데 뇌발달 자체를 촉진하는 환경의 조성과 방해하는 환경의 억제에 대한 노력을 동시에 기울여야 한다. 뇌발달의 기제는 많이 사용하는 기능은 남고 적게 사용하는 기능은 사라지는 사용불사용의 법칙을 따른다. 따라서 그릿을 발휘하는 활동에 많이 참여할수록 그릿의 발달을 촉진할 수 있다. 특히 유의해야 할 점은 그릿의 발달을 방해하는 지나친 매체의 사용이다. Feinstein(2007)은 닌텐도 게임을 하는 10대들과 간단한 수학 문제를 푸는 10대들의 뇌 활동을 비교한 결과 게임을 하는 10대들의 뇌에서는 시각 및 운동과 관련된 영역만이 활성화되지만 간단한 수학 문제를 푸는 10대들의 뇌에서는 전두엽이 활성화된다는 연구 결과를 인용하면서 컴퓨터 게임은 결국 청소년기 뇌

발달 과정을 손상시킨다고 경고한다. 우리나라 패널자료를 분석한 결과에서도 컴퓨터 이용은 자기통제력을 감소시키는 반면 문화활동은 자기통제력을 증가시키는 것으로 나타났다(임효진 · 황매향, 2014).

둘째, 그릿을 높일 수 있는 교육 내용으로 제시되고 있는 마인드셋(mindset)의 변화 촉진이다(Duckworth & Eskreis-Winkler, 2013). 마인드셋은 자신의 능력에 대해 변화 가능하다고 생각하는지 고정되어 변화하기 어렵다고 생각하는지에 관한 개인의 신념이다. 스탠포드 대학교의 드웩(Dweck, 2006) 교수는 마인드셋 이론에서 학업성취를 비롯한 모든 일상생활에서 자신의 능력이 고정되어 있다고 믿으면(고정 신념) 부적응을 초래하지만, 자신의 능력은 얼마든지 변화할 수 있고 노력하면 높일 수 있다고 믿으면(변화 신념) 적응적이고 성공적인 삶을 살아갈 수 있다고 제안한다. 변화 신념의 마인드셋은 학생들이 장기적이고 고차원적인 목적을 달성하는 과정에서 도전과 좌절을 극복하는 데 필요한 단기적인 관심사를 설정하여 그때그때의 좌절을 이겨내는 것을 도움으로써 궁극적으로는 장기적인 학습에 집중하도록 돕는다(Shechtman et al., 2013). 즉 학생들에게 능력에 관한 변화 신념을 심어주는 마인드셋 프로그램을 통해 학생들이 가진 끈기의 특성을 이끌어 낼 수 있다. 변화 신념으로 마인드셋을 이끌 수 있는 프로그램의 효과를 우리 학생들을 대상으로 김보미(2016)와 박준수(2017)가 검증했으므로 그 내용을 참고할 수 있다.

셋째, 그릿은 의도된 연습(deliberate practice)이라는 행동을 통해 실천된다는 점은 의도된 연습이라는 행동 자체를 습득하도록 도와야 함을 시사한다. 그릿은 의도된 연습의 출발점이기도 하지만 의도된 연습을 통해 함양할 수 있는 개인의 특성이기도 하다. 의도된 연습은 일반인들에게 잘 알려진 '1만 시간의 법칙'을 발견한 전문가 성장과정을 분석한 연구에서 소개된 개념이다. 의도된 연습은 자신의 수행을 향상시키기 위해 확실한 구조를 가지고 노력을 실천하는 것으로 실력 향상을 위한 구체적인 목표를 가지고 취약점을 개선할 전략을 동원하고 수행 향상의 과정을 꼼꼼하게 점검하고 당장의 즐거움이나 강화보다는 장기적인 목표를 위해 꾸준히 훈련하는 것이다(Ericsson, Krampe, & Tesch-Romer, 1993). 즉 그릿을 이끌어내는 주요 기제인 의도된 연습은 즐거운 활동이기보다는 고독하고 힘든 과정이기 때문에 목적을 달성하고 수행을 개선하기 위해서 강력한 동기와 흥미가 반드시 뒷받침되어야 한다(이수란, 2015). 주로 악기나 스포츠와 같이 기량을 발달시키기 위한 꾸준한 노력이 필수적인 영역에 적용되는 개념이지만 금메달을 향한 노력만이 아니라 학업이나 작은 습관까지 체계적인 연습을 통해 역량을 키우는 모든 분야에 적용할 수 있다. 교사는 학생들에게 뚜렷한 목표를 가지고 한 가지 기술 또는 기능을 숙달하는 장기적 과제를 직접 경험하도록 도와야 한다.

마지막으로 목표설정의 촉진을 통해 학생들이 그릿을 발휘할 기회를 제공하고 그릿을 더욱 향상시키도록 이끌 수 있다. 장기적인 목표를 향해 정진하는 특성인 그릿은 목표를 갖지 않고는 경험하거나 발휘되기 어렵다. 목표설정은 주로 진로와 관련된 영역에서 다루어지는데 초등 시기에는 미래에 가질 직업을 위한 준비와 같은 장기적인 목표설정이 어려울 수 있다. 그러나 오늘 하루의 목표, 이번 주의 목표, 이번 달의 목표 등 학생들이 조망할 수 있는 시간 범위 내에서의 목표를 설정하거나, 학예회 준비 기간 동안의 목표, 체험학습에서의 목표, 가족여행에서의 목표, 캠프에서의 목표, 수학여행에서의 목표, 여름(또는 겨울) 방학 중 목표, 동아리 활동 발표 준비에서의 목표 등 단기적으로 수행되는 활동을 중심으로 목표를 설정할 수 있다. 목표가 필요한 이유, 적절한 목표의 수준과 표현 방법, 목표 성취를 위한 구체적인 실행계획의 설정, 장벽에 대한 예상과 극복 방안 탐색 등을 통해 목표를 잘 설정하고 성취하는 경험을 하도록 촉진함으로써 목표를 향해 꾸준히 나아가는 그릿을 함양할 수 있다.

3 그릿 발휘를 촉진하는 학급 활동

1) 그릿 발휘 수업 구성

(1) 그릿 발휘 관련 초등학교 진로교육 세부목표 및 성취기준

2015년 개정 교육과정에서 제시하는 초등학교 중·고학년의 성취기준 중 그릿 발휘와 관련된 세부목표와 성취기준은 대영역 'Ⅱ. 일과 직업세계 이해'에 속하고 그 세부 내용은 다음에 정리된 바와 같다. 여기에 제시된 성취기준에 따르면, 우리나라 초등학교 학생들은 최선을 다한 사람의 예를 찾을 수 있고 자신의 역할과 책임을 알고 최선을 다하는 태도를 가질 수 있어야 한다.

대영역	중영역	세부목표	성취기준
Ⅱ. 일과 직업세계 이해	2. 건강한 직업의식 형성	EⅡ 2.2 맡은 일에 최선을 다하는 태도를 기른다.	EⅡ 2.2.1 자신이 맡은 일에 최선을 다한 사람의 사례를 탐색할 수 있다. (고학년 수업 예시)
			EⅡ 2.2.2 가정과 학교에서의 자신의 역할과 책임을 알아보고 최선을 다하는 태도를 기를 수 있다. (중학년 수업 예시)

(2) 학년별 활동의 구성

목표를 세우고 관심을 유지하면서 끈기를 가지고 노력하는 모습은 한 번의 수업으로 목표를 달성하기는 어렵지만 이를 계기로 그릿의 중요함을 전달할 수는 있다. 중학년에서는 내가 끈기 있게 노력했던 성공경험을 떠올려 보고, 끈기의 중요성을 깨달을 수 있게 하여 자신이 맡은 일에 최선을 다하는 태도를 갖고 스스로 격려할 수 있도록 한다. 고학년에서는 변화 신념에 대해 알아보도록 하여 나의 능력이 얼마든지 변화할 수 있고 노력하면 높일 수 있다고 믿을 수 있게 해야 한다. 수업을 통하여 최선을 다해 노력하면 능력이 변할 수 있음을 알 수 있도록 한다. 끈기의 중요성을 중학년에서 배우고 이를 통해 끈기 있게 노력하면 나의 능력이 바뀔 수 있다는 신념을 고학년에 가서 가질 수 있도록 지도한다.

중학년을 위한 그릿 수업은 끈기 있게 노력했던 자신이 성공경험을 떠올려보고 끈기의 중요성에 관한 이야기 나누기 활동으로 구성하였다. 학생들은 과거에서 현재까지 자신이 노력해서 성공한 작은 경험을 나누어 본다. 이때 중요한 것은 '줄넘기' 같이 집중적으로 노력하여 성공하게 된 경험이 있고, '악기 배우기' 같은 경우에는 오랜 시간에 걸쳐 노력하여 습득하게 된 기술이 있을 수 있다. 이 두 가지 모두 의미 있는 경험이므로 학생들이 자신의 성공경험을 이야기할 때 교사가 두 가지 경험의 차이를 인지하고 어떻게 그렇게 노력할 수 있었는지에 초점을 두고 그릿 향상을 독려할 수 있다.

고학년을 위한 그릿 수업은 능력이 타고나는 것이 아니라 내가 노력함으로써 얼마든지 변화할 수 있다는 것을 알게 하도록 구성하였다. 학생들은 유명인물이 천재인지 아닌지에 대한 이야기를 나누고 읽기 자료를 통해 인물의 성공비결을 찾아본다. 그리고 마지막에는 나의 능력이 어떻게 변화해 왔는지를 탐색해 본다. 교사는 두 가지 활동을 통해 능력은 타고나는 것이 아니라 노력으로 변화할 수 있다는 것에 초점을 두면서 학생들 스스로 나의 능력도 노력하면 더욱더 커질 수 있다고 독려할 수 있다.

2) 그릿 발휘를 위한 수업의 흐름

(1) 중학년 수업의 예

학습 일시	20 . . . (요일 교시)	대상	3, 4학년	수업자	
학습 주제	끈기 있게 노력해요.	교과	창의적 체험활동		
학습 문제	내가 끈기 있게 노력했던 성공경험을 떠올려 보고 끈기의 중요성을 안다.				

<table>
<tr><th>학습 단계(분)</th><th>교수-학습 활동</th><th>자료(▶) 유의점(㊭)</th></tr>
<tr><td>학습 문제 인식
분위기 조성(3′)</td><td>누구의 발일까요? 퀴즈 맞혀 보기</td><td rowspan="2">▶ ppt
㊭ 직업인의 이름을 모르더라도 어떤 직업인의 발일지 이야기해 본다.</td></tr>
<tr><td colspan="2">▷ 동기 유발
- 축구선수, 발레리나의 발을 보여주고 누구인지 맞혀 본다.
▷ 학습 문제 확인
학습 문제: 내가 끈기 있게 노력했던 성공경험을 떠올려 보고 끈기의 중요성을 안다.</td></tr>
<tr><td>활동 1(10′)</td><td>내가 해냈어!</td><td rowspan="2">▶ 활동지,색연필
㊭ 학업 관련이 아니더라도 운동, 생활습관 등에서 꾸준히 노력해서 성취했던 것을 떠올리도록 한다.</td></tr>
<tr><td colspan="2">▷ 내가 끈기 있게 노력해서 해냈던 일을 떠올리기
- 내가 꾸준히 노력해서 이룬 아주 작은 경험이라도 떠올려 본다.
- 그 장면을 그림으로 나타낸다.
- 말풍선 등을 사용하여 그때의 기분이나 상황을 표현해 본다.</td></tr>
<tr><td>활동 2(15′)</td><td>몸으로 말해요!</td><td rowspan="2">▶ 활동지, 모형마이크
㊭ 교사가 인터뷰 질문들을 칠판이나 PPT로 보여주는 것이 좋다. 학생이 어떻게 노력하였는지에 인터뷰의 초점을 두도록 한다.</td></tr>
<tr><td colspan="2">▷ 내가 성공한 장면을 몸으로 표현하고 맞혀 보기
- 내가 그린 장면을 친구들 앞에서 몸으로 표현해 본다.
- 친구들이 그 장면이 어떤 장면인지 맞혀 본다.
- 짝꿍이 나와서 모형마이크로 인터뷰를 해 본다.
- 인터뷰할 때, 어떠한 노력을 했는지 질문 리스트를 보고 물어볼 수 있다.
- 가능한 많은 친구들이 나와서 자신의 성공경험을 이야기한다.</td></tr>
<tr><td>활동 3(10′)</td><td>끈기의 중요성</td><td rowspan="2">▶ 활동지
㊭ 만약 힘들다고 포기했으면 어떻게 달라졌을지를 상상할 수 있도록 안내한다</td></tr>
<tr><td colspan="2">▷ 파도타기 발표하기
- 끈기 있게 하는 것이 왜 중요한지 생각하고 발표한다.
- 모두 발표할 수 있는 파도타기 발표를 통해 끈기가 어떻게 도움이 되었는지 이야기해 본다.
- 비슷한 이야기라도 모두 발표한다.</td></tr>
<tr><td>정리(2′)</td><td>수업 돌아보기</td><td rowspan="2">㊭ 자신의 그릿을 점점 더 실천해 나가도록 노력한다.</td></tr>
<tr><td colspan="2">▷ 오늘 활동을 통해 배운 내용 정리하기
- 오늘 수업을 통해 느낀 점이 있으면 이야기 나누어 본다.</td></tr>
</table>

■ 중학년 활동지

_____ 초등학교 ___ 학년 ___ 반 이름: ____________

활동1 내가 꾸준히 노력하여 할 수 있게 된 것이 있으면 찾아서 그 장면을 그림으로 그려보세요.

예) 줄넘기, 운동화 끈 묶기, 악기 배우기, 혼자서 머리 감기, 구구단 외우기 등

활동2 몸으로 표현하고, 짝꿍의 인터뷰 질문에 답해 보아요.

- 그때 나는 어떻게 꾸준히 할 수 있었나요?
- 만약 힘들다고 중간에 포기하거나 노력하지 않았다면 어떻게 달라졌을까요?
- 그렇게 꾸준히 한 것이 나에게 어떤 도움이 되었나요?

■ 학생 읽기 자료

책 속에서 더 찾아봐요!

책제목: 한 손의 투수(2012년 출판)

지은이: M. J. 아크

그　림: 문신기

번　역: 고정아

출판사: 봄나무

야구선수가 꿈인 노먼이 고기 가는 기계에 왼손을 잃고도 끊임없이 노력하고 연구하는 모습을 보여준다. 한 손으로 야구뿐 아니라 신발 끈 매는 법, 매듭 묶기를 익히기 위해 끈기를 가지고 연습하는 모습을 통해 학생들에게 끈기 있게 역경을 이겨내는 모습을 보여줄 수 있다.

(2) 고학년 수업의 예

학습 일시	20 . . . (요일 교시)	대상	5, 6학년	수업자	
학습 주제	변화 신념 알기	교과	창의적 체험활동		
학습 문제	나의 능력이 얼마든지 변화할 수 있고 노력하면 높일 수 있다고 믿는다.				

<table>
<tr><th>학습 단계(분)</th><th>교수-학습 활동</th><th>자료(▶) 유의점(㊒)</th></tr>
<tr><td>학습 문제 인식
분위기 조성(5′)</td><td>OX퀴즈</td><td rowspan="2">▶ PPT
㊒ 마인드셋 이라는 용어를 굳이 사용하지 않아도 된다. 학생들에게 정답은 없으니 자신이 생각하는 대로 OX표시를 하라고 한다.</td></tr>
<tr><td colspan="2">▷ 동기 유발
- 3개의 OX퀴즈를 통해 마인드셋 개념을 살펴본다.
- 나의 능력은 변하지 않는다.
- 공부를 잘하는 사람은 처음부터 정해져 있다.
- 나의 능력은 노력하면 높일 수 있다.
▷ 학습 문제 확인
학습 문제: 나의 능력이 얼마든지 변화할 수 있고 노력하면 높일 수 있다고 믿는다.</td></tr>
<tr><td>활동 1(7′)</td><td>천재가 있을까, 없을까?</td><td rowspan="2">▶ 동영상
㊒ 에디슨, 김연아 선수 등 학생들이 알 만한 인물의 노력한 모습에 초점을 둔 동영상을 준비한다.</td></tr>
<tr><td colspan="2">▷ 태어날 때부터 천재가 있을까?
- 가수, 운동선수, 화가, 발명가 등이 천재인지 이야기해 본다.
- 학생들이 알 만한 인물로 관심을 끈다.
- 노력하여 달라진 모습을 보여주는 동영상 시청을 통해 운동선수, 가수들이 처음과 지금의 모습이 어떻게 다른지 이야기해 본다.</td></tr>
<tr><td>활동 2(10′)</td><td>성공비결 찾기</td><td rowspan="2">▶ 읽기 자료
[학교진로교육 프로그램(SCEP) 창의적 진로개발에서 123~136쪽 또는 커리어넷 자료 사용],
활동지
㊒ 읽기 자료를 모둠별로 주어 가능한 한 다양한 인물의 성공비결을 찾아볼 수 있게 한다.</td></tr>
<tr><td colspan="2">▷ 인물의 성공비결-끈기, 노력, 결과- 찾기
- 모둠별로 읽기 자료를 나누어 준다.
- 모둠친구들과 그 인물의 끈기, 노력, 결과를 정리한다.
- 읽기 자료를 읽고 나서 친구들과 인물의 성공비결을 이야기한다.
- 모둠별로 나와서 각각 인물 소개, 그의 끈기 · 노력, 현재의 결과를 정리하여 반 친구들에게 발표한다.</td></tr>
<tr><td>활동 3(13′)</td><td>나의 능력의 변화</td><td rowspan="2">▶ 활동지
㊒ 나의 어릴적 모습을 잘 기억하지 못할 수 있으므로 미리 부모님과 이야기를 나누고 올 수 있게 안내한다.</td></tr>
<tr><td colspan="2">▷ 나의 능력이 어떻게 변화되었는지 탐색하기
- 책 읽기, 자전거 타기, 수학 공부 등 자신이 할 수 있는 것들이 처음과 현재 어떻게 달라졌는지 생각해 본다.
- 그 과정 속에서 내가 했던 노력과 끈기를 찾아내 본다.
- 마지막으로 처음의 OX퀴즈 문제를 다시 풀어 보며 끈기와 노력으로 나의 능력이 달라질 수 있음을 알도록 한다.</td></tr>
<tr><td>정리(5′)</td><td>수업 돌아보기</td><td rowspan="2">㊒ 자신의 그릿을 점점 더 실천해 나가도록 촉진한다.</td></tr>
<tr><td colspan="2">▷ 오늘 활동을 통해 배운 내용 정리하기
- 오늘 수업을 통해 새롭게 알게 된 것, 느낀 점이 있으면 이야기 나누어본다.</td></tr>
</table>

■ 고학년 활동지

_____ 초등학교 ___ 학년 ___ 반 이름: ____________

활동1 성공비결 찾기

우리 모둠의 인물은 ___________________입니다.

이 사람의 성공비결은 ____(끈기)가 있었습니다.

그리고 ____(노력)을 하였습니다.

그래서 현재 ____(결과)입니다.

활동2 나의 능력의 변화

능력	처음	나의 노력과 끈기	지금

- 나의 능력은 (변하지 않는다/변할 수 있다).
- 공부를 잘하는 사람은 처음부터 (정해져 있다/정해져 있지 않다).
- 나의 능력은 __________________________하면 높일 수 있다.

읽기 자료 1

클래식 음악의 날개를 달고, 음악 나눔을 실천하는 지휘자!

지휘자 금난새

클래식 음악은 어렵고 딱딱하다는 선입견을 톡톡 튀는 발상으로 깨고 친절한 해설과 신나는 연주로 클래식 음악의 대중화에 앞장선 행복 지휘자 금난새. 그의 음악 속에 녹아 있는 나눔의 이야기를 들어 보자.

도전 앞에 나이는 숫자에 불과하다.

27살의 금난새, 그는 지휘가 배우고 싶었다. 그러나 주위의 많은 사람들은 지휘를 배우기엔 너무 늦은 나이라고 반대했다. 그는 꿈을 향해 한 치의 두려움도 없이 단수여권과 옷 몇 가지를 넣은 작은 가방 하나만 들고 독일행 비행기에 올랐다. 그런 그의 열정과 음악적 재능을 알아본 라벤스타인은 그를 받아주었고 한국을 대표하는 지휘자 금난새는 태어나게 됐다.

인간에 대한 사랑과 존중을 음악 나눔으로 실천한다.

그는 음악 나눔을 통해 인간에 대한 사랑과 존중, 위대한 예술가들의 영혼이 세상 가득 넘치길 소망한다. 그래서 음악 소외지역인 울릉도, 소년원 등 전국을 돌며 오케스트라 연주회를 가졌고 청소년 음악회를 십여 년간 진행했다. 그의 작은 실천은 이제 사회 곳곳에서 아름다운 선율이 되어 날개를 달고 퍼지고 있다.

꿈이 있는 누구나 그 꿈을 펼칠 기회를 주는 열린사회를 만들자.

어느 나라 사람이건, 무엇을 했던 사람이건, 돈이 많건 적건, 그 어떤 것도 개의치 않고 한 개인의 꿈과 열정만 보고 기회를 주는 사회야말로 바로 열린사회이고 민주주의 사회이다. 돈이 없다고 해서 자신의 꿈을 꿀 기회조차 없는 사회는 지양되어야 한다. 그러기 위해서는 개개인의 영달만이 아닌 사회를 위해 자신의 재능을 발휘하도록 노력해야 한다.

출처: 커리어넷/직업인동영상/도전하는 한국인

읽기 자료 2

우리 만화의 대표 아이콘 까치를 만나다!

만화가 이현세

호랑이 같은 눈매에 거침없는 직설 화법, 첫 느낌은 카리스마 그 자체였다. 그러나 인터뷰가 진행되고 만화에 대한 이야기를 풀어갈수록 그의 눈은 꿈을 꾸듯 웃음을 가득 머금고 있다. 초로의 대가의 손 끝에서 펼쳐지는 만화 속 이야기를 통해 젊은 날의 그의 꿈과 작품 이야기를 들어 보자.

일본의 아톰, 미국의 미키마우스, 한국엔 까치.

나뭇가지 하나만 있으면 밥 먹는 것도 잊고 마당에 한도 끝도 없이 그림을 그리며 시간을 보냈던 소년은 색약임에도 불구하고 만화가가 되기로 했다. 머릿속에 떠오르는 모든 것을 그림으로 풀어내고 싶었던 소년은 호된 사춘기 시절을 보내고 가족의 아픔을 고스란히 껴안은 채 5년간 산골에 처 박혀 '까치'를 탄생했다.

암울했던 시기, 시대를 밝히다.

"난 네가 좋아하는 일이라면 뭐든지 할 수 있어." 80년대 감성을 자극하며 우리의 뇌리에 각인된 강력한 이 대사는 바로 『공포의 외인구단』에서 까치가 한 말이다. 암울했던 시기 순수한 열정과 추진력으로 어떤 어려움도 극복하며 자신이 원하는 일을 하고자 몸부림쳤던 그 시대의 젊은이의 자화상을 멋들어지게 그려낸 만화가 이현세.

한국만화, 이젠 한국을 넘어 세계로

그의 등장은 어린이들 위주의 명랑 만화가 주류를 이룰 때 만화를 성인이 즐길 수 있는 문화 콘텐츠의 하나로 발전시켰다는 의미를 지닌다. 그는 한국 만화가 세계적으로 나아가기 위해 세계인이 공감할 수 있는 콘텐츠 개발이 절실하다고 주장한다. 특히 만화산업인력의 고급화를 위해 우리 사회 전반에 흐르는 만화에 대한 부정적인 의식의 전환과 작가 스스로 글로벌한 시각을 가져야 한다고 설파한다.

출처: 커리어넷/직업인동영상/도전하는 한국인

읽기 자료 3

독학으로 한국 최고의 자동차 명장!

자동차명장 박병일

세계 최초로 자동차 급발진 사고의 원인을 밝혀내고, 15년간 20만 명의 현장실무자를 대상으로 무료교육을 실시하며 자동차 정비업계의 독보적인 위치에 있는 박병일 명장.

40여 년간 무한질주로 달려온 그의 이야기를 들어 보자.

중학교 중퇴 후 독학으로 한국 최고의 자동차기술자가 되다

가족의 생계를 위해서 중학교를 중퇴한 후, 독학으로 한국 최고의 자동차기술자가 되었다. 젊은 시절 가장 밑바닥에서 시작해 최고의 자리에 오른 그가 들려주는 성공의 비결은 인생의 그림을 그리고 땀을 흘리며 꾸준히 자신이 갈 길을 가라는 것이다.

국내1호 자동차정비명장

그는 세계 최초로 급발진 사고 분석에 성공해 2002년부터 대한민국 자동차 1호 명장 칭호를 얻었다. 14세에 자동차 정비 일을 시작해 40여 년간 꾸준히 자동차 한 우물만 파 왔고 자격증 최고 등급인 기술사를 포함하여 국가기술자격 15개를 취득하고 9건의 특허, 34권의 저서를 펴냈다.

20만 명의 현장실무자 대상 무료 교육 실시

그는 15년간 20만 명의 현장실무자를 대상으로 무료 교육을 실시하며 자동차 정비업계의 독보적인 위치에 있다. 또한 자동차정비에 관심이 있어도 어려운 형편 때문에 대학 진학의 꿈을 접은 후배들을 위해 대학에 갈 수 있도록 후원하고 있다.

출처: 커리어넷/직업인동영상/도전하는 한국인

읽기 자료 4

요리사

요리사 김소희

오스트리아에서 최고라고 꼽히는 레스토랑 '킴 코흐트(Kim kocht)'의 요리사 김소희. 그녀의 음식은 누구도 모방할 수 없는 한국인의 손맛과 한식의 건강과 정성이 모두 담겨 있다. 그녀의 성공 원동력과 미래 비전에 대한 믿음을 소개한다.

소박함과 화려함이 공존하는 그녀

평소에 그녀는 작은 체구, 화장기 없는 맨 얼굴에 부산 말씨를 쓴다. 오스트리아에서 최고라고 꼽히는 레스토랑의 주인장이라고 보이지 않는 모습이다. 그러나 그녀의 음식은 그 무엇보다도 화려하다. 그녀의 미적 감각과 개성 있는 건강식이 빚어낸 맛은 이웃 독일에까지 소문이 났을 정도. 현재 독일에서 방영되는 그의 요리 프로그램만 넷이다.

그녀의 음식은? 모양은 유럽 스타일, 맛은 한국의 맛!

한국 전통 재료를 사용하는 그녀의 음식은 유럽사람들에게 한국의 맛을 즐기게 한다. 그녀의 음식은 누구도 모방할 수 없는 한국인의 손맛과 한식의 '건강'과 '정성'이 모두 담겨 있다. 그녀가 만들어내는 최고의 레스토랑 '킴 코흐트'.

그녀가 만들어내는 최고의 레스토랑 '킴 코흐트'

이곳의 주 메뉴는 한식을 바탕으로 한 퓨전요리. '킴 코흐트' 레스토랑은 볼프강 슈셀 전 수상 등, 유명인사들의 발길이 잦아 명소가 되었다. 그렇기 때문에 이곳에서 식사를 하기란 간단치 않다. 일 년에 네 번, 석 달치씩 예약을 몰아 받고, '킴 코흐트'에서 밥 한 끼를 먹기 위해 기꺼이 몇 달을 기다리는 정치인 · 장관 등 현지인이 줄을 잇고 있다.

출처: 커리어넷/직업인동영상/도전하는 한국인

읽기 자료 5

카레이서

카레이서 김태옥

네 아이의 엄마로 도전한 죽음의 레이스, 여성의 한계를 넘어서다!

우리나라 최초의 여성 자동차 경주선수이자 최초의 모녀 자동차 경주 선수인 카레이서 김태옥. 그녀가 겪어온 역경과 카레이서가 되기 위한 지침, 레이싱에 대해 말한다.

우리나라 최초의 여성 자동차 경주 선수

굉음을 내며 질주하는 자동차 경주는 누구나 한번쯤 선망하지만 선뜻 나서기는 어렵다. 한국 최초의 여성 자동차 경주 선수인 김태옥은 여성의 한계를 던지고 자동차 경주 선수로서 수차례의 우승 등 큰 업적을 남겼다.

죽음의 레이스에 도전하다

김태옥은 프랑스 파리에서 시작하여 사하라 사막을 관통하고 세네갈의 다카르에 이르는 '죽음의 레이스'라고도 불리는 파리 다카르 랠리(자동차 경주)에 유서를 써 놓고 도전하였다.

자동차 경주 선수가 되기 전에 이미 네 아이의 엄마

그녀의 딸인 최명희 씨도 자동차 경주 선수여서 우리나라 최초의 모녀 자동차 경주 선수이기도 하다.

출처: 커리어넷/직업인동영상/도전하는 한국인

참고문헌

교육부,한국직업능력개발원(2015). 학교진로교육프로그램 창의적 진로개발 개정판: 초등학교. 세종: 교육부.

교육부(2016). 2015 학교 진로교육 목표와 성취기준. 세종: 교육부.

김보미(2016). 마인드셋 변화 프로그램이 초등학생의 마인드셋, 학업적 자기효능감 및 목표지향성에 미치는 효과. 안동대학교 석사학위논문.

박준수(2017). 귀인피드백이 마인드셋(mindset), 그릿(grit), 자기조절력에 따라 학업성취에 미치는 영향. 서울대학교 석사학위논문.

이수란(2015). 투지와 신중하게 계획된 연습, 자존감의 수반성이 학업성취에 미치는 영향. 연세대학교 박사학위논문.

이수란, 손영우(2013). 무엇이 뛰어난 학업성취를 예측하는가?: 신중하게 계획된 연습과 끈기(Grit). 한국심리학회지: 학교, 10(3), 349-366.

임효진, 황매향(2014). 청소년의 학교 밖 활동과 자기관련 신념 및 학교만족도의 구조적 관계. 교육과학연구, 45(4), 111-132.

주영주, 김동심(2016). 영재학생의 그릿(꾸준한 노력, 지속적 관심), 교사지원, 부모지원의 자기조절학습능력, 영재교육 만족도에 대한 예측력 검증. 특수교육, 15(1), 29-49.

하혜숙, 임효진, 황매향(2015). 끈기와 자기통제 집단수준에 따른 성격요인의 예측력 및 학교 부적응과 학업성취의 관계. 평생학습사회, 11(3), 145-166.

Duckworth, A. L., & Eskreis-Winkler, L. (2015). Grit. In J. D. Wright (Ed.), *International encyclopedia of the social and behavioral sciences* (2nd ed., pp. 397-401). Oxford, UK: Elsevier.

Duckworth, A. L., Peterson, C., Matthews, M. D., & Kelly, D. R. (2007). Grit: Perseverance and passion for long-term goals. *Journal of Personality and Social Psychology, 92*(6), 1087-1101.

Duckworth, A. L., & Quinn, P. D. (2009). Development and validation of the Short Grit Scale (GRIT-S). *Journal of Personality Assessment, 91*(2), 166-174.

Dweck, C. S. (2006). *Mindset: The new psychology of success*. New York, NY: Random House.

Ericsson, K. A., Krampe, R. T., & Tesch-Romer, C. (1993). The role of deliberate practice in the acquisition of expert performance. *Psychological Review, 100*(3), 363-406.

Feinstein, S. (2007). *Parenting the teenage brain: Understanding a work in progress.* Lanham, MD: Rowman & Littlefield Education.

Giedd, J. N., Blumenthal, J., Jeffries, N. O., Castellanos, F. X., Lui, H., Zijdenbos, A., Paus, T., Evans, A. C., & Rapoport, J. L. (1999). Brain development during childhood and adolescence: A longitudinal MRI study. *Nature Neuroscience, 2*(10), 861-863.

Gysbers, N. C., Heppner, M. J., & Johnston, J. A. (2014). *Career counseling: Holism, diversity, and strengths* (4th ed.). Hoboken, NJ: John Wiley & Sons.

Mischel, W., Shoda, Y., & Rodriguez, M. L. (1989). Delay of gratification in children. *Science, 244*, 933-938.

Shechtman, N., DeBarger, A. H., Dornsife, C., Rosier, S., & Yarnall, L. (2013). *Promoting grit, tenacity, and perseverance: Critical factors for success in the 21st century.* U.S. Department of Education Office of Educational Technology: Center for Technology in Learning SRI International.

Wolf, J. R., & Jia, R. (2015). The role of grit in predicting student performance in introductory programming courses: An exploratory study. Proceedings of the Southern Association for Information Systems Conference, Retrieved June 10, 2016, from http://aisel.aisnet.org/sais2015/21/

11장

미래 시간 조망과 낙관성

황매향 · 박진영

진로는 당면한 과제의 해결을 넘어 앞으로 살아가게 될 미래를 위한 준비로서의 의미가 크다. 자신의 진로에 대해 생각할 수 있는 정도는 시간적으로 미래를 바라볼 수 있는 것에 비례한다고 할 수 있다. 사고하는 능력이 성장하면서 사고할 수 있는 시간의 범위가 확대되어 미래에 대해 얼마나 생각할 수 있는가의 능력인 미래 시간 조망을 획득하게 된다. 진로에서 무엇보다 중요한 미래 시간 조망은 유아기에서 청소년기 동안 계속 발달하고 대학생 시기에도 계속 발달한다. 이 과정에서 미래를 얼마나 긍정적으로 바라볼 수 있는가에 해당하는 낙관성은 진로와 관련해 학생들이 가져야 할 중요한 태도(또는 역량) 중 하나이다.

1 미래 시간 조망과 진로

1) 시간 조망의 의미

어른들이 아이들에게 진로와 관련해 가장 많이 하는 질문은 "커서 뭐가 되고 싶니?"인데 여기에 답하는 아이들은 자신이 생각할 수 있는 시간 범위에 머물러 답할 수밖에 없다. 어린아이들은 아직 현재와 구분되는 미래에 대해 생각할 줄 모르는 상태에서 미래가 아닌 상상 속의 자신의 모습을 장래 희망의 내용으로 답한다. 이런 시기가 유아기에서 아동 초기까지 이어지는데 '환상적 꿈'의 시기라고 불린다. 아직 미래에 대한 관념이 미성숙한 상태로 자신이 미래에 어떤 모습일지를 예상하지 못한 채 상상의 나래를 펼치기 때문이다. 현재에 대한 지각, 과거에 대한 회상, 미래에 대한 예상 등 연속적인 시간을 얼마나 개념화할 수 있는가에 해당하는 시간에 대한 개념은 사고하는 능력 신장과 함께 점차 발달한다. 발달과정을 통해 사고할 수 있는 시간의 범위가 확대된다. 아동은 자신이 생각할 수 있는 미래만큼 자신의 진로를 바라볼 수 있다고 할 수 있다. 따라서 초등학교에서의 진로교육은 아동이 사고할 수 있는 시간의 범위를 확장해

가는 것 자체를 목표로 삼아야 할 것이다. 오늘을 중심으로 어제와 내일, 지난주와 다음 주, 지난달과 다음 달, 지난해와 다음 해 등으로 시간의 범위를 확대해 나가지 않은 채 "커서 뭘 하고 싶니?"라는 질문에 대한 답을 구하는 것은 별다른 의미가 없다.

이러한 시간에 대한 개념은 어떻게 발달하는가? 개인이 가진 시간에 대한 개념은 시간을 어떻게 바라보는가라는 의미에서 '시간 조망(time perspective)'으로 명명된다. 이미 오래전 레빈(Lewin, 1951)은 장이론에서 시간 조망을 "어떤 주어진 시간에서 자신의 심리적 미래 및 심리적 과거의 실재에 대한 관점의 총체"라고 정의했고, 여기에 누틴(Nuttin, 1964, 1985)은 미래와 과거의 일이 현재의 행동에 영향을 미치는 정도는 인지적 수준에서 얼마나 제시되는가에 달려 있다고 보았다(Zimbardo & Boyd, 1999). 시간 조망은 시간의 측면에서의 탈중심화(피아제 인지발달 이론의 개념)에서 출발하는데 내가 지금 살고 있는 시간(자기중심적)에서 이미 살았던 또는 앞으로 살아가게 될 시간(탈중심적)으로 인지적 개념화가 확대되는 것이다. 인지적 탈중심화는 아동 초기(초등학교 저학년) 시기에 나타나지만, 자신의 과거와 미래를 떠올리는 데는 추상력 사고력이 요구되기 때문에 그 이후 더 많은 발달의 과정을 거쳐야 한다[시간 조망에 대한 초기 발달은 McCormack(2014)를 참조]. 시간에 대한 개념의 발달은 따로 분리되어 발달하기보다는 인지적 발달과정을 통해 외부 세계를 보다 정확하게 그리고 보다 추상적으로 조작할 수 있는 능력과 함께 발달한다고 할 수 있다.

2) 미래 조망의 발달

시간 조망 중 미래에 대해 얼마나 생각할 수 있는가는 진로에서 무엇보다 중요하다. 이러한 미래에 대한 시간 개념을 '미래 시간 조망(future time perspective)'이라고 하고, 최근에는 진로와 관련된 미래 시간 조망인 '진로 시간 조망(career time perspective)'이라는 개념도 소개되고 있다. 미래 시간 조망은 진로만이 아니라 다양한 적응 영역에 필요한 개인의 역량으로 높은 사회경제적 지위, 높은 학업성취도, 낮은 자극추구, 낮은 위험행동 등 다양한 영역에서 적응을 예언하는 반면 미래를 조망하지 못하면 정신건강문제, 청소년 비행, 범죄, 중독 등 부정적 상태에 이르는 것으로 밝혀졌다(Zimbardo & Boyd, 1999). 이렇게 미래 시간 조망 능력이 여러 적응 영역과 밀접히 관련되는 이유는 미래를 바라본다는 것은 현재와 미래 사이의 인과관계에 대해 이해한다는 것을 의미하기 때문이다. 현재는 과거의 결과이고 현재는 미래에 어떤 결과를 초래할 원인이 된다는 것에 대한 이해가 충분할 때 비로소 미래를 바라보는 미래 시간 조망을 가졌다고 할 수 있다. 미래 시간 조망이 부족할 경우 비행을 비롯한 부적응에 처하기 쉬운 이유는 현재의 자신의 행동이 미래에 어떤 결과를 초래할 것인지를 생각하지 못하기 때문이라고 할 수 있다.

미래 시간 조망이 부족할 경우 진로와 관련해서는 진로미결정 상태에 놓이기 쉽다. 앞으로의 일에 대해 생각하지 못하기 때문에 미래에 어떤 일을 할 것인가에 대해서도 정하지 못하는 상태가 된다. 뿐만 아니라 현재 자신이 하는 행동이 앞으로 자신의 미래에 어떤 영향을 미칠 것인가를 생각하지 못하기 때문에 목표를 세우고 목표를 향해 정진하는 진로의 설계 및 준비행동에서도 부적응을 보인다. 자신의 꿈을 위해 지금 당장 재미있고 하고 싶은 것들을 참고 필요한 과제에 노력을 기울이지 못한다. 예를 들면 '요리사'가 되고 싶다고 하면서 관련된 활동에 참여하지 않는 것처럼 꿈을 가지고 있으면서 아무런 노력을 기울이지 않는 학생들의 경우는 미래 시간 조망 능력의 부족이 그 원인일 수 있다. 특히 초등학교에서는 이런 학생들이 많기 때문에 진로교육을 통한 개입이 필요하다. 먼저 과거-현재-미래의 시간 범위를 보다 넓혀가는 생각을 할 기회를 제공해야 하고 과거-현재-미래로 이어지는 인과관계를 실생활에서 발견할 수 있도록 돕는다. 일상 속에서의 경험을 통해 학습할 때 미래 시간 조망을 자신의 삶에 적용할 수 있기 때문이다. 나아가 진로 정보의 제공에 있어 그 일의 직무나 특성도 중요하지만, 그 직업에 진입할 수 있는 경로에 대한 정보를 찾아보고 공유할 수 있도록 촉진해야 한다. 그리고 개별 직업의 경로만이 아니라, 일을 중심으로 개인의 진로가 발달하는 여정(진로경로, career path)에 대한 개념도 가르쳐야 한다.

또한 원인과 결과에 대한 잘못된 판단을 가지고 있을 때 건강한 미래 시간 조망에 실패하게 된다. 예를 들면 사회학습이론이나 귀인이론에서는 자신이 과거에 이룬 성취에 근거해 지금 당면한 과제에서 앞으로 어느 정도 성취를 이루어낼 수 있는지에 대해 판단한다고 본다. 과거의 성취가 자신이 기울인 노력에 의한 것으로 판단하면 더 노력을 기울이면 성공할 수 있을 것이라고 생각하지만 그렇지 않다면 미래의 성공에 대해 기대하지 않고 현재 노력도 기울이지 않을 것이다. 따라서 진로발달을 촉진하는 미래 시간 조망에는 노력을 통해 성공할 수 있다는 낙관성이 필요하다.

미래 시간 조망은 유아기와 아동기에만 발달하는 것이 아니라 청소년기 동안도 계속 발달하고 대학생 시기에도 계속 발달하는 것으로 확인되고 있다. 물론 청소년기는 과거나 현재보다 미래에 관심을 많이 갖는 시기로 미래 시간 조망이 증가하는 시기로 보는 연구와 입시나 취업 등 당면과제의 해결 때문에 현재에 집중하면서 오히려 현재 시간 조망이 중심이 된다는 연구가 상충되어 제시되기도 한다(Mello & Worrell, 2006). 무엇보다 초등학교 시기는 미래 시간 조망이 급속하게 발달하는 단계로 아동의 미래 시간 조망 능력에 맞는 진로에 대한 개입과 미래 시간 조망 능력을 향상시키는 교육이 함께 고려되어야 할 것이다. 뿐만 아니라 중학교와 고등학교 시기에 지속되는 미래 시간 조망 능력의 개발과 연계될 수 있도록 이후 교육 내용에 대한 검토도 필요하다.

2 미래에 대한 낙관적 기대와 노력[1]

진로와 관련해 학생들이 가져야 할 중요한 태도(또는 역량) 중 하나는 미래에 대한 긍정적 기대를 가지고 노력을 기울이는 것이다. 그러나 최근 우리 사회는 '앞으로 사회는 점점 살기 힘들어진다', '어차피 노력해도 잘 살기 어렵다', '청년실업이 이렇게 심각하니 앞으로 우리 아이들에겐 미래가 없다', '될성부른 나무는 떡잎부터 알아본다', '재능이 없으면 안 돼' 등으로 희망을 꺾고 노력에 대한 동기를 낮추는 메시지로 팽배하

1 이 내용의 일부는 "사례에서 배우는 학업상담의 실제"(황매향, 2016) 중 '노력낙관성'의 내용을 토대로 재구성한 것으로 인용 표시를 따로 하지는 않음.

다. 학교는 학생들이 자신의 미래에 대해 벅차오르는 기대를 갖고 자신의 꿈을 향해 노력을 기울이면서 행복감을 느끼게 해주어야 한다. 이를 위해 초등학교 진로교육에서는 미래에 대한 긍정적 기대인 낙관성, 그 가운데 노력을 하면 성공할 수 있다는 기대인 노력낙관성을 중요한 덕목으로 가르쳐야 할 것이다.

1) 낙관성의 의미

낙관성을 설명하기 위해 가장 빈번하게 인용되는 비유 중 하나는 '물이 반이 찬 컵'이다. 낙관적인 사람은 "물이 벌써 반이나 찼다"고 보는 반면 비관적인 사람은 "물이 아직 반밖에 차지 않았다"라고 본다. 즉 낙관성이란 '앞으로 올 미래에 대해 얼마나 긍정적 기대를 가지고 있는가'이다. 낙관성은 행복감, 건강, 성공 등 삶의 거의 모든 영역에 긍정적 영향을 미치고 자신에게 주어진 불리한 여건을 자신의 노력으로 극복하고 목표를 이루어낼 수 있는 태도, 정서, 동기에 해당하는 '노력낙관성(effort optimism)'은 진로발달에서 더 중요하다.

낙관성의 개념을 학교 장면에 축소한 노력낙관성에 대한 논의는 미국에서 소수민족들이 경험하는 차별에 대한 인식을 다루면서 시작되었다. '올바른 방향으로 열심히 일하는 것은 언제 어떤 상황에서나 개인과 사회에 보답한다는 믿음'인 노력낙관성은 '학교에서의 노력이 사회적 성공을 얼마나 예언해 주는가에 대한 기대'로 정의되기도 한다(Matthew, 2011). 노력낙관성이 높은 학생은 성공에 필요한 것은 자신이 열심히 노력하는 것이라고 믿지만 노력낙관성이 낮은 학생은 성공할 사람은 따로 있어 열심히 노력해도 소용이 없다고 생각한다. 높은 노력낙관성과 낮은 노력낙관성의 차이는 자성예언효과(self-prophecy effect, 스스로 그렇게 된다고 생각해 그런 결과를 초래하는 현상)까지 더해져 그 영향력이 더 커진다.

즉 낙관성(또는 노력낙관성)이라는 개인의 관점으로 인해 동일한 상황에서도 서로 다른 행동을 하게 되고 그로 인해 다른 결과를 낳는다. 20세기 말 일반인들에게 소개되어 우리나라에서도 많은 관심을 일으켰던 정서지능 논의도 낙관성이 지능보다 성공(직원의 생산성과 근무 연한)을 예측한다는 연구 결과에서 출발했다. 낙관성은 심리, 교육, 의료, 경영 등 다양한 분야에서 관심을 갖는 개인의 특성으로 교육이나 심리 영역에서의 낙관성에 대한 관심은 긍정심리학(positive psychology)적 관점의 확대와 밀접히 관련된다. 21세기를 맞이하며 미국 심리학계는 지금까지의 심리학은 부정적인 정서와 상태를 어떻게 개선할 것인가에 초점을 두었지만 실제 심리학이 사람들의 행복을 증진시키는 데 크게 기여하지 못했다는 반성과 함께, 앞으로 심리학은 행복 자체에 초점을 둘 것을 선언하고 이 접근을 긍정심리학으로 명명했다. 긍정심리학의 주창자인 셀리그만(Seligman)은 자신이 평생 연구해 온 학습된 무기력(learned helplessness)의 개념을 넘어 학습된 낙관성(learned optimism)의 개념을 새롭게 제안했다(Martin E. Seligman, 1991). 이후 긍정심리학에서는 행복과 밀접하게 관련되는 개인의 특성을 성격강점(character strength)으로 도출(Peterson & Seligman, 2004)하는데 여기에서도 낙관성은 중요한 성격강점 중 하나로 포함되었다.

그러나 한 가지 주의해야 할 점은 낙관성이 무조건 좋은 것만은 아니라는 사실이다. 현재 처한 어려움과 장벽을 고려하는 현실적 낙관성(realistic optimism)은 적응에 도움이 되지만, 아무런 근거 없이 잘 될 거라고 생각하는 비현실적 낙관성(unrealistic optimism)은 오히려 방해가 되기도 한다(Forgearda & Seligman, 2012). 비현실적 낙관성을 가진 사람들은 잘 될 거라고만 생각하고 아무런 노력도 기울이지 않기 때문에 결국 어떤 것도 성취할 수 없게 된다. 미래에 대한 긍정적 기대를 갖는 것은 바람직하지만 아무런 근거가 없는 미래에 대한 긍정적 기대는 인지적 오류일 뿐으로 교정되어야 한다.

2) 낙관성의 증진

낙관성은 변화하기 어려운 개인의 특성인가, 변화 가능한 개인의 특성인가? 낙관성과 같은 개인이 가진 성격적 특성들은 대부분 타고난 것으로 아예 변화하지 않는다는 관점도 있지만, 어느 정도는 타고나서 잘 변화하기 어려운 반면 또 어느 정도는 발달 과정을 통해 형성되기도 한다. 특히 초등학교 시기는 여러 영역의 발달이 활발히 진행되는 시기로 낙관성 역시 변화의 가능성을 갖는다고 할 수 있다. 낙관성은 개인의 타고난 기질 또는 성격으로서의 낙관성인 성향적 낙관성(dispositional optimism)과 과제의 성공과 실패를 무엇으로 보는가와 관련되는 귀인적 낙관성(설명양식, explanatory style)으로 대별된다. 성향적 낙관성과 관련해서는 타고난 부분이 얼마나 되는지 밝힌 연구들이 많다. 성향적 낙관성의 유전성을 밝히기 위한 쌍생아 연구의 결과들에서는 부모로부터 물려받은 유전적 특성인 부분과 함께 가정환경의 영향을 많이 받는 것으로 밝혀져 타고난 기질처럼 여겨지는 이유를 설명한다. 타고난 것으로 보이는 성향적 낙관성도 가정환경의 영향을 많이 받는 것으로 볼 때 낙관성은 발달 과정을 통해 충분히 변화할 수 있는 개인의 특성이라고 할 수 있다.

그동안 연구 분야에서는 긍정심리학의 주창자인 셀리그만 등(Seligman et al., 1995)이 제안한 귀인적 낙관성을 연구 주제로 삼는 경우가 더 많았는데 변화 가능한 측면에 초점을 두고자 함일 것이다. 귀인적 낙관성 관점에서는 과제 중심의 실패와 성공의 원인을 무엇으로 설명하는가가 '앞으로의 역경을 이겨낼 수 있다'는 생각을 결정한다고 가정한다. 따라서 낙관성 증진을 위해 인지적 접근을 통해 이러한 귀인양식(설명양식)의 변화를 도모한다. 그동안 잘 알려진 ABCDE(선행사건-신념-결과-논박-효과)의 전형적인 인지상담의 절차를 통한 개인상담 및 집단상담을 통해 낙관성을 증진시킨 수 있음을 입증하고 있다. 성공과 실패를 변화 불가능한 요인에 두는 귀인의 내용을 확인하고, 그 논리적 오류를 논박함으로써 변화 가능한 새로운 귀인을 할 수 있도록 돕는다. 이에 따라 미국에서는 아동 및 청소년을 대상으로 한 우울 예방 프로그램으로 귀인적 낙관성 증진에 초점을 둔 프로그램(예, "Penn Resiliency Program")이 개발되기도 했다. 이 프로그램은 삽화와 역할놀이 활동을 통해 변화 가능한 귀인으로의 인지적 재구조화를 촉진하는 내용을 담고 있다. 실제 학교에서 프로그램을 실시한 결과에 따르면, 우울의 경감 또는 예방과 함께 여러 내재화 및 외현화 문제를 경감시키는 것으로 확인되었다(Cutuli et al., 2013; Gillham et al., 2007). 낙관성과 관련된 우리나라 연구에서도 귀인적 낙관성과 관련한 낙관성 훈련 프로그램 개발이 가장 활발하다. 다양한 낙관성 증진 프로그램(예, 김재희, 2010; 김준, 2014; 연은경, 2013)이 아동 및 청소년, 나아가 성인 집단을 대상으로 꾸준히 개발되어 적용되고 있다.

3 미래 조망과 낙관성 증진을 위한 학급 활동

1) 미래 시간 조망 증진 수업 구성

(1) 미래 시간 조망 관련 초등학교 진로교육 세부목표 및 성취기준

2015년 개정 교육과정에서 제시하는 초등학교 고학년의 성취기준 중 미래 시간 조망과 관련된 세부목표와 성취기준은 다음에 정리된 바와 같다. 국가교육과정이 제안한 성취기준에 따르면, 우리나라 고학년 학생들은 미래의 직업세계가 어떻게 변화할 것인가에 대한 이해를 위해 현재 직업들이 어떻게 변화해 왔는지 이해하고 앞으로 자신의 미래에 대한 구체적 상을 가질 수 있어야 한다.

대영역	중영역	세부목표	성취기준
II. 일과 직업세계 이해	1. 변화하는 직업세계 이해	E II 1.2 일과 직업의 다양한 종류와 변화를 이해한다.	E II 1.2.1 생활 속 다양한 직업을 찾아보고 각 직업이 하는 일을 설명할 수 있다.
			E II 1.2.2 현재의 직업들이 변화해 온 모습을 이해할 수 있다.(고학년 수업 예시)
IV. 진로 디자인과 준비	2. 진로 설계와 준비	E IV 2.2 자신의 꿈과 끼에 맞는 진로를 그려본다.	E IV 2.2.1 자신이 좋아하는 일, 잘하는 일을 찾아볼 수 있다.
			E IV 2.2.2 자신의 꿈과 관련된 미래의 자신의 모습을 그려 볼 수 있다.(고학년 수업 예시)
			E IV 2.2.3 자신의 꿈을 담아 진로계획을 세워 본다.

(2) 학년별 활동의 구성

미래 시간 조망과 관련해 저학년은 시간 조망 자체의 획득에 초점을 두어야 하는 시기이고 진로와 관련해 '환상적 꿈'에서 조금씩 벗어날 수 있도록 돕는 것이 필요하다.

저학년에게 십년 또는 이십년 후의 미래를 상상해 보게 하는 것은 발달 단계에 맞지 않는다. 보다 가까운 미래의 모습을 상상하고 지금과 무엇이 달라질지를 자유롭게 상상해 보게 하는 데에 초점을 두어야 한다. 예를 들면 미래 직업세계에 대한 안내에 있어 저학년 학생들이 좋아하는 장난감(자동차 모양인데 로봇으로 변신하는 것) 등을 활용하여 미래의 모습이 어떻게 바뀔지 자유롭게 상상해 보도록 할 수 있을 것이다. 또한 중학년에서는 집, 학교, 놀이터 등 학생들이 자주 가는 공간이 어떻게 달라질지를 상상하여 그려 보도록 하고 그렇게 되면 달라지는 생활 모습이 무엇일지 사회 교과와 연결하여 지도할 수 있다. 고학년에서는 미래의 달라지는 세계를 직업과 연결시켜 보는 활동을 해볼 수 있다. 과거-현재-미래의 시간적 연속선상에서 과거에 있었지만 사라진 직업, 과거에 없었지만 새로 생긴 직업, 미래에 사라질 직업, 미래에 새로 생길 직업 등을 탐색하는 활동이 가능할 것이다.

이 장에서는 고학년을 위한 수업을 예시로 제시하고자 한다. 고학년을 위한 미래 시간 조망 증진 수업은 미래 직업세계에 대한 이해를 위해 먼저 과거에서 현재에 이르는 직업 변화의 과정을 알아보는 활동으로 구성하였다. 학생들은 과거에서 현재까지의 사회 변화와 그 동안 없어진 직업과 새로 생긴 직업을 찾는 활동의 두 가지 활동을 하고 정리 단계에서 현재와 미래의 시간 간격 사이에 일어날 변화와 직업세계 변화에 대해 생각해 본다. 교사는 두 가지 활동을 통해 사회의 변화와 직업세계의 변화의 관련성을 찾아볼 수 있도록 촉진하는 것에 초점을 두면서 미래 사회 변화 및 직업세계 변화의 연결 고리에 관심을 가질 수 있도록 독려할 수 있다.

2) 미래 시간 조망 증진 수업의 흐름

학습 일시	20 . . . (요일 교시)	대상	5, 6학년	수업자	
학습 주제	변화하는 직업세계	교과	창의적 체험활동		
학습 문제	- 과거와 현재의 달라진 점을 찾아보고 사라진 직업, 새로 생긴 직업을 안다. - 사회의 변화에 따라 직업세계가 계속 변화한다는 것을 안다. - 앞으로도 사회는 변화할 것이고 미래의 직업세계는 지금과 달라질 수 있음을 이해한다.				

<table>
<tr><th>학습 단계(분)</th><th>교수-학습 활동</th><th>자료(▶) 유의점(㊒)</th></tr>
<tr><td>학습 문제 인식
분위기 조성(5′)</td><td>옛날 사람들이 예상한 미래의 모습</td><td rowspan="2">▶https://youtu.be.
8uJDgPreqKw
총 3분 7초짜리
동영상이지만
2분 40초까지만
보도록 한다.</td></tr>
<tr><td colspan="2">▷ 동기 유발
- 동영상을 함께 시청한다.
- 아래의 질문을 학생들에게 던지고 2~3명 정도 자유롭게 발표한다.
· 1967년 옛날 사람들이 예상한 미래는 어떠했을까요?
· 그들이 상상한 내용과 지금 비슷한 모습은 무엇인가요?
· 그들이 상상한 내용과 지금 다른 모습은 무엇인가요?

▷ 학습 문제 확인
학습 문제: 과거에서 현재까지의 변화를 예상해 보고 사라진 직업, 새로 생긴 직업을 안다.</td></tr>
<tr><td>활동 1(10′)</td><td>과거에서 현재의 변화 예상하기</td><td rowspan="2">▶ 노랑 포스트잇,
매직
㊒ 교사가 범주를
먼저 칠판에 쓰고
모둠별로 나눠서 생각해
보게 하여도 좋다.
포스트잇에 매직으로
크게 써서 학생들이
볼 수 있게 한다.</td></tr>
<tr><td colspan="2">- 과거와 달라진 현재 사회의 모습을 예상하여 단어를 노랑 포스트잇에 2~3개씩 적어보도록 한다.
- 다 쓴 친구는 칠판 앞에 나와서 포스트잇을 붙여 본다.
- 교사와 함께 어떠한 변화가 있었는지 유목화해 본다. 학생들이 어려워 한다면 교사가 범주(컴퓨터, 환경, 인터넷, 통신수단, 교통수단, 유통, 학교 등)를 예시로 먼저 보여줄 수도 있다.</td></tr>
<tr><td>활동 2(15′)</td><td>현대사회로의 변화로 인해 사라진 직업과 생겨난 직업</td><td rowspan="2">▶ 파랑 포스트잇,
분홍 포스트잇, 매직
㊒ 가능한 모둠원
모두가 나와서 1개씩
포스트잇을 붙일 수
있도록 한다.</td></tr>
<tr><td colspan="2">- 모둠별로 의논하여 새로 생겨난 직업은 분홍 포스트잇에, 사라진 직업은 파랑 포스트잇에 가능한 많이 써 보도록 한다.
- 모둠별로 차례로 나와서 칠판에 사라진 직업, 생겨난 직업에 포스트잇을 붙여 본다.
- 모둠별로 붙인 직업들 중 유사한 직업끼리 묶어 사라진 직업과 생겨난 직업을 활동1에서 했던 사회 변화와 연결시켜 본다.
- 연결점을 찾은 학생들이 나와 설명을 하거나 각 모둠별로 직업 또는 사회 변화 항목을 하나씩 제공해 연결점을 찾아보도록 할 수 있다.</td></tr>
</table>

정리(10′)	지금의 우리가 준비할 것은?	㊝ 오늘 수업의 내용을 미래 직업세계 변화와 연결할 수 있도록 촉진한다.
▷ **30년 뒤의 나를 위해 지금 준비해야 할 것은?** - 아래의 질문을 학생들에게 던지고 자유롭게 발표하고 토의하는 시간을 가지면서 수업을 마무리 한다. · 과거부터 현재까지 있었던 변화가 앞으로도 일어날까요? · 미래 사회는 어떻게 달라질까요? · 어떤 직업이 사라지고 어떤 직업이 새로 생길까요? · 내가 원하는 일이 있을까요?		

■ 학생 읽기자료

책 속에서 더 찾아봐요!

책제목: 2031년 우리는(2017년 출판)

지은이: 고정욱

출판사: 한국헤르만헤세

이 책에서는 미래 사회의 변화 모습을 미래 일기를 통해 살펴볼 수 있게 합니다. 유엔미래보고서와 미래학자들의 글을 바탕으로 의약, 교육, 환경, 교통수단의 변화 등을 보여주며 미래의 직업, 미래의 사회가 어떻게 변해갈지를 상상해 보게 합니다.

3) 낙관성 이해 수업

(1) 낙관성 이해 관련 세부목표 및 성취기준

2015년 개정 교육과정에서 제시하는 초등학교 저학년 및 중학년의 성취기준 중 낙관성과 관련된 세부목표와 성취기준은 다음에 정리된 바와 같다. 국가교육과정이 제안한 성취기준에 따르면, 우리나라 저학년 학생들은 자신을 긍정적으로 받아들이는 태도를 중학년 학생들은 다양한 환경 속에서 자신을 소중히 여기는 생활을 실천할 수 있는 능력을 습득해야 한다.

대영역	중영역	세부목표	성취기준
Ⅰ. 자아이해와 사회적 역량개발	1. 자아이해 및 긍정적 자아개념 형성	EⅠ 1.1 자신이 소중한 존재임을 안다.	EⅠ 1.1.1 자신을 긍정적으로 받아들이는 태도를 가질 수 있다.(저학년 수업 예시)
			EⅠ 1.1.2 가정과 학교 등 여러 환경 속에서 나를 소중히 여기는 생활을 실천할 수 있다.(중학년 수업 예시)

(2) 학년별 활동의 구성

낙관성은 발달 과정에서 학습을 통해 습득될 수 있는 개인의 특성으로 낙관성 증진을 위한 수업은 저학년부터 시작되어야 할 것이다. 기존의 학교 현장에서 자신의 단점을 긍정적 표현으로 바꾸는 활동 등이 진행되기도 하였지만 긍정언어훈련에서 나아가 귀인양식(설명양식)의 변화를 이끌 수 있다. 낙관성은 초등학교 진로교육 목표의 긍정적 자아개념 형성과 관련지을 수 있다. 미래에 대한 긍정적 기대는 자신에 대한 긍정적 기대에서 출발하기 때문이다. 또한 과제의 실패와 성공의 원인을 어떻게 보느냐에 따라 감정과 생각이 변화하게 되므로 실패를 자신의 변화하지 않는 특성에 귀인하기보다 변화 가능한 여러 가지 다양한 원인으로 재귀인함으로써 자신에 대해 더욱 긍정적 태도를 형성할 수 있다. 여기에서는 저학년과 중학년 시기의 낙관성 증진 활동을 살펴볼 예정이고 고학년이 되어 자신의 진로장벽을 인식할 때 이를 극복하기 위한 전략 구상에서 낙관성 증진이 필요할 것이다.

저학년을 위한 낙관성 증진 수업은 낙관적 태도로 자신을 바라보는 것에 초점을 두어 자신에 대한 긍정적 태도를 형성할 수 있도록 구성하였다. 학생들은 낙관주의와 비관주의 그리고 현실적 비관주의와 비현실적 비관주의를 비교하는 역할극을 준비하고 수행하는 활동을 통해 낙관성의 의미와 가치를 정확하게 이해하게 되고 그 의미를 자신에게 적용해 보면서 수업을 마치게 된다. 교사는 긍정적인 태도를 갖는 것이 바람직하다는 것을 역할극을 통해 느껴보도록 촉진하여 인지적인 접근보다 간접 체험을 하면서 자신에 대한 긍정적 태도를 형성하도록 도와야 한다.

저학년에 이어 중학년에서도 자신에 대한 긍정적인 태도를 갖는 것에 초점을 둔 수업을 구성하였다. 학생들은 자신의 부정적 감정을 알고 어떻게 다르게 생각하는 것이 나에게 도움이 될지를 학습한다. 교사는 학생들이 생각과 감정의 관계를 이해하고 자신에 대한 부정적인 생각과 감정을 극복할 수 있도록 돕는다.

4) 낙관성 이해 수업의 흐름

(1) 저학년 수업의 예[2]

학습 일시	20 . . . (요일 교시)	대상	1, 2학년	수업자	
학습 주제	낙관주의 이해하기	교과	창의적 체험활동		
학습 문제	낙관적으로 생각하는 것이 나에게 도움이 되는지 안다.				

학습 단계(분)	교수-학습 활동	자료(▶) 유의점(㊒)
학습 문제 인식 분위기 조성(3′)	물이 얼마나 있나요?	▶ 물이 반 정도 담긴 유리컵 ㊒ 학생들에게 잘 안 보이는 경우 유리컵을 들어서 보여 준다.
	▷ **동기 유발** - 교탁 위 유리컵에 물이 얼마나 있는지 자유롭게 이야기한다. ▷ **학습 문제 확인** 학습 문제: 낙관적으로 생각하는 것이 나에게 도움이 되는지 안다.	
활동 1(7′)	역할극 준비하기	▶ 역할극 대본 ㊒ 짧은 대본이므로 한 사람이 한 역할을 하는것이 아니라 한 역할을 여러 명이 같이 할 수 있게 순시지도한다.
	▷ **모둠별로 6개의 다른 대본으로 역할극 연습하기** - 모둠친구들이 역할극 대본을 가지고 실감나게 읽기를 연습한다. - 대사를 처음부터 암기하기보다는 대본을 보면서 정확하게 연습한다. - 대사에 맞는 행동이나 표정을 모둠원끼리 연습한다.	
활동 2(25′)	레디, 액션!	㊒ 역할극을 시작할 때는 다같이 '레디, 액션'을 외치며 주의집중할 수 있게 한다. ㊒ 모둠 역할극은 대본 순서대로 진행하고, 역할극이 끝나면 각 인물의 생각과 입장을 나눠 보도록 한다. ㊒ 긍정적, 낙관적이라는 단어를 학생들의 발표에서 끌어낸다. ㊒ "우울이, 희망이, 허풍이"의 역할연기와 "에휴어멈과 호호어멈"의 이야기를 나누어 진행할 수도 있다.
	▷ **역할극하기** - 역할극을 통해 우울이, 희망이, 허풍이, 에휴어멈, 호호어멈의 생각을 살펴본다. ▷ **어떻게 생각하는 것이 좋을까?** · 우울이가 우리 친구들 옆에 있다면 무슨 말을 해 주고 싶나요? · 허풍이와 희망이는 어떻게 다른가요? · 나중에 허풍이는 어떻게 될 것 같나요? · 에휴어멈은 어떻게 생각하고 있나요? · 호호어멈은 어떻게 생각하고 있나요? ▷ **낙관주의와 비관주의** · 친구들이 희망이, 호호어멈을 긍정적이라 했지요? 그렇게 자신과 세상을 바라보는 것을 낙관주의라고 해요. · 우울이와 에휴어멈은 어떠했나요? 친구들이 부정적이란 말을 썼는데 이렇게 자신과 세상을 바라보는 것을 비관주의라고 해요. · 어떻게 생각하는 것이 나에게 도움이 될까요?	
정리(5′)	수업 돌아보기	㊒ 낙관주의, 비관주의라는 말보다 어떻게 생각하는 것이 도움이 될지가 초점이 되도록 한다.
	▷ **나는 어떤 캐릭터일까?** · 나는 어떤 캐릭터와 가장 비슷한가요? · 자신과 세상을 긍정적으로 바라본 경험이 있으면 이야기해 보세요. 나를 긍정적으로 바라보면 어떤 점이 도움이 될까요?	

---

2 홍지원(2015)의 낙관성 향상 프로그램이 초등학생의 자아개념 행복감에 미치는 영향, 서울교대 대학원 석사논문을 참고하여 일부 변경하여 제시하였음.

수업 자료	역할극 대본(제목)
대본 1	침울한 우울이

동동: 우울아, 안녕? 이번에 우리 학교 농구 선수를 뽑는데 같이 나가자.
우울: 난 키가 너무 작아. 6학년 형아들은 엄청 크다구.
동동: 너도 앞으로 키가 클 거야. 너 농구 좋아하잖아.
우울: 아니야, 키가 앞으로 안 클 수도 있고 큰다고 해도 난 잘못할 것 같아.
동동: 그게 무슨 소리야, 우울아. 매일 연습하면 되지.
우울: 글쎄, 시간낭비 같은데. 좋은 선수가 되려면 얼마나 노력 많이 해야 하는데. 그냥 미리 포기하는 것이 편해.
동동: 그, 그런가? 그럼 야구부는 어때?
우울: 야, 너 장난하니! 야구는 농구보다 훨씬 어렵거든. 거기 우리가 어떻게 뽑힌다는 거야!

대본 2	희망찬 희망이

동동: 희망아, 안녕? 이번에 우리 학교 농구 선수를 뽑는데 같이 나가자.
희망: 우와, 정말? 재미있겠다.
동동: 그런데 걱정이야. 다른 친구들은 엄청 잘할 텐데. 키도 형아들이 훨씬 크고 말이야.
희망: 괜찮아, 우리도 연습하면 되지. 우리는 키가 작은 대신 스피드가 훨씬 빨라.
동동: 그런가? 그럼 방과 후에 운동장에서 같이 연습하는 것이 어때?
희망: 그거 좋은 생각이다. 둘이 같이 연습하면 심심하지도 않고 좋겠어.

대본 3	큰소리 뻥뻥 허풍이

동동: 허풍아, 안녕? 이번에 우리 학교 농구 선수를 뽑는데 같이 나가자.
허풍: 우와, 정말? 농구하면 이 허풍님이시지. 당장 신청하겠어.
동동: 그런데 걱정이야. 다른 친구들은 엄청 잘할 텐데. 키도 형아들이 훨씬 크고 말이야.
허풍: 괜찮아. 내가 어제 좋은 꿈을 꿨거든. 돼지가 꿈에 나와서 나에게 공을 던져주지 뭐야. 이건 분명 농구 선수가 될 꿈이야.
동동: 그, 그래? 그래도 연습을 좀 해야 할 것 같은데.
허풍: 연습은 무슨 힘들게 연습이야. 왠지 예감이 좋아. 내가 던지기만 하면 감독님이 딱 알아볼 걸?
동동: 휴, 그래도 열심히 해야 할 것 같은데.
허풍: 연습은 됐고 우리 딱지치기나 하러 가자.

대본 4	맑은 날 에휴어멈 이야기

(해가 쨍쨍 맑은 어느날)
에휴어멈: 에휴…….
옆집 이웃: 에휴어멈, 무슨 일이 있는가?
에휴어멈: 아이구, 큰일일세. 이렇게 해가 쨍쨍하게 좋으면 우산을 파는 우리 큰아들은 장사가 안 되어서 어떻게 하나. 에휴…….
옆집 이웃: 그래도 이렇게 날씨가 좋은 날엔 짚신을 파는 둘째가 장사가 잘 되지 않는가?
에휴어멈: 형이 장사를 망치는데 동생만 잘 되어서 무엇 하나. 에휴, 에휴…….

대본 5	비오는 날 에휴어멈 이야기

옆집 이웃: 에휴어멈, 이렇게 비가 많이 오는구만. 큰아들 우산 장사가 잘 되어서 기쁘겠어!
에휴어멈: 에휴…….
옆집 이웃: 에휴어멈. 왜 또 한숨인가?
에휴어멈:이렇게 비가 많이 오는데 내가 걱정이 안 되겠는가. 비가 이렇게 많이 오면 짚신을 파는 우리 둘째가 장사를 망친단 말일세.
옆집 이웃: 그래도 이렇게 비가 오면 우산을 파는 첫째가 장사가 잘 되지 않는가?
에휴어멈: 동생이 장사를 망치는데 형만 잘 되어서 무엇 하나. 에휴, 에휴…….

대본 6	호호어멈 이야기

옆집 이웃: 호호어멈. 비가 많이 오는구만. 둘째 아들 짚신장사가 잘 안 되어서 어쩌나~
호호어멈: 아유, 무슨 소리야. 이렇게 비가 많이 오면 우산을 파는 첫째가 장사가 잘 되겠지.
옆집 이웃: 아니 그럼, 호호어멈, 짚신 파는 둘째 아들은 어쩌남?
호호어멈: 뭐가 그리 걱정인가? 맑은 날이 되면 둘째 아들이 짚신을 많이 팔겠지. 비가 오는 날에는 큰아들이 우산을 많이 팔겠지. 비가 오는 날도 있고 맑은 날도 있고 어떤 날이건 아들들이 잘 팔고 있으니 걱정할 필요가 없지 않겠나?
옆집 이웃: 그렇네, 호호어멈 말이 맞구려!

(2) 중학년 수업 예

학습 일시	20 . . . (요일 교시)	대상	3, 4학년	수업자	
학습 주제	생각과 감정의 관계	교과	창의적 체험활동		
학습 문제	생각에 따라 감정이 변한다는 것을 이해한다.				

학습 단계(분)	교수-학습 활동	자료(▶) 유의점(㊌)
학습 문제 인식 분위기 조성(5′)	'얼굴 찌푸리지 말아요' 노래 부르기	▶플래쉬 파일 ㊌ 가사를 생각하며 즐겁게 부른다.
▷ 동기 유발 - '얼굴 찌푸리지 말아요' 노래를 다같이 부른다. ▷ 학습 문제 확인 학습 문제: 생각에 따라 감정이 변한다는 것을 이해한다.		
활동 1(10′)	생각과 감정	▶ 소민 사례, 활동지 1 ㊌ 학생들이 경험하였을 만한 부정적인 사건과 감정을 보여준다. ㊌ 교사가 소민의 이야기로 모델링한 이후에는 학생들이 혼자 활동지를 보고 시완의 사례를 살펴보게 한다. 학생들 혼자서 살펴본 후 교사와 같이 확인한다.
▷ 선생님과 함께 소민이가 슬픈 이유 찾아보기 · 소민은 왜 얼굴이 빨개졌을까요? · 왜 소민은 자신을 바보 같다고 느꼈을까요? · 만약 반 친구들이 자신에 대해서 바보라고 생각하지 않을 것이며 이런 일은 누구에게나 일어날 수 있는 일이라고 믿었다면 소민의 기분은 어땠을까요? ▷ 내가 혼자서 시완이 화난 이유 찾아보기 · 시완은 어떤 상황인가요? · 시완이 화가 난 이유는 무엇인가요? · 시완이 다르게 생각했다면 어떻게 생각할 수 있었을까요? · 내가 만약 시완이라면 어떻게 했을까요? ▷ 생각과 감정의 관계 알아보기 · 어떻게 생각하느냐에 따라 나의 감정이 어떻게 변했나요? · 감정은 무엇에 따라 달라질 수 있을까요? · 어떻게 생각하는 것이 나에게 도움이 될까요?		
활동 2(20′)	'다르게 생각해요' 만화	▶ 활동지 2, 색연필, 사인펜 등 ㊌ 만약 그림 그리는 것을 어려워한다면 글로 쓰게 하여도 좋다. 결과에는 어떠한 감정이 생겼고 그래서 어떻게 되었는지를 표현하게 한다.
▷ 나의 일을 다시 생각해 보기 - 큰일이 아니어도 내가 겪었던 일 중 슬펐거나 화났거나 당황했거나 무서웠던 일, 내가 싫어했던 일을 떠올려 본다. - 그때 나의 생각(소민과 같은)을 생각주머니 1에 그리고 결과에는 나의 감정을 표정으로 그려 본다. - 내가 다르게 생각(시완의 생각을 바꿔본 것처럼)해 본다면 어떻게 생각할 수 있는지 떠올려 보고 생각주머니 2에 나의 다른 생각을 그리고 어떻게 결과가 달라졌을지 나의 감정을 표정으로 그려 본다. - 모둠친구들과 돌아가며 자신의 만화를 읽어 본다.		

정리(5′)	수업 돌아보기	㊒ 친구들의 만화를 돌아가며 읽고 느낀 점이 있으면 이야기하게 한다.
▷ **다르게 생각하는 것이 나에게 어떤 도움이 될까?** - 오늘 수업을 통해 느낀 점이 있으면 이야기 나누어 본다. · 내가 다르게 생각하니 무엇이 달라졌나요? · 이렇게 생각하는 것이 나에게 어떤 도움이 될까요?		

■ 중학년 예시

소민의 이야기

문제	소민의 생각	결과
내가 제일 좋아하는 담임선생님이 아기를 낳으러 가셨다. 그래서 새로운 담임선생님이 오셨는데 어제 그 선생님께서 나에게 수학 문제를 풀라고 하셨다. 나는 그 문제를 제대로 풀지 못하고 머뭇거렸다. 선생님은 모든 친구가 보는 앞에서 내가 수학 푸는 능력이 아직 부족하며 딴생각을 하는 시간을 줄여야 한다고 하셨다.	다른 친구들이 문제를 잘못 푸는 내 모습을 보고 어떻게 생각할까? 분명 쉬운 문제도 잘 풀지 못하는 나를 바보라고 생각할 것이다. 새로 오신 담임선생님도 말은 안 하셨지만 그렇게 생각하시는 것 같다.	나는 내 자신이 바보 같다. 그냥 교실 밖으로 나가서 숨어 버리고 싶다. 얼굴이 빨개져서 어쩔 줄을 모르겠다.

■ 중학년 활동지 1

_____ 초등학교 ___ 학년 ___ 반 이름: ___________

시완의 이야기

문제	시완의 생각	결과
오늘은 내 생일 파티가 있는 날이다. 케이크를 먹고 난 후 동하랑 상호랑 몇몇 여자아이들이 소곤소곤 무언가를 속삭였다. 궁금해서 물어봤는데 자기들끼리만 웃으면서 나에게 가르쳐 주지 않는다.	그 친구들은 나쁜 친구들이다. 내 생일 파티에서 나 몰래 나를 놀리는 말을 한 것이 틀림없다. 다시는 그 친구들과 같이 있고 싶지 않다.	나는 그 친구들 생각에 너무 기분이 나쁘고 화가 났다. 엄마에게 그 친구들은 가라고 해도 되느냐고 여쭈어 봤다.

1. 시완이는 왜 화가 났나요?

____

____

2. 시완이는 왜 그 친구들에게 빨리 가라고 하고 싶었나요?

____

____

3. 만약 친구들이 시완이 칭찬을 한 거였는데 쑥쓰러워서 말을 안 한 것이라 생각했다면 시완이의 기분은 어땠을까요?

____

____

■ 중학년 활동지 2

_____ 초등학교 ___ 학년 ___ 반 이름: ___________

나의 생활 속에서 소민과 시완의 예를 찾아 봅시다. 생각 주머니 1번에 내가 소민처럼 했던 생각을 적고, 그랬더니 느꼈던 기분과 표정을 그려 보세요. 그리고 생각 주머니 2번에 시완의 생각을 바꿔본 것처럼 다르게 생각한 것을 적어 보고 새로 바뀔 나의 기분과 표정을 그려 보세요.

문제	나의 생각	결과
	생각 주머니 1번	
	생각 주머니 2번	

■ 학생 읽기자료

책 속에서 더 찾아봐요!

책제목: 실패의 전문가들(2012년 출판)

지은이: 정유리, 정지영

그　림: 김경찬

출판사: 샘터사

마라토너 이봉주, 로켓박사 채연석, 발레리노 이원국, 디자이너 최범석 등의 8명의 이야기를 통해서 실패를 경험하였지만 어떻게 극복하고 이겨냈는지를 자세하게 보여주고 있다. 기존의 성공경험에 초점을 둔 것이 아니라 각자의 실패, 장애물, 현실 상황에 대해 이야기하면서 그것에 어떻게 다르게 접근했는지를 보여줌으로써 나도 힘들지만 할 수 있다는 노력낙관성을 보여 준다.

참고문헌

김재희(2010). 낙관성 향상 프로그램이 저학년 아동의 낙관성과 교우관계에 미치는 효과. 전남대학교 석사학위논문.

김준(2014). 낙관성 향상 프로그램이 초등학교 고학년 아동의 학업소진 및 학업적 자기효능감에 미치는 영향. 한국교원대학교 석사학위논문.

연은경(2013). 낙관성 훈련 집단상담 프로그램이 중학생의 자기표현 능력, 대인관계 능력 및 스트레스 수준에 미치는 효과. 호서대학교 석사학위논문.

홍지원(2015). 낙관성 향상 프로그램이 초등학생의 자아개념 행복감에 미치는 영향, 서울교육대학교 대학원 석사학위논문.

Cutuli, J. J., Gillham, J. E., Chaplin, T. M., Reivich, K. J., Seligman, M. E., Gallop, R. J., ... & Freres, D. R. (2013). Preventing adolescents' externalizing and internalizing symptoms: Effects of the Penn Resiliency Program. *The International Journal of Emotional Education, 5*(2), 67-79.

Forgeard, M. J. C., & Seligman, M. E. (2012). Seeing the glass half full: A review of the causes and consequences of optimism. *Pratiques Psychologiques, 18*(2), 107-120.

Gillham, J. E., Reivich, K. J., Freres, D. R., Chaplin, T. M., Shatté, A. J., Samuels, B., ... & Seligman, M. E. (2007). School-based prevention of depressive symptoms: A randomized controlled study of the effectiveness and specificity of the Penn Resiliency Program. *Journal of Consulting and Clinical Psychology, 75*(1), 9-19.

McCormack, T. (2014). Three types of temporal perspective: Characterizing developmental changes in temporal thought. *Annals of the New York Academy of Sciences, 1326*(1), 82-89.

Mello, Z. R., & Worrell, F. C. (2006). The relationship of time perspective to age, gender, and academic achievement among academically talented adolescents. *Journal for the Education of the Gifted, 29*(3), 271-289.

Matthew, E. (2011). Effort optimism in the classroom: Attitudes of Black and White students on education, social structure, and causes of life opportunities. *Sociology of Education, 84*(3), 225-245.

Lewin, K. (1951). *Field theory in the social science: Selected theoretical papers.* New York, NY:

Harper.

Peterson, C., & Seligman, M. E. (2004). *Character strengths and virtues: A handbook and classification* (Vol. 1). New York, NY: Oxford University Press.

Seligman, M. E. (1991). *Learned optimism*. New York, NY: AA Knopf.

Seligman, M. E., Reivich, K., Jaycox, L., Gillham, J., & Kidman, A. D. (1995). *The optimistic child*. Boston, MA: Houghton Mifflin.

Zimbardo, P. G., & Boyd, J. N. (2015). Putting time in perspective: A valid, reliable individual-differences metric. *Journal of Personality and Social Psychology, 77*(6), 1271-1288.

12장

진로의사결정 능력의 기초 다지기

정애경 · 배기연

앞으로의 성장 가능성과 발달을 고려했을 때, 초등 시기 진로의사결정 능력의 중요성을 말하는 것은 모순처럼 생각될지도 모른다. 이 시기의 아동은 자신에 대해 알아가며 자신을 둘러싼 세상에 대해 배우게 된다. 하지만 이 중요한 과제들은 초등 시기에 완성되는 것이 아니라 초등 시기를 발판 삼아 중·고등학교 시기까지 꾸준하게 이루어진다. 성장과 발달을 통해 아동 자신이 변화하는 것뿐만 아니라 그들이 맞이할 직업세계 또한 현재와는 사뭇 달라질 것이라 쉽게 예측할 수 있다. 이처럼 진로의사결정을 내릴 때 기반이 되는 다양한 '재료'들은 아동기와 청소년기를 거쳐 끊임없이 변화하고 성장할 가능성을 가지고 있다. 한편 어떤 '재료'들은 일찍 버려지기도 하고 이 결정은 향후 진로탐색과 결정에 많은 영향을 미친다.

1 초등 시기 진로의사결정 다루기

진로발달을 연구한 갓프레드슨(Gottfredson)에 따르면, 5세에서 13세 아동은 자신이 생각하는 직업세계의 위계와 직업 분야의 성별 구성을 바탕으로 직업인지지도를 그리고 자기개념과 갈등을 일으키는 직업 목록을 미리부터 제거하고 자신에게 적합하다고 생각되는 직업들로 구성된 수용 가능한 대안 영역을 그린다(Gottfredson, 2004). 직업인지지도를 통해 구성된 진로대안의 범위는 아동의 젠더나 사회계층에 의해 더욱더 제한되고 이는 이른 시기부터 다양한 분야의 진로탐색을 제한할 수 있다(Heppner & Jung, 2013). 이러한 초등 시기의 발달적 특징은 교사에게 초등 시기 진로의사결정과 관련한 세 가지 과제를 시사한다.

첫째, 교사는 아동이 신체적·인지적·정서적 발달과정에서 진로의사결정의 재료들(즉 자기이해와 직업세계 이해의 구체적인 내용들)을 잘 키우고 모을 수 있도록 조력하는 것이 필요하다. 특히 아동의 현재와 발전 가능성을 동시에 고려하는 것이 중요하다. 아동이 현재 발견한 흥미, 적성 및 소질을 격려하고 키워주면서도 그 영역을 확장하는 것에 초점을 두어야 한다. 한두 번의 실패나 단편적인 정보로 인해 탐색 영역을 한정짓거나 섣부른 결정을 내리는 것을 지양하도록 하고 다양한 흥미 영역을 더 발견하도록 지도하며, 능력 또한 앞으로의 노력 여하에 따라 달라질 수 있다는 것을 강조하는 것이 좋다.

둘째, 아동이 진로의사결정과 관련된 다양한 인지적·행동적 능력을 기초부터 키워나갈 수 있도록 다양한 조력이 필요하다. 아동은 우리가 일상생활에서 다양한 방식으로 의사결정을 내리고 있다는 것을 알고, 좀 더 만족스러운 의사결정을 돕는 단계가 있음을 배워야 한다. 또한 자신의 의사결정과정을 인지하고 그 결과를 평가하고 다음 의사결정에 반영할 수 있는 기초적인 메타인지능력을 갖출 수 있는 연습이 필요하다. 교사는 아동이 이러한 의사결정과정이 일상생활뿐만 아니라 점차 학업이나 진로영역에도 적용될 수 있다는 것을 알 수 있도록 단계적으로 접근할 수 있다.

셋째, 교사는 진로의사결정이 전적으로 진공상태에서 벌어지는 과정이 아니라 아동과 중요한 타인, 아동과 환경과의 상호작용의 산물이라는 것을 이해하고 아동에게 전달할 수 있어야 한다. 아동의 진로의사결정은 흥미나 적성 등의 개인 내적인 요인뿐만 아니라 부모, 또래, 교사 등 중요한 타인의 영향을 많이 받는다. 또한 아동의 진로의사결정은 TV나 각종 SNS 매체에서 유행하거나 자주 접하게 되는 직업군의 영향에서도 자유롭지 않으며 당대 사회경제적 가치나 문화, 분위기를 반영하기도 한다. 따라서 진로교육과정에서부터 이러한 대인관계적·맥락적 요인과 영향력을 충분히 고려할 수 있도록 진로의사결정 능력을 형성하도록 조력하여야 한다.

2 초등 시기 진로의사결정 조력하기

1) 진로의사결정유형 인식

한국에서 진로의사결정과 관련하여 가장 많이 논의되는 해런(Harren, 1979)의 진로의사결정유형이론은 의사결정에서 개인이 책임지는 정도와 논리적 사고의 적용 여부를 기준으로 진로의사결정유형을 합리적, 직관적, 의존적 유형으로 분류하였다. 합리적 유형은 자신과 상황에 대한 정보를 종합적으로 수집하고 결정에 대한 책임의식을 가지고 논리적으로 의사결정을 내리는 진로의사결정유형이다. 이에 반해 직관적 진로의사결정유형은 공상, 정서적 자각 등에 의존하여 빠르게 결정을 내린다. 직관적 유형의 사람들은 자신의 선택에 확신을 가지며 결정에 대한 책임의식이 있지만 자신의 결정이 논리적인 과정을 통해 도출되지는 않았기 때문에 선택의 이유를 설명하기 어려울 수도 있다. 마지막으로 의존적 유형은 의사결정과정에서 타인에게 의지하거나 타인의 영향을 많이 받는 특성을 보이며 결정에 대한 책임을 외면하거나 상황이나 타인에게 두는 유형이다. 해런은 합리적 의사결정유형이 직관적 의사결정유형이나 의존적 의사결정유형에 비해 선택의 만족도와 확신 정도에서 보다 효과적이라고 주장하였다. 이를 뒷받침하는 연구들이 발표되면서 합리적 진로의사결정유형을 강조하고 합리적 진로의사결정을 할 수 있도록 조력하는 진로의사결정 상담프로그램들이 개발되어 사용되고 있다(Cook & Harren, 1979; Harren, 1979; Lunneberg, 1978; Phillips & Strohmer, 1982; 양재섭, 2001). 그러나 진로를 결정하지 않은 상황에서 합리적 의사결정유형을 강조하는 것이 효과적인지에 대해서는 일치된 결과를 보이지 않고 있다(이보현 외, 2013).

진로의사결정유형에 대한 지식은 아동에게 의사결정을 내리는 다양한 방식이 존재함을 알려주는 동시에 진로의사결정의 중요성과 의미를 전달하는 효과적인 도구가 될 수 있다. 우선 교사는 아동이 의사결정유형을 배우면서 생활 속 다양한 의사결정상황을 인식할 수 있도록 돕는다. 가능하다면 아동 스스로 합리적, 직관적, 의존적 방식 등으로 결정을 내렸던 자신의 모습을 찾고 나눌 수 있으면 좋다. 다음으로 교사는 아동이 각각의 의사결정유형을 선택했던 이유와 맥락 등을 생각해 보게 하고 결정으로 인한 결과와 경험을 나눔으로써 의사결정유형의 효과를 평가하도록 안내할 수 있다. 특히 중요한 결정일수록 다양한 정보가 고려되는 경향이 있고 결정의 결과가 자신이나 타인에게 좀 더 큰 영향을 미친다는 사실을 아동이 이해할 수 있도록 다양한 경험과 사례를 충분히 제시해야 한다. 이를 통해 아동은 의사결정방식과 결정 사안의 중요도 사이의 관련성을 인지할 수 있게 된다. 마지막으로 교사는 아동이 진로의사결정의 중요성과 의미를 생각해 보고 이에 적합한 진로의사결정유형은 무엇인지 관련지어 생각할 수 있도록 도울 수 있다.

2) 진로의사결정과정에서 필요한 기술의 학습과 연습

인지적 정보처리이론(Peterson, Sampson, Lenz, & Reardon, 2002)은 개인이 어떻게 하면 좀 더 효율적이고 합리적인 의사결정을 내릴 수 있는지에 관심을 가지고 의사결정의 구성요소와 과정에 초점을 맞춘 이론이다. 인지적 정보처리이론은 아동이 향후 진로 및 직업과 관련된 의사결정을 효율적이고 성공적으로 수행하기 위해서 자기와 직업에 관한 지식 영역, 의사결정기술 영역, 메타인지(실행처리) 영역에서 필요한 지식과 기술을 습득해야 한다고 주장한다. 즉 자기 자신과 직업세계에 대한 이해뿐만 아니라 사고(정확히는 정보처리)와 의사결정방식 등 진로의사결정에 관한 지식과 기술을 습득해야 하며 이 모든 과정을 관찰, 점검, 수정할 수 있도록 메타인지가 필요하다는 것이다.

진로의사결정은 포괄적 정보처리 기술이라고도 불리는 다섯 가지 기술로 이루어져 있는데, 각 기술의 첫 알파벳을 따서 CASVE라고도 부른다. 다섯 가지 기술은 진로선택을 해야 한다는 필요성을 알게 되는 의사소통(C, communication), 선택할 수 있는 대안을 탐색하고 정보를 수집하고 검토하는 분석(A, analysis), 분석된 자료를 정교화하고 통합하여 가능한 많은 대안을 만들어 내는 종합(S, synthesis), 최선의 선택을 하기 위해 대안들을 여러 가지 기준에 따라 고려하고 평가하는 가치 평가(V, valuing), 선택지를 실행하기 위한 계획이나 전략을 시도하면서 선택지가 자신에게 맞는지 알아보는 실행(E, execution)이다.

한편 메타인지 영역은 전반적인 의사결정과정을 스스로 확인하고 점검하는 능력을 의미한다. 인지적 정보처리이론에서 메타인지는 자기와 직업에 관한 지식 영역과 의사결정기술 영역의 수행과 관련한 인지, 정서, 행동을 종합적으로 관찰하고 점검하며 필요에 따라 개입하는 실천적인 역할을 한다. 메타인지는 내면에서 이루어지는 자기대화(self-talk), 의사결정과정이나 자기대화에 대한 알아차림을 의미하는 자기인식

(self-awareness), 자신의 행동, 정보, 의사결정기술의 실행과정을 종합적으로 살펴보고 감독하는 모니터링과 통제를 통하여 구체적으로 실행된다.

발달적 관점에서 교사가 초등학교에서 인지적 정보처리이론을 적용하거나 활용하고자 할 때 아동의 인지적 능력이나 인지 발달 수준에 대한 신중한 고려가 필요하다. 피아제(Piaget, 1959)나 에릭슨(Erikson, 1959)과 같은 심리학자들의 이론에 따르면, 인지적 정보처리이론에서 다루는 정보처리능력이나 초인지와 같은 고차원적이고 복잡한 인지적 능력은 청소년기부터 시작하여 청소년 후기 및 성인 초기에도 지속적으로 발달하는 영역이다. 따라서 인지적 발달이 아직 미숙한 아동기 및 초기 청소년기 학생에게 인지적 정보처리이론을 적용하여 가르치기보다는 교사가 학생의 인지적 수준에 맞춰 정보처리기술과 메타인지능력의 기초를 다질 수 있도록 재구성하여 단계적으로 접근하는 것이 필요하다. 예를 들어 포괄적 정보처리 기술은 진로 장면뿐만 아니라 일반적인 의사결정과정에도 사용될 수 있다는 점을 이용하여 학생들에게 의사결정기술(CASVE)을 세분화하여 대안 탐색이나 가치 평가 등 필요한 기술을 의사결정이 필요한 다양한 상황에서 적용해 보도록 안내할 수 있다. 메타인지능력은 학업성취와도 높은 관련성을 가지고 있으며(임효진·황매향·선혜연, 2016) 교사의 행동을 관찰하면서도 습득할 수 있다는 특징이 있다. 따라서 처음에는 교사가 아동의 선택 및 의사결정과정에서 포괄적 정보처리기술 중 한두 가지를 적용해 볼 수 있도록 활동을 구성하고 이 과정을 함께할 수 있다. 학년이 올라감에 따라 아동이 의사결정과정을 수행하면서 동시에 그 과정을 관찰하고 점검할 수 있도록 조력하는 것이 필요하다. 필요에 따라 교사가 아동이 수행한 의사결정과정을 점검할 수 있도록 교사 자신의 모니터링 결과를 나누거나 메타인지와 관련된 질문을 제공함으로써 필요한 메타인지 전략을 아동에게 제안할 수 있다.

진로결정과 관련하여 의사결정능력을 적용할 때는 진로결정을 내리는 각 영역에 필요한 정보와 기술을 얼마나 잘 활용하여 결정하였는지에 초점을 두는 것이 바람직하다. 현재 결정한 직업이 무엇인지에 초점을 맞추기보다는 진로결정을 내리는 과정을 하나의 연습으로 보고 수행과정을 강조하는 것이다. 구체적으로 아동이 진로결정과정에서 현재 가지고 있는 '재료'(자기와 직업세계에 대한 정보)를 충분히 고려하였는지, 더 탐색해야 할 부분은 없는지, 의사결정기술을 활용하였는지, 자신의 의사결정과정을 관찰하고 점검하였는지, 어떤 부분이 잘 되었고 어려웠는지를 확인하도록 돕는 것이 필요하다.

3) 진로의사결정에 영향을 미치는 다양한 요인에 대해 인지하기

맥락적 요인(contextual factor)은 개인의 진로발달 및 선택과정에서 영향을 미치는 개인 외적인 요인들을 총칭하는 개념으로 주로 사회적, 경제적인 구조와 관련된 요인들이 포함된다(Heppner & Jung, 2013). 예를 들어 가족 및 중요한 타인의 지지, 개입이나 상호의존성, 훈련 및 교육의 기회 및 비용 등을 포함한 가용한 자원의 정도, 지역적·국가적·국제적 경제상황의 영향, 인공지능 등의 첨단기술발전으로 인한 직업세계의 변화, 노동시장 유연화 등의 국가정책의 영향, 여성·장애인 등의 사회적 약자에 대한 사회적 편견 및 진로장벽 등이 포함된다.

Bronfenbrenner의 생태학적 모형(Bronfenbrenner, 2009)에서 강조한 바와 같이, 아동의 경험과 발달은 아동의 내적 요인(성격, 기질 등)뿐만 아니라 다양한 맥락적 요인의 영향을 받는다. 특히 아동의 크고 작은 의사결정은 부모, 또래, 교사 등 중요한 타인의 의견에 많은 영향을 받고 각종 미디어의 영향에서도 자유롭지 않다. 또한 의사결정의 재료가 되는 진로와 관련된 흥미나 탐색 또한 환경의 영향을 받는다. 많은 연구에서는 거주지역의 특징이나 가용한 기회가 개인의 교육과 진로경험에도 영향을 미치며, 더 나아가 진로발달에도 영향을 미친다는 점을 보여준다(Ali & McWhirter, 2006; Hauser, 1994). 한국 연구에서도 아동·청소년기 접근 가능한 자원이나 직업훈련 및 교육 기회가 균등하지 않은 것으로 나타나며(김경근, 2005; 김위정·김양분, 2013), 이러한 차이로 인해 교육 기회나 자원에서 소외된 학생들에게 실시할 수 있는 진로교육 프로그램의 중요성을 강조하고 있다(박은정·이유일·이성훈, 2016; 엄태영·박은하·주은수, 2011).

최근 진로연구에서는 진로탐색이나 발달에서 맥락적 요인의 영향력을 살펴보면서 브라질 교육학자인 프레이리(Paulo Freire)가 제안한 비판적 의식(critical consciousness, Freire, 1970)을 강조하고 있다. 프레이리는 비판적 의식을 “사회·정치·경제적 모순을 인식하고, 현실의 억압적인 부분에 항거하여 행동을 취하는 것을 배우는 것(p.19)"으로 정의하였으며, 이는 진로 연구에서 "정치사회적 장벽을 인식하고 극복하고자 하는 능력(p.220)"으로 재정의되었다(Diemer & Blustein, 2006). 비판적 의식의 강조는 진로결정과정에서도 맥락적 요인의 영향을 인식하고 개인 내적 요인과의 균형 속에 적절하게 다룰 수 있는 능력이 필요함을 의미한다. 특히 비판적 의식은 괜찮은 일자리가 점차 줄어들고 직업선택과 유지에 있어서 사회경제적 영향력이 점점 커지는 현대사회에 보다 강조되어야 한다.

아동의 인지적 발달이 미숙한 초등 시기에는 맥락적 요인을 고려하여 진로교육을 실시할 수 있는 교사의 역량과 역할이 보다 중요한 의미를 가진다. 교사는 아동의 진로의사결정에 개인 내적 요인과 맥락적 요인 모두 영향을 미치며, 개인 내적 요인의 형성에 맥락적 요인의 영향이 있을 수 있음을 아동에게 보여줄 수 있다. 예를 들어 교사는 아동이 진로를 고려할 때 흥미와 적성, 능력뿐만 아니라 부모나 교사의 의견이나 조언, 또래 압력이나 유행, 미디어, 앞으로의 직업세계의 변화 등의 영향을 받았는지를 살펴보도록 안내함으로써 다양한 맥락적 요인을 언급하고 비판적 의식의 기초를 키워줄 수 있다. 흥미와 적성, 능력과 같은 개인 내적 요인을 생각할 때에도 혹시 성역할 고정관념이나 역할기대 등으로 인한 영향은 없었는지를 같이 고민해 보고 흥미나 적성 같은 안정적으로 보이는 개인 내적 요인도 현재의 상태로 고정된 것이 아니라 앞으로 충분한 노력과 기회를 통해 변화할 가능성이 있다는 점을 강조할 수 있다. 마지막으로 아동이 현재 파악하고 있는 흥미, 적성, 능력 외에도 지금까지의 교육이나 진로탐색에서 다루어지지 않았기 때문에 아직 개발하지 못하거나 발견하지 못한 흥미나 적성, 능력이 있을 수 있다는 것을 충분히 전달하고 지속적인 탐색을 격려하는 것이 필요하다. 다만 초등학생의 인지적·정서적 발달을 고려하여 어려운 용어나 개념으로 맥락적 요인의 영향력에 대해 설명하기보다는 짧은 이야기나 역할 모델, 아동의 경험 나누기 등을 통해 구체적인 사례를 보여주고 생각해 볼 수 있도록 도와주는 것이 보다 효과적일 것이다.

3 진로의사결정 능력 개발을 돕는 학급 활동

1) 진로의사결정 능력 개발 수업의 구성

(1) 진로의사결정 능력 개발 관련 세부목표 및 성취기준

진로의사결정 능력 개발과 관련된 초등학교 진로교육의 세부목표와 성취기준은 대영역 'Ⅳ. 진로 디자인과 준비'에 속하며 하위의 세부목표와 성취기준의 내용은 다음과 같다.

대영역	중영역	세부목표	성취기준
Ⅳ. 진로 디자인과 준비	Ⅳ-1 진로의사 결정능력 개발	EⅣ 1.1 다양한 의사결정 방식을 안다.	EⅣ 1.1.1 일상생활에서 의사결정이 필요한 상황을 알아본다. (저학년 수업 예시)
			EⅣ 1.1.2 여러 가지 의사결정방식과 특성을 이해할 수 있다. (중학년 수업 예시)
		EⅣ 1.2 다양한 상황에서 스스로 의사결정을 내릴 수 있다.	EⅣ 1.2.1 일상의 여러 문제에 대해서 스스로 의사결정을 내릴 수 있다. (고학년 수업 예시)
			EⅣ 1.2.2 자신의 주요 의사결정방식을 알고 그에 대한 장단점을 이해할 수 있다.

(2) 학년별 활동의 구성

진로의사결정 능력 개발을 위한 저학년 수업은 교사가 가상 상황을 설정하고 가상 상황 속에서 나올 수 있는 선택지 두 가지를 예시로 주면, 학생이 두 가지 선택지 중에 한 가지를 선택하고 선택의 이유를 이야기하는 수업이다. 수업에 적용할 수 있는 가상 상황을 예를 들어 살펴보면, 일상생활에서 쉽게 겪는 상황, 즉 양치를 먼저 할지 혹은 목욕을 먼저 할지, 간절기에 긴팔을 입을지 반팔을 입을지, 오늘 우산을 가지고 가야 할지 말아야 할지, 공부와 운동 중 어느 것을 먼저 할지, 도서관에서 어떤 책을 고를지, 하루 중 해야 할 일의 순서를 정하기, 마트에서 간식을 고르기 등이 있다. 위에 언급한 상황은 하나의 예시이므로 지역이나 학생들의 관심사에 따라 쉽게 접할 수 있는 상황으로 다양하게 변형하여 적용할 수 있다. 이번 수업을 통해서 학생들은 같은 상황에서 내가 선택한 이유와 친구들이 선택한 이유를 비교하고, 같은 상황에서도 다른 선택을 할 수 있으며, 선택한 이유가 다양하다는 것을 알게 된다.

중학년 수업은 의사결정을 할 때 영향을 주는 다양한 요소가 있음을 알도록 구성하였다. 다양한 요소를 살펴보면, 개인의 기준 및 부모나 친구의 권유, 토의에 의한 결정, 방송매체(TV, 인터넷, 신문 등)에 의한 결정, 우연에 의한 결정 등이 있는데 이런 요소들을 학생들이 상황 속에서 찾아내고 역할극을 해 봄으로써 의사결정을 하는 것을 간접체험할 수 있도록 계획하였다. 의사결정을 통해 학생들은 만족스러운 결과와 불만족스러운 결과를 경험할 수 있는데 불만족스러운 결과가 나왔을 경우, 교사는 차후에 비슷한 상황에서 아동이 이런 경험을 참고하도록 조언할 수 있다.

고학년에서는 의사결정과정을 교사와 함께 살펴보고 가상 직업선택상황에서 의사결정과정에 따라 학생들이 직접 선택하는 연습을 하도록 구성하였다. 이 수업을 통해 의사결정은 멀리 있는 것이 아니라 내 삶 가까이에 있다는 것을 강조하고, 체득한 의사결정과정을 생활에서 적용할 수 있도록 격려하면서 수업을 마무리하도록 구성하였다.

2) 진로의사결정 능력 개발 수업의 흐름

(1) 저학년 수업의 예

학습 일시	20 . . . (요일 교시)	대상	1, 2학년	수업자	
학습 주제	일상생활에서 겪는 의사결정 상황 살펴보기	교과	창의적 체험활동		
학습 문제	일상생활 속 다양한 상황에서 적절하게 선택하고 그 선택을 한 이유를 말한다.				

<table>
<tr><th>학습 단계(분)</th><th>교수-학습 활동</th><th>자료(▶)유의점(㊍)</th></tr>
<tr><td>학습 문제 인식
분위기 조성(5′)</td><td>선택 장면에서 나라면?</td><td rowspan="2">▶ ppt(중국집 메뉴 사진)
㊍ 저학년 학생이 어려워하지 않도록 흔히 겪을 수 있는 상황을 제시한다.
㊍ 선택의 이유가 서로 다름을 알도록 한다.</td></tr>
<tr><td colspan="2">▷ 동기 유발
- 중국집에서 짜장면, 짬뽕, 볶음밥 중에서 선택해야 한다면 나는 어떤 것을 선택할지 생각해 본다.
· 우리 반 친구들 모두 중국집에 점심을 먹으러 간다고 생각해 봅시다. 짜장면, 짬뽕, 볶음밥 중에서 골라야 한다면 어떤 음식을 고를까요?
- 선택한 이유에 대해 발표한다.
· 짜장면/짬뽕/볶음밥을 고른 이유는 무엇인가요? 선택에 만족하나요? 이와 같이 사람들은 다양한 이유로 선택을 하는 것을 알 수 있어요. 이번 수업에서는 선택의 상황에서 내가 어떤 이유로 선택하고 친구들은 어떤 이유로 선택하는지 알아봅시다.

▷ 학습 문제 확인
학습 문제: 일상생활 속 다양한 상황에서 적절하게 선택하고 그 선택을 한 이유를 말한다.</td></tr>
<tr><td>활동 1(15′)</td><td>우산을 가져가야 할까요?</td><td rowspan="2">▶ 학습지, 색연필
㊍ 친구들은 어떤 선택을 하였는지 관찰하도록 한다.
㊍ 선택의 이유는 사람마다 다르고 다양하다는 것을 느끼도록 한다.</td></tr>
<tr><td colspan="2">▷ 상황 제시하고 선택하기
· 이번에는 선생님이 다른 선택의 상황을 말해 볼게요. 아침에 일어나니 구름이 많고 하늘이 약간 어두웠습니다. 어머니께서는 우산을 가져가라고 하시는데 가방에 책과 준비물이 너무 많아 우산을 가져가야 할지 말아야 할지 고민이 됩니다. 여러분이라면 어떤 선택을 할 것 같아요? 우산을 가져갈까요, 아니면 말까요?
- (우산을 가져간다/안 가져간다) 중에서 한 가지를 골라 색칠한다.
(가져간다: 파란색/안 가져간다: 노란색)
· 우산을 가져갈 것이다라고 생각하는 친구들은 파란색, 안 가져갈 것이다라고 생각하는 친구들은 노란색을 칠하세요.
- 다같이 학습지를 들어 본다.
- 친구들이 어떤 선택을 했는지 살펴본다.
· 친구들은 어떤 선택을 했는지 둘러보세요.

▷ 선택한 이유 이야기하기
- 선택한 이유를 발표한다.
· “그런 선택을 한 이유를 한번 들어볼까요? 발표를 하기 전에 학습지에 자신의 생각을 정리해 봅시다. 발표하는 방법은 아래와 같습니다.
발표하는 방법: 우산을 가져가는 이유는/안 가져가는 이유는 ________ 때문입니다.
친구들의 이야기를 들으니 어떤 점이 느껴지나요?
서로 다른 이유로 선택하고 있음을 알게 되었나요?”</td></tr>
</table>

활동 2(15′)	다른 상황에서 선택하기	▶ 학습지

▷ **우리 주변에서 결정을 해야 하는 상황 살펴보기**

· 활동1처럼 우리가 주변에서 겪는 또 다른 선택의 상황에는 어떤 것이 있을까요?
· 네. 맞습니다. 계절이 바뀔 때 옷을 어떤 것을 입어야 할지, 모자를 써야 할지 말아야 할지 등이 있습니다.

– 다른 상황을 제시한다.
  · 그럼 여러분이 말한 상황 중에서 한 가지를 설명하겠습니다. 여름에서 가을로 가고 있어요. 아침과 저녁에는 조금 쌀쌀하고 낮에는 조금 더운 날씨예요. 아침에 나는 긴팔을 입고 갈까요, 아니면 반팔을 입고 갈까요?

▷ **선택한 이유 이야기하기**

– 긴팔을 선택한 경우는 파란색으로, 반팔을 선택한 경우는 노란색으로 색칠한다.
  · 긴팔 입고 나간다고 생각하는 친구들은 파란색, 반팔을 입고 나간다고 생각하는 친구들은 노란색을 칠하세요.
– 선택한 이유를 발표한다.
  · 발표하는 방법: "긴팔/반팔을 입는 이유는 __________ 때문입니다."

▷ **선택으로 인한 결과 상상하기**

· 긴팔 혹은 반팔을 선택해서 생길 결과는 어떨까요? 어떤 경우에 만족스럽고 어떤 경우에 불만족스러울까요?
· 선택의 결과에 따라 만족 혹은 불만족스러울 수 있어요. 이런 경험을 통해 다음에 선택을 할 때 조금 더 결과를 상상하면서 선택한다면 불만족스러운 부분이 줄어들 수 있겠죠?

㊌ 집, 학교, 우리 주변에서 흔히 겪을 수 있는 선택 상황을 다같이 생각해 본다.

㊌ 선택한 이유에서 조금 더 나아가 선택 결과를 어떻게 바라볼 것인가도 조금 다루도록 한다.

정리(5′)	수업 돌아보기

▷ **오늘 활동을 통해 배운 내용 정리하기**

– 선택하기 연습을 통해 새롭게 알게 된 점이나 느낀 점을 발표한다.
  · 선택하기 연습을 통해 느낀 점이 있나요?
  · 다음에 선택하기 상황을 겪는다면 어떻게 할 것 같나요?
  · 이번 수업을 통해 새롭게 알게 된 점이 있나요?
  · 수업을 통해서 우리 주변에 선택의 상황이 많이 있음을 알았죠?
  · 선택할 때는 선택하는 이유를 생각하면서 정하고 사람마다 선택의 이유가 다양하다는 것을 알고 친구들의 선택을 존중하면 좋겠습니다.

■ 저학년 학습지

_____ 초등학교 ___ 학년 ___ 반 이름: ___________

활동1 우산을 가져갈까요, 말까요?

우산을 가져간다(파란색).	우산을 안 가져간다(노란색).

선택의 이유

우산을 가져가는 이유는/안 가져가는 이유는
때문입니다.

활동2 긴팔, 반팔?

긴팔(파란색)	반팔(노란색)

선택의 이유

긴팔을 입는 이유는/반팔을 입는 이유는
때문입니다.

■ 학생 참고 자료

책 속에서 더 찾아봐요!

책제목: 이럴 때 너라면?(2014년 출판)

글/그림 : 고미 타로

번 역: 김소연

출판사: 천개의바람

여러분은 선택을 할 때 어렵지 않나요? 책 속 주인공이 나라면 나는 어떤 선택을 할 것 같나요? 책을 읽으면서 선택하기 연습을 해 봅시다. 그리고 왜 그런 선택을 하였는지 이유도 생각해 봅시다.

지도 tip

우리는 항상 선택의 상황에 부딪힌다. 학생들도 마찬가지로 선택의 상황에 노출되어 있다. 선택의 상황에서 학생들은 주저하거나 부모나 교사에게 선택권을 넘기는 일이 많아졌다. 이러한 부분을 보충하기 위해서 교사가 이 책에서 나온 선택 상황을 읽어주고 짝 토론을 하게 한다. 짝은 어떤 선택을 하고 왜 그런 선택을 했는지 이유 물어보기 연습을 한다. 이런 연습으로 실생활에서 선택하기에 자신감이 점점 생길 것이라고 예상할 수 있다.

더 나아가서 책에 나온 상황을 읽고 약간 변형해 나만의 상황을 만들고 짝과 상황을 교환하고 "나라면 이렇게 하겠다"라고 조언하기 등의 수업으로 확대할 수도 있다. 이러한 선택하기 연습을 자주 한다면 일상생활에서 결정을 해야 하는 상황에 마주쳤을 때, 좀 더 주체적으로 나만의 이유를 가지고 선택을 하는 데 도움이 될 것이다.

(2) 중학년 수업활동의 예

학습 일시	20 . . . (요일 교시)	대상	3, 4학년	수업자	
학습 주제	여러 가지 의사결정 방법과 그 특징 알아보기	교과	창의적 체험활동		
학습 문제	의사결정을 할 때 영향을 주는 것이 다양하게 있음을 안다.				

학습 단계(분)	교수-학습 활동	자료(▶) 유의점(유)
학습 문제 인식 분위기 조성(3′)	**최근에 의사결정을 한 경험에 대해 이야기 나누기**	㉾ 우리가 의사 결정을 하는 상황을 자주 겪게 됨을 알고, 의사결정에 영향을 주는 요소는 무엇이 있는지 생각하는 시간이 되도록 한다.
▷ **동기 유발** - 최근에 의사결정을 한 경험에 대해 이야기를 나눈다. · 의사결정의 뜻은 무엇인가요? · 최근에 의사결정한 경험이 있나요? (예를 들어 새로운 학원을 다니게 되었다든지 강아지/물고기를 키우게 되었다든지 등등) 그 결정은 무엇에 영향을 받아 하게 되었나요? · 오늘은 의사결정을 할 때 어떤 것들이 여러분에게 영향을 주고 있는지 살펴보도록 하겠습니다. ▷ **학습 문제 확인** 학습 문제: 의사결정을 할 때 영향을 주는 것이 다양하게 있음을 안다.		
활동 1(12′)	**상황 속에서 의사결정에 영향을 준 것 살펴보기**	▶학습지 ㉾ 의사결정을 할 때 다양한 요소에 의해 결정되고 있음을 알도록 한다.
▷ **다양한 의사결정에 영향을 준 것을 살펴보고, 나와 비교하기** · 학습지 활동 1에 있는 상황을 읽어보고 의사결정에 영향을 준 것을 살펴봅시다. (상황 1: 친구의 권유/ 상황 2: 부모님의 권유/ 상황 3: 토의를 통한 결정/ 상황 4: 즉흥적 결정상황/ 상황 5: 방송매체를 통한 결정/ 상황 6: 우연에 의한 결정) · 그럼 활동 1을 통해서 의사를 결정할 때는 어떤 것들이 영향을 준다고 정리할 수 있나요? 여러분은 친구나 부모님의 권유로 의사결정을 한 적이 있었나요? 혹은 학습지의 다른 상황처럼 여러분이 의사결정을 한 경험이 있나요? 이것에 대해 짝과 이야기를 나누어 보겠습니다.		

활동 2(20′)	같은 상황 다른 결과	▶ 학습지, 상황 뽑기 종이(1~6번)

▷ **같은 상황 속 다른 결과를(만족한 결과, 만족스럽지 않은 결과) 역할극으로 표현하기**

- 모둠별로 모둠원이 나와 상황 1~6 중에서 한 가지씩 고른다.
- 모둠별로 토의 후 역할극 대본의 빈칸을 채운다.
  (대본의 빈칸 첫 번째는 상황에 만족한, 두 번째는 만족하지 않는 결과를 생각하여 채운다)
- 연습 후에 모둠별로 나와 발표한다.
- 상황을 잘 살펴보면서 다른 모둠의 역할극을 듣는다.
  · ( )모둠의 상황은 어떤 상황이었나요? 의사결정을 할 때 누구의 영향을 받았나요?
  · 그 방법은 그 상황에서 올바른 방법일까요?
  · 혹시 수정되어야 할 부분이 있다면 어떤 부분인가요?
  · 내가 그 상황에 있었다면 어떤 의사결정을 할지 말해 봅시다.
  · 같은 상황에서도 사람에 따라 만족하는 부분이 다를 수 있고 만족을 했더라도 시간이 지나면 불만족스러울 수도 있어요. 불만족스럽다면 그 순간부터 다시 만족할 수 있는 선택을 하면 됩니다. 이런 연습을 계속 하다 보면 자신의 결정에 대한 만족도가 점점 높아질 것이라고 생각합니다.
  · 오늘 수업시간에 배운 것을 다시 정리해 볼까요? 우리가 어떤 것을 결정할 때 영향을 주는 것에는 무엇이 있었나요?
  · 실제 상황에서는 의사결정에 여러 요소가 한꺼번에 작용할 수도 있어요. 오늘 수업 이후에 의사결정 상황을 만나게 된다면 배운 요소들이 의사결정에 도움이 되었으면 좋겠습니다.

㊓ 의사결정을 할 때, 한 가지 상황에 여러 요소가 복합적으로 작용할 수도 있음을 설명한다.

㊓ 역할극 대본은 모둠별 토의를 통해 수정해도 된다.

정리(5′)	수업 돌아보기	㊓ 배운 내용을 실생활에 적용할 수 있도록 격려한다.

▷ **오늘 활동을 통해 배운 내용 정리하기**

- 의사결정이 여러가지 방법으로 이루어질 수 있음을 안다.
- 의사결정을 할 때는 한 가지 요소에 의해서가 아니라 다양한 요소에 따라 결정됨을 알 수 있다.

■ 중학년 학습지

_____ 초등학교 ___ 학년 ___ 반 이름: __________

활동1 상황 속 의사결정을 살펴보고 의사결정에 영향을 준 것을 알아봅시다.

상황 1	상황 2
제일 친한 친구가 발레학원에 다니고 있는데, 무용 시간에 친구가 예뻐 보였다. 무용에 관심이 없었는데, 그 친구가 너도 같이 다닐래라고 물어보니 갑자기 다니고 싶어졌다.	부모님께서는 4학년 때는 수학이 더 어려워진다고 하시며 이번 겨울방학 때 4학년 1학기 수학문제집을 같이 풀면서 공부를 하자고 하셨다. 싫었지만 부모님의 말씀이라 어쩔 수 없이 하게 되었다.
상황 3	**상황 4**
학교 진로체험 주간 때 할 활동을 정하기 위해 학급토의를 하였다. 그 결과 네일아티스트 및 축구선수와 함께하는 체험활동이 선정되어 전교어린이회의에 건의할 계획이다.	집에 가는 길에 갑자기 감자튀김이 먹고 싶었다. 집에 가면 곧 저녁을 먹을 때이지만 참을 수 없어서 집에 가는 길에 분식집에 들러서 감자튀김을 사 먹었다.
상황 5	**상황 6**
래퍼들이 나오는 방송을 보고, 나의 장래 희망이 바뀌었다. 나도 텔레비전에 나오는 래퍼가 되고 싶었다. 그래서 인터넷에서 랩이 있는 노래 가사도 살펴보고, 랩 연습을 하고 있다.	요즘 어른이 되면 내가 무슨 직업을 가져야 될까 고민이 많다. 그런데 며칠 전 부모님과 서점에 가서 우연히 본 파티시에의 하루에 관련된 책을 읽고 나니, 내 흥미와 일치하는 부분이 많았다. 파티시에에 대해 더 알아봐야겠다.

상황	의사결정에 영향을 준것
1	
2	
3	
4	
5	
6	

활동 2

1. 우리 모둠이 선택한 상황: 상황____
2. 대본에 있는 빈칸 채워 역할극 연습하기

▷ 역할극 대본

상황 1

등장인물: 상황 해설자, 해설자, 친구1, 친구2

상황 해설자

: 제일 친한 친구가 발레학원에 다니고 있는데, 무용시간에 친구가 예쁘게 보였다. 무용에 관심이 없었는데, 그 친구가 "너도 같이 다녀볼래?" 라고 물어보니 갑자기 다니고 싶어졌다.

친구1 : OO야, 너 무용시간에 참 잘하더라. 무슨 비결이라도 있니?

친구2 : 응, 나 두 달 전부터 발레학원 다녀서 그런가?

친구1 : 원래부터 잘한 것은 아니고?

친구2 : 좋아하긴 했는데 잘하는 편은 아니었던 것 같아. 너도 다녀 봐.

해설자: 다음은 만족한 결과인 경우입니다.

친구1 : 그럴까?

해설자: 몇 주가 지난 후

친구2 : 발레학원 다녀보니 어때?

친구1 : 무용시간에 ______________________________.

해설자: 다음은 만족하지 못한 결과인 경우입니다.

친구1 : 그럴까?

해설자: 몇 주가 지난 후

친구2 : 발레학원 다녀보니 어때?

친구1 : 너의 말만 듣고 ______________더니, 나는______________________네.

친구2 : 그렇구나…….

해설자: 이상 저희 모둠의 발표가 끝났습니다. 감사합니다.

상황 2

등장인물: 상황 해설자, 해설자, 엄마, 아빠, 나

상황 해설자

: 부모님께서 4학년 때는 수학이 더 어려워진다고 하시며 이번 겨울방학 때 4학년 1학기 수학문제집을 같이 풀면서 공부를 하자고 하셨다. 싫었지만 부모님의 말씀이라 어쩔 수 없이 하게 되었다.

나 : 수학이 점점 어려워지는 것 같아요.

아빠 : 그럼 이번 겨울방학 때 4학년 1학기 수학문제집을 조금 풀어보는 것은 어떨까?

해설자: 다음은 만족한 결과인 경우입니다.

나 : 음, 싫지만…… ______________________________요.

엄마 : 풀면서 모르는 것은 엄마가 가르쳐줄게.

나 : 네. 미리미리 수학을 공부하면 ______________요.

해설자: 다음은 만족하지 못한 결과인 경우입니다.

나 : 음, 수학 미리 공부하는 것 싫은데 __________________요.

아빠 : 지금부터 수학이 어려우면 점점 더 힘들어질 텐데…… 오늘부터 공부하자.

나 : 할 수 없죠.

해설자: 며칠이 지난 후

엄마 : 요즘 수학문제집 푸는 것 어떠니?

나 : ____.

해설자: 이상 저희 모둠의 발표가 끝났습니다. 감사합니다.

상황 3

등장인물: 상황 해설자, 회장, 해설자, 친구1, 친구2, 친구3

상황 해설자

: 학교 진로체험 주간 때 할 활동을 정하기 위해 학급토의를 하였다. 그 결과 네일아티스트 및 축구선수와 함께하는 체험활동이 선정되어 전교어린이회의에 건의할 계획이다.

회장 : 학교 진로체험 주간 때 학교에서 어떤 활동을 하면 좋을까요? 우리 반 의견 2개를 정해서 전교어린이회의 때 건의하겠습니다.

친구1 : 대부분 체육을 좋아하니까 체육과 관련된 체험을 하면 좋겠습니다.

친구2 : 동의합니다. 축구선수와 함께하는 체험활동은 어떨까요?

친구3 : 동의합니다. 그런데 친구들 중에는 축구를 별로 좋아하지 않는 친구들이 있습니다. 다른 활동은 없을까요?

친구1 : 우리 동네 주변에 네일샵이 많은데 거기서 일하시는 분들과 함께하는 체험활동은 어떨까요?

친구2 : 동의합니다.

해설자: 다음은 만족한 결과인 경우입니다.

회장 : 더 이상 의견 없나요? 없으면 다른 사람의 의견을 더 들어 보고 다수결로 결정하기로 합시다. 다수결로 ____________ 체험과 ____________ 체험이 결정되었습니다.

친구1,2,3: 의견을 듣고 다수결로 정했으니 ______________________________ 지?

해설자: 다음은 만족하지 못한 결과인 경우입니다.

친구2 : 너무 다수결로만 의견을 결정한 것은 아닌가?

친구3 : 소수의 의견도 중요하다고 생각하는데…….

친구1 : 나도 그래 이번 결과는 너무______________________________________.

해설자: 이상 저희 모둠의 발표가 끝났습니다. 감사합니다.

상황 4

등장인물: 상황 해설자, 해설자, 나, 친구, 분식집 주인

상황 해설자

: 집에 가는 길에 갑자기 감자튀김이 먹고 싶었다. 집에 가면 곧 저녁을 먹을 때이지만 참을 수 없어서 집에 가는 길에 분식집에 들러서 감자튀김을 사 먹었다.

나 : 오늘은 유난히 분식집이 눈에 띄네?

친구 : 아, 이 집 감자튀김 진짜 맛있는데.

나 : 곧 저녁 먹을 시간이지만 참을 수가 없어. 조금만 먹지 뭐.

해설자 : 분식집에 들어가는 주인공.

분식집 주인: 주문하시겠어요?

나 : 감자튀김 1인분만 주세요.

분식집 주인: 1500원입니다.

해설자 : 다음은 만족한 결과인 경우입니다.

나 : ____.

해설자 : 다음은 만족하지 못한 결과인 경우입니다.

나 : ______________________? 집에 가면__________________텐데.

해설자 : 이상 저희 모둠의 발표가 끝났습니다. 감사합니다.

상황 5

등장인물: 상황 해설자, 나, TV 프로그램 진행자, 해설자, 엄마

상황 해설자

: 래퍼들이 나오는 방송을 보고, 나의 장래 희망이 바뀌었다. 나도 텔레비전에 나오는 래퍼가 되고 싶었다. 그래서 인터넷에서 랩이 있는 노래 가사도 살펴보고 랩 연습을 하고 있다.

TV 프로그램 진행자: 다음은 래퍼 OOO이 나오겠습니다.

나 : 너무 설레인다. 내가 좋아하는 OOO이 나오다니…… 직접 가서 보고 싶다.

엄마 : 너 요즘 랩에 관심이 많구나. 혹시 장래 희망이 바뀌었니?

나 : 네. 저 래퍼가 될 거예요. 너무 멋져 보여요.

엄마 : 지난번에도 TV 보고 꿈이 바뀌더니…… 이번에는 열심히 해 보렴.

해설자: 다음은 만족한 결과인 경우입니다. 몇 달 후 상황입니다.

나 : 내 적성이랑 딱 맞는 것 같아. 랩은 하면 할수록 ______________________.

해설자: 다음은 만족하지 못한 결과인 경우입니다. 몇 달 후 상황입니다.

나 : ____.

해설자: 이상 저희 모둠의 발표가 끝났습니다. 감사합니다.

상황 6

등장인물: 상황 해설자, 해설자, 나, 엄마, 아빠

상황 해설자

: 요즘 어른이 되면 무슨 직업을 가져야 될까 고민이 많다. 그런데 며칠 전 부모님과 서점에 가서 우연히 본 파티시에의 하루에 관련된 책을 읽고 나니, 내 흥미와 일치하는 부분이 많았다. 파티시에에 대해 더 알아봐야겠다.

나 : 엄마, 아빠는 언제 이런 직업을 가져야겠다고 생각하셨어요?

엄마 : 꿈은 계속 바뀌었단다.

아빠 : 아빠도 꿈이 계속 바뀌었는데, 지금 직업은 대학교 때 결정하게 되었어.

나 : 요즘 너무 고민이 많아요. 무슨 꿈을 가져야 할지…….

아빠 : 너무 조급하게 생각하지 말고 좋아하는 것이 무엇인지 살펴보자.

해설자: 우연히 서점에서 파티시에의 하루에 관한 책을 읽게 된 주인공

해설자: 다음은 만족한 결과인 경우입니다.

나 : 책을 읽어보고 쿠키 만들기 등을 해 보니 제가 좋아하는 것과 ____________

____.

해설자: 다음은 만족하지 못한 결과인 경우입니다.

나 : 책을 읽어보고 쿠키 만들기 등을 해 보니 제가 좋아하는 것과 ____________

____.

해설자: 이상 저희 모둠의 발표가 끝났습니다. 감사합니다.

■ 학생 참고 자료

책 속에서 더 찾아봐요!

책제목: 똑똑한 결정(2017년 출판)

지은이: 오주영

그　림: 나일영

출판사: 아이앤북(I&BOOK)

우리는 매일 여러 번 결정을 하게 됩니다. 순간순간 어떤 결정이 올바른 결정일까요? 어떤 기준을 가지고 결정을 해야 할까요? 올바른 결정을 하기 위해 우리는 어떤 연습을 해야 할까요? 책을 읽고 위인들은 어떤 상황에서 어떤 결정을 하였는지 참고해 봅시다.

지도 tip

우리는 살아가면서 많은 결정을 하게 된다. 우리가 살아가는 인생은 순간순간의 결정으로 만들어진다. 그런데 결정의 순간에 제대로 된 결정인지 잘못된 결정인지 혹은 지금 결정을 해야 하는지 조금 시간을 두고 결정을 해야 하는지 고민이 된다.

우리는 지금 하는 결정이 미래에 어떤 영향을 줄지 생각하면서 최선의 선택을 할 수 있도록 계발해야 한다. 이런 결정능력은 한순간에 생기는 것이 아니라 여러 번 연습을 통해 점차적으로 발전해 나갈 수 있다. 책 속의 주인공들은 중요한 순간 어떤 결정을 하였고 그 결정에 영향을 준 요소는 무엇인지 살펴봄으로써 학생들의 결정능력을 높이는 데 도움이 되도록 한다.

(3) 고학년 수업활동의 예

학습 일시	20 . . . (요일 교시)	대상	5, 6학년	수업자	
학습 주제	선택 기준 정한 후 의사결정하기	교과	창의적 체험활동		
학습 문제	가상 진로선택상황에서 의사결정과정에 따라 직업선택을 연습한다.				

학습 단계(분)	교수-학습 활동	자료(▶) 유의점(㊥)
학습 문제 인식 분위기 조성(5′)	선택의 상황 제시하기	▶ ppt(선택 상황 제시)
	▷ **동기 유발** - 선택의 상황을 설명한다. · 내가 가지고 있는 용돈으로 학용품도 사고, 옷도 사고 싶은 상황입니다. 돈은 부족해서 둘 중에 한 가지만 선택해야 한다면 어떤 방법으로 선택하는 것이 좋을까요? · 물건을 선택하기 위해 위와 같이 고민했던 경험이 있나요? · 이번 시간에는 올바른 선택을 하기 위한 방법을 알아보고 적용해 보도록 하겠습니다. ▷ **학습 문제 확인** 학습 문제: 가상 진로선택상황에서 의사결정과정에 따라 직업선택을 연습한다.	
활동 1(15′)	의사결정과정 살펴보기	▶ppt(의사결정과정 설명) ㊥ 의사결정과정을 설명해 주고, 예시 상황에 적용하면서 과정을 익힌다.
	- 1단계: 해결해야 할 문제가 무엇이며 선택해야 하는 필요성을 알기 2단계: 문제를 해결하기 위해 정보를 모아보기 3단계: 모은 정보를 토대로 선택지 3가지 적어 보기 4단계: 2단계에서 생각한 기준 중에서 나에게 가장 중요한 기준 선택하기 선택한 기준에 따라 선택해야 할 것의 장단점 평가하기 5단계: 최종선택하기 및 선택이 나에게 알맞은지 살펴보기 - 상황을 제시하고 의사결정과정에 적용한다. · 공책을 사러 문구점에 갔습니다. 그런데 종류가 생각보다 많아서 고르기가 힘들었습니다. 곧 학원에 가야 해서 빨리 골라야 하는데 어떻게 해야 할까요? 1단계: 시간이 제한되어 있으니 사야 할 공책을 빨리 정해야 한다. 2단계: 다양한 공책의 디자인, 스프링 여부, 가격, 공책의 장수, 공책 크기, 공책 안에 있는 줄 간격, 사용할 곳 등을 살펴본다. 3단계: 2단계를 고려하여 30매 스프링 공책, 20매 캐릭터 공책, 20매 풍경그림 공책을 선택한다. 4단계: 2단계에서 생각한 선택기준(디자인, 스프링 여부, 가격, 공책의 장수, 크기, 줄 간격 등)중에서 나에게 가장 중요한 선택 기준을 한 가지 고른다. 가장 중요한 선택 기준에 맞춰 공책을 평가한다.(장단점) 5단계: 가장 중요한 기준에 따라 공책을 최종 선택한다.	

활동 2(15′)	현재 내가 관심 있는 직업과 부모님이 바라시는 직업을 써 보고 가상으로 직업선택하기 연습하기	▶ 학습지
- 1단계: 몇 가지 직업 중 하나를 선택하는 연습을 한다. 2단계: 성격, 잘하는 것, 좋아하는 활동 혹은 과목, 대인관계, 신체적 조건 등 나의 특징을 살펴본다. 3단계: 2단계를 고려하여 현재 내가 관심 있는 직업 2~3가지, 부모님이 바라시는 직업 2~3가지를 적는다. 4단계: 2단계에서 생각한 선택 기준(흥미, 성격, 미래 전망, 안정, 적성, 부모님 의견 등) 중에서 나에게 가장 중요한 선택 기준 한 가지를 고른다. 가장 중요한 선택 기준에 맞춰 직업을 평가한다(장단점). 5단계: 가장 중요한 기준에 따라 최종 직업을 선택한다. - 짝은 어떤 선택 기준에 따라 직업을 선택하였는지 이야기를 나눈다.		㊒ 부모가 바라는 직업 인터뷰하기는 사전에 과제로 내준다. ㊒ 실제로 이루어지는 직업선택이 아닌 연습상황임을 설명한다. ㊒ 수업이 끝난 후, 학습지를 게시하여 친구들은 어떤 기준으로 선택하였는지 살펴본다.
정리(5′)	**수업 돌아보기**	㊒ 오늘 배운 내용을 생활에서도 적용할 수 있도록 격려한다.
▷ **오늘 활동을 통해 배운 내용 정리하기** - 어떤 것을 의사결정과정에 따라 선택할 때 좋았던 점과 어려웠던 점은 무엇인지 이야기를 나눈다. · 여러 가지 선택지를 찾는 것이 어려웠나요? 기준을 정하는 것이 어려웠나요? 기준을 정하는 것은 우리가 선택할 방향을 정해 주는 나침반과 같아요. 기준이 없다면 우리가 예상한 방향과 다르게 흘러갈 수 있답니다. 매번 의사결정과정에 따라 선택하기는 어렵겠지만 다양한 선택지를 찾아보고 그것을 어떤 기준에 따라 결정할 것인지는 항상 생각하면서 실천하는 것이 좋을 것 같습니다. 처음에는 기준을 정하고 의사결정하는 것이 어렵게 느껴지겠지만 연습을 하면 할수록 점점 익숙해지고, 선택결과에 대한 만족도가 높아질 것으로 생각됩니다. 오늘 배운 내용을 여러분의 생활 속에서 적용해 보도록 합시다.		

■ 고학년 학습지

_____ 초등학교 ___ 학년 ___ 반 이름: ___________

활동1 의사결정과정에 따라 의사결정 연습하기

상황: 공책을 사러 문구점에 갔습니다. 그런데 종류가 생각보다 많아서 고르기가 힘들었습니다. 곧 학원에 가야 해서 빨리 골라야 하는데 어떻게 해야 할까요?

단계	단계 설명	내용
1단계	해결해야 할 문제는?	
2단계	문제를 해결하기 위한 정보 모으기	공책 디자인 가격 사용 목적 적합 크기 줄 간격 그 외의 정보: ______________________ ______________________
3단계	모은 정보 토대로 선택지 3가지 적어 보기	공책이름 적어 보기 1) 2) 3)
4단계	1) 2단계에서 생각한 기준 중에서 나에게 가장 중요한 기준 한 가지 정하기 2) 선택한 기준에 따라 공책 평가하기	1) 2단계에서 생각한 기준 중에서 나에게 가장 중요한 기준 2) 나에게 가장 중요한 기준에 따라 각각 공책의 장단점 평가하기
5단계	최종 선택하기 및 선택이 나에게 알맞은지 살펴보기	최종 선택한 공책이름: 나에게 알맞은가?:

공책이름	평가하기	
	장점	단점

_____ 초등학교 ___ 학년 ___ 반 이름: ___________

활동2 나에게 적합한 직업, 부모님이 바라시는 직업

<table>
<tr><th>단계</th><th>단계 설명</th><th>내용</th></tr>
<tr><td>1단계</td><td>해결해야 할 문제는?</td><td></td></tr>
<tr><td>2단계</td><td>문제를 해결하기 위한 정보 모으기</td><td>성격:
잘하는 것:
좋아하는 활동이나 과목:
신체적 조건:
그 외의 정보: ___________</td></tr>
<tr><td>3단계</td><td>모은 정보 토대로 선택지 2~3가지 적어 보기</td><td><table><tr><th>현재 내가 관심 있는 직업</th><th>부모님이 바라시는 직업</th></tr><tr><td></td><td></td></tr><tr><td></td><td></td></tr><tr><td></td><td></td></tr></table></td></tr>
<tr><td>4단계</td><td>1) 2단계에서 생각한 기준 중에서 나에게 가장 중요한 기준 한 가지 정하기
2) 선택한 기준에 따라 직업 평가하기</td><td>1) 2단계에서 생각한 기준 중에서 나에게 가장 중요한 기준

2) 나에게 가장 중요한 기준에 따라 각각 직업의 장단점 평가하기(3단계에 쓴 직업 중 현재 내가 관심 있는 직업 한 개, 부모님이 바라시는 직업 한 개 고르기)<table><tr><th rowspan="2">직업</th><th colspan="2">평가하기</th></tr><tr><th>장점</th><th>단점</th></tr><tr><td></td><td></td><td></td></tr><tr><td></td><td></td><td></td></tr></table></td></tr>
<tr><td>5단계</td><td>최종 선택하기 및 선택이 나에게 알맞은지 살펴보기</td><td>최종 선택한 직업:
나에게 알맞은가?:</td></tr>
</table>

■ 교사 읽기 자료

*** 진로의사결정과 관련된 비합리적 사고**

진로의사결정 방법을 학생들과 함께 공부하기에 앞서 교사 스스로 진로의사결정에 대하여 잘못 생각하고 있는 점은 없는지 진로의사결정에 대하여 잘못된 생각을 하고 있는 학생은 없는지 반드시 점검해 볼 필요가 있다. 아래에 제시된 '진로의사결정과 관련된 비합리적 사고(Dorn,1987)'를 보며 자신의 생각을 점검해 보는 시간을 갖는다.

1) 일단 이루어진 진로결정을 절대 바꾸어서는 안 된다.
2) 남자가 잘할 수 있는 일과 여자가 잘할 수 있는 일이 따로 정해져 있다.
3) 대학 진학은 자신의 진로를 개척하는 가장 좋은 방법이다.
4) 전문가들은 개개인에게 가장 잘 맞는 진로가 무엇인지 알고 있다.
5) 각각의 개인들에게 완벽하게 잘 맞는 직업이 한 가지씩 있다.
6) 시간이 가면 가장 잘 맞는 직업이 무엇인지 저절로 알게 된다.
7) 힘들게 노력할수록 진로결정은 더 빨리 된다.
8) 일은 일생에서 가장 중요한 것이다.
9) 진로계획은 무엇이든 잘 맞아 떨어져야 하는, 정확한 과학과 같은 것이다.
10) 누구든 자신이 원하는 일에서 성공할 수 있다.
11) 행복은 직업적 성공과 일치한다.
12) 한 사람의 가치는 그 사람이 선택한 직업에 의해 평가된다.
13) 흥미와 적성은 일치한다.

출처: CDP-E(꿈 가꾸기) 초등학생용 진로지도 프로그램(교사용 매뉴얼)에서 발췌.

참고문헌

김경근(2005). 한국사회 교육격차의 실태 및 결정요인. 교육사회학연구, 15, 1-27.

김위정, 김양분(2013). 대학진학에 대한 가정배경의 누적적 매개 효과 분석. 한국사회학, 47(4), 263-302.

박은정, 이유리, 이성훈(2016). 부모의 소득계층별 청소년의 사회자본이 진로정체감에 미치는 영향: 중학교 3학년을 중심으로. 청소년학연구, 23(5), 237-263.

양재섭(2001). 고등학교 학생들의 의사결정 유형과 진로미결정 유형간의 관계. 경상대학교 석사학위논문.

엄태영, 박은하, 주은수(2011). 자아존중감, 사회적 지지가 빈곤청소년의 진로결정 수준에 미치는 영향에 관한 연구. 보건사회연구, 31(3), 197-222.

어윤경, 정철영, 남미숙, 김음영, 김민정(2009). CDP-E(꿈 가꾸기) 초등학생용 진로지도 프로그램(교사용 매뉴얼 개정판). 한국고용정보원.

이보현, 두흔, 이은정, 장선희, 정선화, 이상민(2013). 대학생의 특성불안과 진로미결정의 관계에 있어 진로의사결정유형의 매개효과. 상담학연구, 14(2), 1383-1400.

임효진, 황매향, 선혜연(2016). 교육심리학. 서울: 학이시습.

Ali, S. R., & McWhirter, E. H. (2006). Rural Appalachian youth's vocational/educational postsecondary aspirations: Applying social cognitive career theory. *Journal of Career Development, 33*(2), 87-111.

Bronfenbrenner, U. (2009). *The ecology of human development.* Cambridge, MA: Harvard University Press.

Cook, D. E., & Harren, V. N. (1979). Relationship among decision making styles and career related variables. Paper presented at the American Psychological Association Convention, New York.

Diemer, M. A., & Blustein, D. L. (2006). Critical consciousness and career development among urban youth. *Journal of Vocational Behavior, 68*(2), 220-232.

Erikson, E. H. (1959). Identity and the life cycle: Selected papers. *Psychological issues, 1*, 1-171.

Freire, P. (1970). *Pedagogy of the Oppressed*, trans. Myra Bergman Ramos. New York, NY: Continuum, 65-80.

Gottfredson, L. S. (2004). Using Gottfredson's theory of circumscription and compromise in career guidance and counseling. In S. D. Brown and R. W. Lent (eds.), *Career development and counseling: Putting theory and research to work* (pp. 71-100). New York: John Wiley & Sons.

Harren, V. A. (1979). A model of career decision making for college students. *Journal of Vocational Behavior, 14*(2), 119-133.

Hauser, R. M. (1994). Measuring socioeconomic status in studies of child development. *Child Development, 65*(6), 1541?5.

Heppner, M., & Jung, A. (2013). Gender and social class: Powerful predictors of a life journey. In W. B. Walsh, M. Savickas, & P. J. Hartung (Eds.), *Handbook of vocational psychology* (4th ed., pp. 81-102). New York, NY: Routledge.

Lunneborg, P. W. (1978). Sex and career decision making styles. *Journal of Counseling Psychology, 25*(4), 299-305.

Peterson, G. W., Sampson Jr, J. P., Lenz, J. G., & Reardon, R. C. (2002). A cognitive information processing approach to career problem solving and decision making. In E. Brown, (Ed.). *Career choice and development* (pp. 312-369). San Francisco: Jossey-Bass.

Phillips, S. D., & Strohmer, D. C. (1982). Decision making style and vocational maturity. *Journal of Vocational Behavior, 20*(2), 215-222.

Piaget, J. (1959). *The language and thought of the child.* London, UK: Routledge & Kegan Paul.

Sharf, R. S. (2016). *Applying career development theory to counseling.* Belmont, CA: Cengage Learning.

찾아보기

ㅊ

저자 소개

황매향

서울대학교 약학대학 제약학과 학사, 사범대학 교육학과 학사, 석사 및 박사(교육상담)
(전) 한국기술교육대학교 대우교수
(전) 서울대학교 대학생활문화원 상담연구원
경인교육대학교 교육학과 교수
청소년상담사 1급, 한국상담학회 수련감독급 전문상담사(생애개발상담 분과), 한국상담심리학회 상담심리사 1급

조붕환

홍익대학교 교육학과 박사(교육상담)
(전) 서울양명초등학교 등 교사
(전) 공주교육대학교 기획연구처장
(전) 한국초등상담교육학회 회장
공주교육대학교 교육학과 교수

인효연

서울대학교 교육학과 학사, 석사(교육상담), 미국 펜실베이니아주립대학교 박사(counselor education)
한국기술교육대학교 HRD전문대학원 진로 및 직업상담 전공 대우교수
청소년상담사 1급, 한국상담학회 전문상담사 1급, National Certified Counselor(NCC)

여태철

서울대학교 교육학과 학사, 석사 및 박사(교육심리)
(전) 한국행동과학연구소 연구원
(전) 한국초등상담교육학회 회장
경인교육대학교 교육학과 교수, 교무처장

공윤정
서울대학교 생물교육학과 학사, 교육학과 석사(교육상담), 미국 퍼듀대학교 박사(상담심리)
(전) 청소년 대화의 광장 상담자
(전) 서울대학교 진로취업센터 전문위원
경인교육대학교 교육학과 교수
한국상담학회 생애개발상담학회 고문
초등상담교육학회 이사

임경희
서울교육대학교 초등교육과 학사, 홍익대학교 석사 및 박사(교육상담)
순천대학교 교직과 교수
한국진로교육학회 이사 및 편집위원

배기연
성균관대학교 화학과 학사
서울교육대학교 초등교육학과 학사 및 석사, 건국대학교 박사(상담심리)
(전) 서울탑산초등학교 교사
(전) 서울등원초등학교 교사
서울정목초등학교 교사

정애경
서울대학교 교육학과 학사, 석사(교육상담), 미국 미주리-콜롬비아주립대학교 박사(상담심리)
경인교육대학교 교육학과 조교수
한국상담학회 생애개발상담학회 교육연수부위원장, 미국심리학회 상담분과(Div. 17)
국제부분 회원관리 공동위원
한국상담학회 전문상담사 1급

박진영
한국기술교육대학교 진로 및 직업상담학과 박사 수료
서울염창초등학교 교사, 국민대학교 시간강사
와우커리어스쿨 연구원
IASTI 해결중심 국제자격증 해결중심실천가